左传40讲

黄玉峰 王召强 ○ 主编

朱浩真 ○ 编著

上海科学技术文献出版社
Shanghai Scientific and Technological Literature Press

图书在版编目（CIP）数据

左传40讲/朱浩真编著.—上海：上海科学技术文献出版社，2021
 (中学生整本读经典丛书)
 ISBN 978-7-5439-8363-2

Ⅰ.①左… Ⅱ.①朱… Ⅲ.①中国历史—春秋时代—编年体②《左传》—青少年读物 Ⅳ.①K225.04-49

中国版本图书馆CIP数据核字（2021）第135481号

选题策划：张 树
责任编辑：苏密娅 张雪儿
封面设计：留白文化

左传40讲
ZUOZHUANG 40 JIANG
黄玉峰 王召强 主编 朱浩真 编著
出版发行：上海科学技术文献出版社
地 址：上海市长乐路746号
邮政编码：200040
经 销：全国新华书店
印 刷：常熟市人民印刷有限公司
开 本：720mm×1000mm 1/16
印 张：22
字 数：347 000
版 次：2021年8月第1版 2021年8月第1次印刷
书 号：ISBN 978-7-5439-8363-2
定 价：88.00元
http://www.sstlp.com

文同曾手绘偃竹图赠予苏轼,称"此竹数尺耳,而有万尺之势"。这是大才间的高贵嘱托。天下才子书大都有"识"、有"气"、有"情"、有"趣",却难得秉"势"而书。这份居高临下、厚积薄发的天然之"势",属于传统经典所特有的文化逻辑,让读者在含英咀华之中,感受到历史和文化的脉搏,浸润于缥缈深邃的幽思。特别是少年英才,对天马行空的思想、陌生瑰奇的天地,有着天然的喜爱和欲求。有些少年人爱"炫博",不要责怪他们的稚嫩,不要对他们冠以做作虚浮的恶名,这是年轻的心性使然。有些少年爱"激辩",莫要嘲笑他们误读,这是心里有一团野火,能够烧尽生命里的荒凉和杂芜。

今天,碎片化阅读日渐普遍。少年心事,本应缤纷不羁,鱼跃龙翔,可现在非常多的学子只关心轻松、功利的阅读信息,对于大部头的经典作品缺乏涉猎的耐心和勇气。舍鱼翅而取鸡汤,畏真理阳光之莽烈而宁可蜷缩于感官娱乐的温室之中。阅读广度、难度的缺失,或将导致思考力的疲弱,久之,精神的"血性"会冷却,灵魂会在肤浅的快乐中作茧自缚。本应自由的阅读,如今却嬗变为物役的麻木。时代环境如此,语文教育有责任通过经典阅读去引领年轻人培养阅读兴趣、形成成熟的阅读方法,进而培养一个现代文明人应具备的公民核心素养。

本书是"中学生整本读经典丛书"中的一本,选取《左传》经典篇目进行注释、解读,并辅以习题,以期让读者在阅读《左传》的过程中能有所收获。《左传》是鲁国史官左丘明为解释鲁国国史《春秋》所作的传书,与《公羊传》《穀梁传》并称为"春秋三传"。孔子删定《春秋》,微言精义,意旨深远,弘扬仁义礼智,使"乱臣贼子惧"(孟子)。左氏查考诸家史籍加以阐述,梳理本末,详撰人物言行,以隐约褒贬展现儒家精神。①本书宗经明道的主旨自然不必多言,而其内容包罗万象,涉猎广博,不啻为先秦时期的一部微型百科全书。成语、典章、风俗、神话、地理、婚姻、娱乐无所不包,从贵族时代的伦理准则到平民人物的阳道阴谋,从乱世枭雄的权力纷争、大国争锋,到国家草创、筚路蓝缕的艰辛过程,皆囊括其间,栩栩如生。相信在本书的辅助下阅读《左传》,定能让读者有所收获。

整本读经典,绝不仅仅是把一本书读全读遍这么简单,而应当将"整体"与"贯通"作为要义。在阅读中,把握经典的意义、理念、逻辑等方面以及语言、审美、文化三个层面的整体性,颠覆单篇阅读、碎片式阅读可能形成的抽象化、标签化印象,将肆意解构经典的非理性情境、虚假情境替换为尊重历史、人性与理性的想象情境、体验情境。这样整体阅读就有了"深度"。

然而,这就有可能走向另一个极端。中华文化经典博大深邃,单纯强调从整体把握其价值和意义,路径无数,且难度极大,对于学生读者而言,有揠苗助长、纸上谈兵之嫌。所以,在保证经典的文化价值和意义深度不被无效化约的基础上,要用学生够理解的语言、思维"支架"驱动阅读体验的生成。

本书尝试建立若干看得见的语言"支架",来辅助读者学习。首先是单元划分。《左传》作为经典有其特殊性,所以40讲篇目的选取不以时间、国别、人物、技法等划分,而以在文化、文学、价值层面便于学生体验、感悟的经典元素作为单元整合的标准。每个单元的选文篇目数量不同、篇幅长短不一,只是力图在各单元中能把问题谈透。为此,本书分为"史才兵书""铁血王座""枭雄奸首""王霸之辨""春秋大义""文有奇气""纵横谋筹""世态人心"八个单元。

对经典古籍的语言感知至关重要,本书为此设置了"课堂检测"版块,通过字词句的积累和检测,解决"读懂"的问题。本书还能让读者通过阅读提示打开"读深"的路径,最关键的是"咬文嚼字"版块,通过历代名家的点评和启发,以语言理解和表达的技术、过程,激发并锤炼读者的思维,企图让读者看到作者的匠心、文学的微妙,增强文化归属感。我们读经典的最后一步,是以"合作探究"版块的形式,看到历史公案、争议性问题的存在,还原古人特殊的文化逻辑,该版块结合历

---

① 关于《春秋》《左传》的作者、性质、内容、意义、成书过程等,历来有诸多不同说法。本书为面向学生的普及性读物,故一般只取最经典、最广为流传的一种进行介绍。

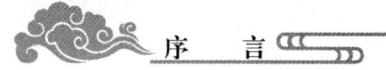

史情境让读者展开批判性思维。经过这一系列的思维锤炼,读者可以进入愤悱启发的关键阶段。

在此基础上,本书又设置了"解读经典"版块。笔者以历代名家评注为基础,通过人性、历史、思想等多方面的考察,力争以深入浅出的语言做经典解读,带着读者去看透纸背,还原历史地表下的"真实",激发文化想象和思辨力。

序言

  文同曾手绘偃竹图赠予苏轼,称"此竹数尺耳,而有万尺之势"。这是大才间的高贵嘱托。天下才子书大都有"识"、有"气"、有"情"、有"趣",却难得秉"势"而书。这份居高临下、厚积薄发的天然之"势",属于传统经典所特有的文化逻辑,让读者在含英咀华之中,感受到历史和文化的脉搏,浸润于缥缈深邃的幽思。特别是少年英才,对天马行空的思想、陌生瑰奇的天地,有着天然的喜爱和欲求。有些少年人爱"炫博",不要责怪他们的稚嫩,不要对他们冠以做作虚浮的恶名,这是年轻的心性使然。有些少年爱"激辩",莫要嘲笑他们误读,这是心里有一团野火,能够烧尽生命里的荒凉和杂芜。

  今天,碎片化阅读日渐普遍。少年心事,本应缤纷不羁,鱼跃龙翔,可现在非常多的学子只关心轻松、功利的阅读信息,对于大部头的经典作品缺乏涉猎的耐心和勇气。舍鱼翅而取鸡汤,畏真理阳光之莽烈而宁可蜷缩于感官娱乐的温室之中。阅读广度、难度的缺失,或将导致思考力的疲弱,久之,精神的"血性"会冷却,灵魂会在肤浅的快乐中作茧自缚。本应自由的阅读,如今却嬗变为物役的麻木。时代环境如此,语文教育有责任通过经典阅读去引领年轻人培养阅读兴趣、形成成熟的阅读方法,进而培养一个现代文明人应具备的公民核心素养。

  本书是"中学生整本读经典丛书"中的一本,选取《左传》经典篇目进行注释、解读,并辅以习题,以期让读者在阅读《左传》的过程中能有所收获。《左传》是鲁国史官左丘明为解释鲁国国史《春秋》所作的传书,与《公羊传》《穀梁传》并称为"春秋三传"。孔子删定《春秋》,微言精义,意旨深远,弘扬仁义礼智,使"乱臣贼子惧"(孟子)。左氏查考诸家史籍加以阐述,梳理本末,详撰人物言行,以隐约褒贬展现儒家精神。①本书宗经明道的主旨自然不必多言,而其内容包罗万象,涉猎广博,不啻为先秦时期的一部微型百科全书。成语、典章、风俗、神话、地理、婚姻、娱乐无所不包,从贵族时代的伦理准则到平民人物的阳道阴谋,从乱世枭雄的权力纷争、大国争锋,到国家草创、筚路蓝缕的艰辛过程,皆囊括其间,栩栩如生。相信在本书的辅助下阅读《左传》,定能让读者有所收获。

整本读经典,绝不仅仅是把一本书读全读遍这么简单,而应当将"整体"与"贯通"作为要义。在阅读中,把握经典的意义、理念、逻辑等方面以及语言、审美、文化三个层面的整体性,颠覆单篇阅读、碎片式阅读可能形成的抽象化、标签化印象,将肆意解构经典的非理性情境、虚假情境替换为尊重历史、人性与理性的想象情境、体验情境。这样整体阅读就有了"深度"。

然而,这就有可能走向另一个极端。中华文化经典博大深邃,单纯强调从整体把握其价值和意义,路径无数,且难度极大,对于学生读者而言,有揠苗助长、纸上谈兵之嫌。所以,在保证经典的文化价值和意义深度不被无效化约的基础上,要用学生够理解的语言、思维"支架"驱动阅读体验的生成。

本书尝试建立若干看得见的语言"支架",来辅助读者学习。首先是单元划分。《左传》作为经典有其特殊性,所以40讲篇目的选取不以时间、国别、人物、技法等划分,而以在文化、文学、价值层面便于学生体验、感悟的经典元素作为单元整合的标准。每个单元的选文篇目数量不同、篇幅长短不一,只是力图在各单元中能把问题谈透。为此,本书分为"史才兵书""铁血王座""枭雄奸首""王霸之辨""春秋大义""文有奇气""纵横谋筹""世态人心"八个单元。

对经典古籍的语言感知至关重要,本书为此设置了"课堂检测"版块,通过字词句的积累和检测,解决"读懂"的问题。本书还能让读者通过阅读提示打开"读深"的路径,最关键的是"咬文嚼字"版块,通过历代名家的点评和启发,以语言理解和表达的技术、过程,激发并锤炼读者的思维,企图让读者看到作者的匠心、文学的微妙,增强文化归属感。我们读经典的最后一步,是以"合作探究"版块的形式,看到历史公案、争议性问题的存在,还原古人特殊的文化逻辑,该版块结合历

---

① 关于《春秋》《左传》的作者、性质、内容、意义、成书过程等,历来有诸多不同说法。本书为面向学生的普及性读物,故一般只取最经典、最广为流传的一种进行介绍。

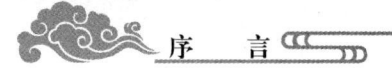

史情境让读者展开批判性思维。经过这一系列的思维锤炼,读者可以进入愤悱启发的关键阶段。

在此基础上,本书又设置了"解读经典"版块。笔者以历代名家评注为基础,通过人性、历史、思想等多方面的考察,力争以深入浅出的语言做经典解读,带着读者去看透纸背,还原历史地表下的"真实",激发文化想象和思辨力。

目录

序言   1

第一单元   史才兵书
第一讲   "趾高气扬"的将军   3
第二讲   以弱为强与以强为弱   10
第三讲   箭射周天子   16
第四讲   楚武王侵随   22
第五讲   城濮之战   30
第六讲   生而后死与死而后生   38

第二单元   铁血王座
第七讲   王子流浪记   49
第八讲   莫对管仲"上纲上线"   57
第九讲   郑国公子的婚姻自主   63
第十讲   人人都"黑"宋昭公   69
第十一讲   谁动了我的奶酪   76

第三单元   枭雄奸首
第十二讲   "人尽可夫"的逻辑   85
第十三讲   复仇的毒焰   91
第十四讲   瘠生之子   99
第十五讲   鲁国的"马基雅维利"？   107

第四单元　王霸之辨

第十六讲　召陵之盟　　　　　　　　　　　　　　119

第十七讲　"仁义之师"的困惑　　　　　　　　　126

第十八讲　何为"王"、何为"霸"　　　　　　　　133

第十九讲　庄王你想多了　　　　　　　　　　　　140

第五单元　春秋大义

第二十讲　吃饭的时候别乱开玩笑　　　　　　　　149

第二十一讲　请不要"顺手牵牛"　　　　　　　　155

第二十二讲　拿什么拯救你，我的父亲　　　　　　162

第二十三讲　帽子与面子　　　　　　　　　　　　168

第二十四讲　谁在同情赵盾　　　　　　　　　　　174

第六单元　文有奇气

第二十五讲　一个印刻为成语的噩梦　　　　　　　185

第二十六讲　狼子野心子越椒　　　　　　　　　　191

第二十七讲　君使民慢乱将作　　　　　　　　　　198

第七单元　纵横筹谋

第二十八讲　话术与朋友　　　　　　　　　　　　207

第二十九讲　"床"下之盟的启示　　　　　　　　213

第三十讲　明眼人不计较小算盘　　　　　　　　　221

第三十一讲　皇天后土　　　　　　　　　　　　　227

第三十二讲　向戌弭兵　　　　　　　　　　　　　235

第三十三讲　子产伐陈献捷　　　　　　　　　　　241

第八单元　世态人心

第三十四讲　《左传》的"势利"与"暧昧"　　　249

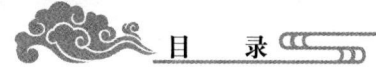

第三十五讲	一个母亲的悲伤	255
第三十六讲	毒虎逐子攻略	262
第三十七讲	老好人华元	270
第三十八讲	想活命,先听懂暗号	277
第三十九讲	心机女与城府男?	283
第四十讲	小山丘长不出大松柏?	290

参考答案　　　　　　　　　　　　　　　　　　　　297

第一单元　史才兵书

《左传》叙史,善摹战争,而写战争又独具史家慧眼。既能以军事家的专业素养写历史,又能以史家的视野和思考来梳理战争的原因和意义。史才与兵书,相得益彰,水乳交融。以此为纲,化整为零地开展整本书的阅读,不失为一条有效的途径。

先看左氏的军事眼光。《左传》中对大小战役的书写,兵法含量极高。本单元编选的文章,未必都是春秋时代最具代表性的大战,但均能展现左氏对战法和战场心理的深究。繻葛之战的鱼丽之阵、城濮之战的诱敌之术、柏举之战"置之死地而后生"与"置之生地而后死"的战法转换等,可谓半部兵书理春秋。

再看左氏的历史见识。写城濮之战的谲诈,反映世风日下、王霸境界的蜕变;写楚庄伐庸,展现蛮夷之国自强不息的艰辛与励志;写柏举之战,表现危局见人心,文明拯救国家,野蛮葬送胜果。社会的大变革与文化的激荡交融,借几场大战表现得淋漓尽致。

更难能可贵的是左氏变化多端的笔法,其谋篇布局像是在沙盘推演,以运筹帷幄的战争思维来叙述情节。笔墨如刀剑,名章似名局。

西晋大将杜预自称有"左传癖"。关云长好《左传》,手不释卷。兵家爱兵书,兵略寓史才,这正是绝好的例证。

读者在阅读时,不妨多关注战争描写的详略、留白、暗示、铺垫和互衬。可以参看"解读经典"部分,了解战争发生的背景、人心的博弈,关注战争谋略的变化和关联。另外,善用兵者未必是守义之人,读者应仔细推敲左氏的态度,其褒贬尽在字里行间。

第一讲 "趾高气扬"的将军

楚屈瑕将盟贰、轸。郧人军于蒲骚,将与随、绞、州、蓼伐楚师。莫敖患之。斗廉曰:"郧人军其郊,必不诫。且日虞四邑之至也。君次于郊郢,以御四邑,我以锐师宵加于郧。郧有虞心而恃其城,莫有斗志。若败郧师,四邑必离。"莫敖曰:"盍请济师于王?"对曰:"师克在和,不在众。商、周之不敌,君之所闻也。成军以出,又何济焉?"莫敖曰:"卜之?"对曰:"卜以决疑。不疑,何卜?"遂败郧师于蒲骚,卒盟而还。

——桓公十一年

楚伐绞,军其南门。莫敖屈瑕曰:"绞小而轻,轻则寡谋。请无扞采樵者以诱之。"从之。绞人获三十人。明日,绞人争出,驱楚役徒于山中。楚人坐其北门,而覆诸山下。大败之。为城下之盟而还。

伐绞之役,楚师分涉于彭⁽¹⁾。罗人欲伐之。使伯嘉谍之。三巡数之。

十三年春,楚屈瑕伐罗,斗伯比送之。还,谓其御曰:"莫敖必败。举趾高,心不固矣。"遂见楚子,曰:"必济师!"楚子辞焉。入告夫人邓曼。邓曼曰:"大夫其非众之谓,其谓君抚小民以信,训诸司以德,而威莫敖以刑也。莫敖狃⁽²⁾于蒲骚之役,将自用也,必小罗。君若不镇抚,其不设备乎!夫固谓君训众而好镇抚之,召诸司而劝之以令德,见莫敖而告诸天之不假易也。不然,夫岂不知楚师之尽行也?"楚子使赖人追之,不及。

莫敖使徇于师曰:"谏者有刑!"及鄢,乱次以济,遂无次。且不设备。及罗,罗与卢戎两军之,大败之。莫敖缢于荒谷。群帅囚于冶父以听刑。楚子曰:"孤之罪也。"皆免之。

——桓公十二、十三年

注释

(1)分涉于彭:分兵渡过彭水。(2)狃:满足,习惯。

课堂检测

1. 解释下列加点的字词。

   盍请济师于王（　　　　）　　　不在众（　　　　）

   使伯嘉谍之（　　　　）　　　必济师（　　　　）

   莫敖使徇于师曰（　　　　）　　群帅因于冶父以听刑（　　　　）

2. 下列句中"于"字用法与例句不相同的一项是（　　）

   驱楚役徒于山中

   A. 遂败郧师于蒲骚　　　　B. 群帅因于冶父以听刑

   C. 何有于我哉（《论语·述而》）　　D. 甚于妇人（《战国策·赵策四》）

3. 下列句中画横线词与例句用法相同的一项是（　　）

   必小罗

   A. 又奚以自多（《庄子·秋水》）　　B. 谏者有刑

   C. 卜之　　　　　　　　　　　　　D. 乱次以济

4. 把下列句子翻译成现代汉语。

   大夫其非众之谓，其谓君抚小民以信，训诸司以德，而威莫敖以刑也。

   _____

   _____

阅读提示

1. 斗廉认为郧国现在与楚国交战"莫有斗志"，理由是_____

   _____

2. 屈瑕伐绞国获胜的原因是_____

   _____

3. 斗伯比劝楚王增加军队，其真实目的是_____

   _____

咬文嚼字

清代冯李骅、陆浩《春秋左绣》评屈瑕伐绞、伐罗两段："本可分而为二，作者故意联成一片……乃以胜引入败,非两平也。"请据此谈谈你的理解。

_____

_____

合作探究

1. 清代卢元昌《左传分国纂略》云:"兵固有出其不意而制胜,夺其腹心而四肢自溃者,斗廉之谓乎?"你是否赞同其对斗廉伐郧表现的评价,说说理由。

_____

2. 斗伯比没有采用急谏、切谏的方式劝阻楚王,历来争议很大。赖韦认为其言含蓄委婉,"于情于理,便隔一重",但又"非不得已而为是",请谈谈你的理解。

_____

_____

解读经典

在趾高气扬的人面前该怎么讲话

成语"趾高气扬"是形容人骄傲自满、得意扬扬的样子。这个词的专利属于左丘明,用来打楚国莫敖屈瑕的脸。屈瑕出征伐罗,走起路来脚抬得很高,斗伯比看出他掩饰不住的骄傲,不免担心起来。屈瑕的形象一开始不是这样的。作为统帅的他,曾经战术保守,行动小心,缺乏魄力。"莫敖狃于蒲骚之役,将自用也。"邓曼其实说得不对,屈将军在蒲骚之战中的表现并不令人信服,他也没从中获得多少自信。斗廉劝他趁着郧国依赖四国军队、斗志不强、军心不稳的时候打他们个措手不及,他还不敢出击,嫌自己的军队少,要增援。后来被说动了,还想再占卜一下。六神无主,犹犹豫豫,是斗廉力争才有了胜果。

真正让屈瑕膨胀的是伐绞之战。这场战役是上天赠予他的人生大礼。和五国联军相比,绞国地小而人轻浮,屈瑕觉得上次自己以少胜多都搞得定,何况这弹丸小国。这次他还谋略增长,学会诱敌之法了。用三十个砍柴人引诱敌人出城,随后攻入绞城门,立了城下之盟。这下可不得了了,上次是靠着别人的智谋获胜,现在是自己全权指挥战役取胜,屈瑕有些飘飘然了。从后文看,他禁止别人进谏,还威胁说进谏要用刑,确实是被极度自负扭曲了心态。

骄兵必败。既然隐患这么明显,斗伯比为什么不直接向楚武王点明他的忧虑,而只是说了哑谜一样的三个字,"必济师"呢?只能说,斗伯比太善于洞悉人心了。屈瑕的骄傲,是楚国人心态的反映。处于上升期、习惯南征北战的楚人,也曾举步维艰,现在取得了一点成绩,自然举国欢腾,楚王也有那么点飘飘然。清人谢有辉《古文赏音》云:"盖楚子僭王而天下不敢问,战胜而天下莫与争,其志得意盈,岂直莫敖已哉?"楚武王敢无视周天子的威严,僭称为王,这是反抗中原的魄力,也是征伐天下的必然决心。这样一位有勇气也有野心的君主,在胜利面前不免会得意忘形。

要是此时在楚王面前泼凉水,不一定有效果,弄不好还会招来猜忌和责备。比如后来秦穆公伐郑,出征前蹇叔哭着劝穆公收兵,穆公大为恼火,竟然咒骂老臣:"老东西你墓前的树该长到合拱了。"斗伯比不能自讨没趣,但是他也不是无所作为。这三个字话里有话,暗藏玄机,让武王满腹狐疑。这是什么意思?人已经不少了,还增兵干什么呢?武王心里揣着好奇,就回去透露给夫人了。夫人的眼睛是雪亮的,她一语点醒梦中人:屈瑕轻敌盲目,深陷危局而不自知,作为君王,只有你才有足够的威严去提醒他,时不我待。

这一番劝说,斗伯比示其端,邓曼夫人畅其说,两个人珠联璧合。特别是邓曼,她很会说话。她的话中不断出现"谓"字,意思是斗大人说,斗先生讲:人家不好意思说的话,已经很明显了,您竟然还听不出来。另外,她不只就事论事,还说到了治国训民,罗列讲解了君王的职责和政术,再由此引申到驾驭将领,完全是在用王者之言劝谏王者。

易言之,斗伯比避开了鸡同鸭讲,让位给邓曼的凤与龙说,效果显著。

南征北战,攻心为上

分析屈瑕的胜败,全在一"心"字上。

绞国人见识浅陋,一个"轻"字点出了他们的命门:易冲动,沉不住气。楚国人利用了这一点,大打心理战。楚军军营驻扎在绞城池的南门,然后埋伏在北门,让自己的砍柴人在北门活动。绞国人脑回路简单,觉得你们从南边来,驻扎在南门天经地义,北面一定是安全的。看见几个楚人在砍柴,就打开北城门驱赶他们,此时楚国人趁机偷袭北门,取得了胜利。

而蒲骚之战,楚人看到了对方的弱点在于结盟心态。一旦有了援军,就会有依赖心,一旦依赖对方,自己就会被干扰,不专注就要打败仗。这个时候,就是要打个措手不及,要打他军心不稳。这一点其实对前事有所借鉴,更影响了后世的战争策略。清周大璋《左传翼》云:"纣王臣亿万,唯亿万心。周臣三千,唯一心,一心则和而已。用少莫如齐致死,齐致死莫如去备。只是一心只是和。""师克在和不在众。"瞻前顾后,心里只想着别人援助,必然是置于生地而后死;齐心协力,众志成城,也能置之死地而后生。这场战役,屈瑕小心谨慎,亦步亦趋,而胜在了劝其出兵的斗廉的勇气上。

然而伐罗之战中,楚国的心态出现了微妙变化,罗人的心态却始终如一。"楚师分涉于彭"。这句话是说楚人分兵渡过彭水,其意图就是试探性地侵犯罗国。分兵渡彭,目的是留着后手,万一遇到别人伏击,可以作为后援。特别是渡河战役,变数特别大,这种战法是稳妥的体现。后来楚国军队攻打郑国,先是在上棘这个地方驻扎,然后再派兵部分渡过颍河,可见这是军事惯例。但为什么楚人的谨慎后来就变成失控的急躁了呢?

首先,攻打绞国的战役刚刚结束,马上就涉水渡河,以劳攻逸,这体现了楚王战术上的冒进,膨胀的心态已经显露端倪了。其次,罗人的应对十分狡猾。当楚人的小股部队来临的时候,具有强烈危机意识的罗人已经枕戈待旦了。先派人侦查,把楚军的人数一连数了几遍,如此谨慎小心,自然是准备充分。当屈瑕率军渡鄢河的时候,居然次序大乱,连后援防备都没有。他还下令劝谏的人都要处刑。而罗国这边联系友军两面夹击,地利人和占尽,难有不胜之理。

老子与楚文化的渊源很深,老子的道家思想与楚人的智慧有千丝万缕的联系。福祸相依,守常御变,持盈则亏,这些辩证的思想楚人是了解并能践行的,所以邓曼和斗伯比一眼就看出骄傲自满的危害。

儒家有"主敬"之说。子路曾经问孔子何谓君子,孔子回答说:"修己以敬"。后世朱子云:"主敬之说,先贤之意盖以学者不知持守,身心散漫,无缘见得义理分明,故欲其先且习为端庄严肃,不至放肆怠惰,庶几心定理明。"做任何事情,都要明理格物,而要做到这一点,前提是心"敬"。心存敬畏,充分估计困难,有所忌惮，才能清醒明智，进退有据。楚人在问鼎中原的过程中，受中原文化熏陶，逐渐将血蛮之性，打磨成具有深厚理性色彩与务实主义的敬畏之心，就是因为始终有邓曼这样的智者辅佐着武王这样的勇夫。

楚国将军的自杀先例

屈瑕似乎开创了楚国将军战败自杀的先例。春秋时期，楚国大将自杀谢罪是一独特的地域现象，这在东周诸国中是比较罕见的。城濮之战楚军战败，令尹子玉自杀。鄢陵之战，主帅子反因为醉酒误事，在令尹的责问下，他留下一句"亡君师，敢忘其死"引咎自尽。吴国太子诸樊进攻楚国，掠走了平王夫人及珍宝，司马蘧越率军追击不及，引罪自杀；尽管当时手下人纷纷劝他攻击吴国将功补过，但他拒绝了，似乎片刻拖延都是耻辱苟活。

比较特殊的是将军子囊。《左传》中记载子囊是伐吴失利而死，然而刘向《说苑》却记载了他舍生取义的悲壮。

> 楚人将与吴人战，楚兵寡而吴兵众，楚将军子囊曰："我击此国必败，辱君亏地，忠臣不忍为也。"不复于君，黜兵而退。至于国郊，使人复于君曰："臣请死。"君曰："子大夫之遁也，以为利也。而今诚利，子大夫毋死。"子囊曰："遁者无罪，则后世之为君臣者，皆入不利之名，而效臣遁，若是，则楚国终为天下弱矣。臣请死。"退而伏剑。君曰："诚如此，请成子大夫之义。"乃为桐棺三寸，加斧质其上，以徇于国。

——《说苑·立节》

《说苑》的记载未必符合事实，很可能有后世的演绎和修饰，但却真实反映出楚人的道义追求。楚将子囊面对吴军，自知势单力孤，就选择先撤退。楚王没有怪罪他，他却劝说楚王将自己处死。楚王没有加罪，是因为他忠诚尽责——撤退避免了白白牺牲，子囊的做法是对的。而子囊求死，理由则是如果后世人都效法自己，以保全实力为由临阵脱逃，楚国就会衰落。由此可见，将军之死意义重大。你一死，后人就会对战争和使命充满敬畏；你活着，后人就会心存侥幸，视之若儿戏。

从这个层面上看，屈瑕的死具有划时代的意义，他用自己的鲜血涂抹铭刻了将军的职责，既是对自己罪行的悔过，用生命之"敬"来弥补之前的轻慢，更是对大王和将领的提醒,在楚国的存亡面前,没有一个失败者是无辜的。楚王后续的悔过也证明了他的领悟。

楚昭王在位时,吴国攻打陈国,昭王率领军队救陈。他占了一卦,发现进退都不吉利。此时楚王说:"然则死也,再败楚师,不如死。"(《左传·哀公十六年》)意思是先前打过败仗,已经耻辱到家了;现在如果失败了,就活该受死,所以死也没什么大不了的。昭王最终死于途中。这里很明显可以看到,战败赴死,已然成为楚国政治生态的法则,不仅仅是将军,连君王亦如此。当国王会为失败而产生赴死的冲动,背负偷生的焦虑时,这就不只是权力和法律的制约问题,而是已然衍生为一种根深蒂固的贵族文化心理了。

第二讲　以弱为强与以强为弱

　　楚大饥,戎伐其西南,至于阜山,师于大林。又伐其东南,至于阳丘,以侵訾枝。

　　庸人帅群蛮以叛楚,麋人率百濮聚于选,将伐楚。于是申、息之北门不启。

　　楚人谋徙(1)于阪高。蒍贾曰:"不可。我能往,寇亦能往,不如伐庸。夫麋与百濮,谓我饥不能师,故伐我也。若我出师,必惧而归。百濮离居,将各走其邑,谁暇谋人?"乃出师。旬有五日,百濮乃罢。

　　自庐以往,振廪同食。次于句澨。使庐戢黎侵庸,及庸方城(2)。庸人逐之,囚子扬窗。三宿而逸,曰:"庸师众,群蛮聚焉,不如复大师,且起王卒,合而后进。"师叔曰:"不可。姑又与之遇以骄之。彼骄我怒,而后可克,先君蚡冒所以服陉隰也。"又与之遇,七遇皆北,唯裨、鯈、鱼人实逐之。

　　庸人曰:"楚不足与战矣。"遂不设备。楚子乘驲,会师于临品,分为二队,子越自石溪,子贝自仞以伐庸。秦人、巴人从楚师。群蛮从楚子盟,遂灭庸。

　　　　　　　　　　　——文公十六年

▶ 注释

　　(1)徙:迁都。(2)方城:江汉流域楚、庸等国的防御城墙,类似于长城的形制和功能。

课堂检测

1. 解释下列加点的字词。

　　于是申、息之北门不启(　　)　　　次于句澨(　　)

　　三宿而逸(　　)　　　　　　　　姑又与之遇以骄之(　　)

　　而后可克(　　)　　　　　　　　七遇皆北(　　)

2. 下列句中不含通假字的一项是(　　)

A. 庸人帅群蛮以叛楚　　B. 旬有五日

C. 振廪同食　　D. 遂不设备

3. 下列句中"唯"字用法与例句相同的一项是(　　)

唯裨、儵、鱼人实逐之

A. 唯利是图

B. 唯大王与群臣孰计议之(《史记·廉颇蔺相如列传》)

C. 唯所纳之,无不如志(《左传·僖公十五年》)

D. 唯天子受命于天。(《礼记·表记》)

4. 把下面句子翻译成现代汉语。

庸师众,群蛮聚焉,不如复大师,且起王卒,合而后进。

阅读提示

1. 庸人选择此时攻击楚国的理由是:

2. 概括艻贾的应敌策略:

3. 师叔的作战方略与艻贾、子扬窗有何不同?

4. 楚人反败为胜灭亡庸国的原因包括:

咬文嚼字

文中人物的语言两次出现"不可"一词,分析其表达效果。

1. 马云评此篇:"秦巴无伏笔,戎麇无应笔,又章法之变。"据此赏析本篇谋篇特色。

2. 有人认为伐庸之役是楚庄王霸业的开端,你是否同意?请说明理由。

屋漏偏逢连夜雨

楚国从武王南征北战开始,到庄王已经历了三代国君。这期间筚路蓝缕,一步一个脚印,也曾呈现出蒸蒸日上的态势。然而城濮之战,被日上中天的晋国教训以后,楚国的气焰受挫。庄王即位,又是屋漏偏逢连夜雨,两大难题摆在他面前。一个是国内的斗克叛乱。当时年幼的庄王被作乱的斗克和公子燮挟持,困据京城与楚军对峙,后来又被迫出逃,关键时刻由庐戢黎巧妙诱杀贼臣才化险为夷。另一个就是庸人和群蛮的叛乱。多难兴邦,在一次次的历练中,庄王的智谋逐渐成熟,同时,楚国统治集团的执政、军事效率和应对能力都有所提升。这一次伐庸,足以体现群臣配合的默契、君王决断的合理。

楚国正处在大饥荒中,趁此机会,庸人联合群蛮背叛楚国。庸国不是等闲之辈,当初楚国人的血性和理想,庸人都有,只是没有前者的机遇罢了。这个国家的王族血统传说源自颛顼。周武王伐商,它作为盟国,是"八国联军"中实力最强大的一个,《尚书·牧誓》一篇还记载了联军出师前武王的讲话,在称及盟国时把庸放在了第一位,战后它与他国一起瓜分了商朝西边的土地。庸不仅是一个能够和周族平起平坐的大族,在军事上也有非常成熟的建制和悠久的尚武传统,其中最著名的历史遗产要属庸国"方城"。方城亦被看作是长城的前身,最早建立方城的国家或为楚国。当时楚文王灭邓以后,担心招来齐桓公的讨伐,就在东北方向(针对齐的防卫)的方城山这个地方建立防御城墙,与汉水一起形成完备的防御体系,这或是中国最早的长城雏形。后来战国时期北方中原各国纷纷效仿楚国,建立长城。所以长城最初其实不是用来帮助华夏对抗北方蛮夷的,相反是南方蛮夷用来抵御北方中原华夏的。庸国的方城可能是效仿楚国而建的,比中原早了几百年,这也是四周蛮夷中唯一一个建立城墙的国家,可见其军事上的天赋和嗅觉不亚于楚人,也足见其胆识魄力和独立个性。

庸人所团结的蛮夷们,未必和庸有完全一致的诉求,这决定了庸国看似来势汹汹,其实未必有足够的支援。盟军虽不能说是乌合之众,也可说是胸无大志,他们想借着庸楚之争,见到好处就捞一笔。这里又分为三派,最低端的是"戎","志在剽掠,饱其所欲即归。"要求高一点的是麇和濮,"负隅险阻,出没不测"(《春秋左绣》)。这些人明显是要贪便宜,只想见机行事,不想把自己搭进去,但其中的麇和濮也希望尽可能多占地盘。只有庸是不同的,它就是想侵占领土,因为他们土地与楚接壤,不占领对方,将来也有可能被对方征服。最终决战迟早到来。既然如此,楚若能够针对性地击破联盟,呼朋引伴的蛮夷一定会相互观望,各自离散,庸必然会被孤立。再加上楚国根基从未动摇,此时只是天灾而非人祸,应对起来也不至于捉襟见肘。此时的楚国一定不能自乱阵脚,相反要以弱示强,以弱为强,给对方以震慑。

这也正是芳贾的策略初衷。第一步,必须打消迁都的意图,迁都就是示意对方自己阵脚已乱,这必然会激发敌人的野心和斗志,所以无论迁到哪里去,敌人都会跟到那里。周平王迁都,周王朝没有转危为安,反而持续衰落了下去,最后被蚕食欺凌。后来楚迁都寿春,导致战略回旋余地越来越小,疆土虽大,军事上却越来越被动。楚人主张迁都的理由是为了安全,阪高这个地方,地势高峻险要,利于防守。但是自古迁都选址,都应该看重战略价值而非战术价值。险要未必就安全,相反可能磨灭士气,纵敌深入。晋景公在位时,曾经为迁都煞费苦心。当时臣子们主张迁都郇、瑕氏(山西运城一带),因为那里土地肥沃,经济发达。韩厥就极力反对,理由是在太富足的地方百姓会懒惰不思进取,公室反而会贫弱(百姓不事生产),最后迁都到了新田。这说明当时人们已然意识到都城的价值不是庇护,而是应扮演辐射政治文明理念和国家意志的角色。第二步是不做缩头乌龟,主动出击。长期生活在楚人阴影中的蛮夷们看到楚国又开动了战争机器,感到之前的行为是冒失之举,就开始纷纷溃散了。第三步则是不计成本,一路开仓放粮,这是先军政策,这样士兵也都有了战斗的信心和动力。楚国在激发士卒战斗心理方面向来很有经验,庄王伐宋亲自巡视军员,武王坐卒于树下以激励人心。第四步则是敲山震虎,先让小股部队直接去进攻庸人。第五步,欲擒故纵,故意让子扬窗被俘,探听虚实,再潜逃汇报虚实。这一步为后面师叔的以强为弱的主张张本。

楚师被逐,又有将士被俘,庸人的心理此时有了微妙变化,原本众蛮夷的逃散令其气焰受挫,现在又有些自信了。此刻师叔建议故意与之冲突,佯装败北。于是,楚人连续七次交锋,连续七次做出战败的样子,以至于连裨、鱼、儵这些战斗力极差的部族都敢追剿楚人。一贯心高气傲的楚人,竟然一而再再而三地败退,连起码的脸面都不要了,这一定是大势已去、无可奈何的败局。所以庸人才有了楚人不足战的想法,甚至不设防备。

看到楚人最后的致命一击,我们才发现,原来庄王在下一盘很大的棋。"群蛮从楚子盟",说明群蛮被吓退后,楚人已经开始了暗中联络,分化瓦解,而庸人却没有做出足够努力去巩固盟友。"秦人、巴人从楚师",秦军、巴军的加盟,是决定性的要素,但是这样一个大杀器最后才亮出,之前多少周旋联络、暗中功夫,尽在不言之中。不得不说,将政治牌与军事牌合起来打,这正是楚人的高妙手段。当时秦晋争霸,楚国作为新兴的势力,秦人希望以之为后援牵制晋国,楚庄自然不会不利用好这个机会。就在此时,楚人兵分两路,完全包围了庸军,断绝了庸人的后路。这是一步沉稳的险棋。因为据子扬窗的报告,庸人人多势众,所以兵分两路的策略,机动性强,也出人意料。

楚国人的胜利,胜在两个"不可"上。两位重臣,一少一老,都有这样斩钉截铁的回答,有这样珠联璧合的默契,也都能够如此审时度势、举重若轻,可见楚国已经有了争霸天下的政治预判和战争直觉。所以可以说,楚国灭庸,是庄王霸业的开端。

《左传》的兵法与文法

《左传》历来被看作半部兵书,书里不仅大大小小战役多,其中的战法谋略更是五花八门,大到纵横捭阖的战略战术,小到妙至巅毫的诡计奇术无所不有。

"不论文而论兵,左氏亦属智囊第一耳。"(《春秋左绣》)在这一节的战争中,楚人演绎了何为强弱的转换。以弱胜强的发生,往往因为强者锋芒毕露,暴露软肋,弱者伺机攻其不备,以退为进,步步为营,让强者丧失大好局面。在师叔的运筹下,楚人故意示弱,连续七次败北,把戏做足,让敌人骄横之心达到顶峰。在此过程中,还分化瓦解敌人,暗中联系诸方力量,将庸人团团包围。楚国始终拒绝合兵出击,其实就是为了避免让锋芒触及对方的盾牌。庸人拥有方城守卫,又筹备已久,人数众多,一旦陷入持久战,处在饥荒中的楚人,势必将陷入被动。让对方先骄纵急躁,然后一举出击,反而更利于速战速决。

而蒍贾的主动出击,以弱势去强击,目标非常明确,针对的是力量较弱的百濮,也就是分化瓦解庸国联盟。蒍贾定计,是大方略,而师叔的计谋则是在具体执行上出其不意,可谓相得益彰。二者都有审时度势的能力,都看到了楚国邦本未动,庸人蛮夷各怀鬼胎,计策也都有破其所恃的针对性。

《左传》的文法与所述之兵法一样,变化多端,纵横奇崛。马云评价说:"秦巴无伏笔,戎麇无应笔,又章法之变。"前半段悄无声息的秦巴盟军后面突然出现,之前来势汹汹的麇人后半段销声匿迹,这样文章就犹如绵绵江水撞击断崖礁石,骤起骤停有了波澜。前一段突袭庸人,雷声小,雨点更小,情节曲折,内容充实丰富;后面联合大军灭庸,言简意赅,一字千钧,气吞万里。这样的节奏变化被评为"始如处女,动如脱兔"。

本篇还深谙照应之法,《左传评林》中有武亿的妙批:"此篇传灭庸事,分四段读。首段写得楚国势如累卵。谋徙阪高,蒍贾不可;欲复大师,师叔不可:两段相对。"两个"不可",彼此相对,文章气势就已经起来了。"末段会师分队云云,势如破竹,笔法紧与首段相配。此章法照应之以神不以形者也。"最后一段的合兵总攻,又将之前被略过的出兵之谋、蓄而未竟的出击之策铺展开来,真是先抑后扬,一泻千里。

为文之大者,《左传》也哉。贵矣,谋篇若谋国,用文如用兵!

第三讲　箭射周天子

夏，齐侯、郑伯朝于纪，欲以袭之。纪人知之。

王夺郑伯政，郑伯不朝。秋，王以诸侯伐郑，郑伯御之。

王为中军；虢公林父将右军，蔡人、卫人属焉；周公黑肩将左军，陈人属焉。

郑子元请为左拒(1)，以当蔡人、卫人；为右拒，以当陈人，曰："陈乱，民莫有斗心。若先犯之，必奔。王卒顾之，必乱。蔡、卫不枝，固将先奔。既而萃于王卒，可以集事。"从之。曼伯为右拒，祭仲足为左拒，原繁、高渠弥以中军奉公，为鱼丽之陈。先偏后伍(2)，伍承弥缝。

战于繻葛。命二拒曰："旝(3)动而鼓！"蔡、卫、陈皆奔，王卒乱，郑师合以攻之，王卒大败。祝聃射王中肩，王亦能军。祝聃请从之。公曰："君子不欲多上人，况敢陵天子乎？苟自救也，社稷无陨，多矣。"

夜，郑伯使祭足劳王，且问左右。

——桓公五年

注释

(1)拒：军队方阵。(2)先偏后伍：偏、伍，春秋战国时车战编制单位。(3)旝：作战时大将指挥用的旗子。

课堂检测

1. 解释下列加点的字词。

   郑伯御之（　　）　　　蔡人、卫人属焉（　　）

   可以集事（　　）　　　旝动而鼓（　　）

   况敢陵天子乎（　　）　　社稷无陨（　　）

2. 下列句中"固"字意义与例句相同的一项是（　　）

   固将先奔

A. 我固当烹(《史记·淮阴侯列传》)

B. 名我固当(《种树郭橐驼传》)

C. 固将愁苦而终穷(《楚辞·九章·涉江》)

D. 君臣固守以窥周室(《过秦论》)

3. 下列句中不含词类活用的一项是(　　)

　　A. 郑伯朝于纪　　　　　B. 蔡、卫不枝

　　C. 王亦能军　　　　　　D. 君子不欲多上人

4. 把下面句子翻译成现代汉语。

　　陈乱,民莫有斗心。若先犯之,必奔。王卒顾之,必乱。

_____

_____

阅读提示

1. 郑庄公不再朝觐的原因是:_____

_____

2. 面对周天子的联合讨伐,郑国的应对策略是:_____

_____

3. 郑庄公为何拒绝手下将领继续追击逃兵:_____

_____

4. 概括郑庄公的性格特点:_____

_____

咬文嚼字

历代学者评价"王亦能军"四字极妙,有人认为此四字"诙诡之至",请谈谈你的理解。

_____

_____

合作探究

1. 有人认为,周天子伐郑国,虽然师出有名,却有不妥之处,你如何看待这一问题?

2. 清人冯李骅、陆浩《春秋左绣》认为"本篇传王伐郑,却详写郑御王,是反客为主矣。"请鉴赏这一手法的表达效果。

解读经典

乱世奸雄郑庄公

春秋时期枭雄遍地,郑庄公是代表之一。由才智、潜力、影响等综合判断,他的成就应不亚于齐桓晋文等霸主,但最终他的口碑不太好。客观上说,《左传》对庄公是很不友好的,大量的笔墨都在渲染其奸诈、卑劣、虚伪。庄公最大的"奸行",怕是要属"箭射周天子"了。这一箭射穿了周王室用以维护脆弱自尊的遮羞布,让左氏恨得咬牙切齿。在左丘明笔下,庄公坏得令人发指,短短几百字,满载着累累罪行,昭昭恶迹。

首先是"其谋之毒"。郑伯要去访问纪国,这看似是正常的外事活动。但注意措辞——"朝",郑国的姿态应该是比较恭敬的,但就是这种恭敬令人胆寒。韩范云:"凡大国施礼于小,其中必有机祸。"大国出访小国,难道是来联络感情的么?而且这次访问突如其来,更显得"礼多必诈。"对黄鼠狼给鸡拜年的意图,"纪人知之",他们赶紧向周天子求救。这一方面说明周天子在当时名义上的权威还是有的,但另一方面也不得不让人感慨,只有小国才会抱周朝大腿了。周王还是很有气魄的,马上就夺了郑庄公的权力,没想到,郑国干脆就不来朝见了。周天子与诸侯最基本也是最明确的法理关联,就在于朝贡制度。若干年后,齐桓公讨伐楚国,来势汹汹,其中一个核心理由就是楚人长期不纳贡。然而郑伯居然可以扭头就走,完全无视天子威严,从道义上看,太猖狂了。

其次是"其事之悖"。周天子讨伐郑国，郑国完全可以大事化小，承认一下错误，或者用一次专业的危机公关就可以解决。然而，郑庄公就像一头高傲的斗鸡，竟然得意扬扬地去抵御天子。而他的谋略，招招见血，处处攻击天子的软肋，可以说是非常狠毒的。天子御驾亲征，最大的短板就是天子的安危，对很多将领来说，保护天子就意味着很多冒险的战术无法展开。这是庄公军队的心理优势。庄公还利用了第二个心理战策略，他知道陈国这样的附庸小国，狐假虎威的意图很明显，斗志不强，先攻击陈军，则会导致王卒分心、混乱，为了保卫王的安全，蔡卫的军队自然就会处于被动，形成多米诺效应，让联军层层倒下。春秋时期的战法有很多相似点，像庄公的策略，就是找软处下手，从一点突破。清魏禧《左传经世钞》用很形象的比喻来形容，就是"攻瑕则坚者皆瑕也。"意思是一块璧玉，你击碎它的瑕疵，其他坚固的地方也会露出瑕疵而蔓延破碎。

除了招数的阴狠致命，庄公还胜在郑军阵法的从容。士卒越是分工明确，阵型越是华丽整饬，郑国人的无礼悖恶也就越明显。他们的从容不迫游刃有余，实际是对周王军队更大的羞辱和轻薄，显出他们完全没有敬畏之心，全然是在看周王的笑话。

最大的悖逆则是不择手段，向周王发出致命威胁。祝聃竟然用箭射中周王的肩。在危急的情势下，没有人会相信祝聃射伤周王只是为了警告，他的攻击可能会全然不顾周王生死。而后当他看见周王还能够指挥军队，非但没有愧疚心虚，还要求继续追杀。

最后，还要来一番轻佻戏弄。夜里庄公派人去慰劳天子，这就好比是打了人还要问疼不疼。明人艾南英将这一举动比作"所谓刃人而复煦煦以手"。最妙的是"陵天子"三个字，这显然是左氏为庄公所定的罪状，却偏偏从庄公自己嘴里说出来，极具讽刺性。

郑庄公不是只懂得权谋诈术的小人，从历史功绩上看，他算是有雄才的英王。在齐桓公出现之前，他两次驱逐北戎，攘夷之功甚巨。但是他的道德污点太明显：不尊王，不亲亲，而且伪善。对自己的弟弟段，先纵容对方犯错，再加以惩罚，驱逐出国。现在是伤王之后却自诩为君子，装出一副谦让的样子。和齐桓晋文对比，"术"多于道，诡频于谋，难怪后人评价宋襄公是后世假道学的鼻祖，而郑庄公则为乱世之奸雄的先驱。

一场华丽丽的失败

作为天子,周王在征讨诸侯过程中遭遇羞辱并非第一次。当年周昭王南征楚蛮,出师不利,"丧六师于汉",昭王本人也死在江上。有说法是当地民众故意用胶粘昭王的船,导致船行至江中解体的。后来齐桓管仲还拿这件事情作为向楚人兴师问罪的理由。这里周桓王的运气更差。他险些被敌人将领一箭射死,而且还遭遇了穷追猛打。历史上,桓王的境遇得到了很多人的同情,还有人称赞他中箭时的从容不迫。吴曾祺《左传菁华录》评价说:"'王亦能军'四字,极为分外写照,丧败之余,尚略有生气。"周王中了箭还能够面不改色,指挥军队,引领大家撤退。但越是从容不迫,周王的可怜也就越明显。大王自将,那别的人在哪儿?文中极力渲染郑国军事行动的巧妙、布局的周密,不也从侧面反映出周王军队的庸碌吗?

诸国出工不出力,也反映出一个问题,周王的征伐明明是正义的,却没有凝聚人心的力量。这得怪周王操之过急。清人周大璋《左传翼》评价说:"天子讨而不伐。郑伯不朝,王当声其罪于天下,明诸侯以讨之。"意思很清楚,天子可以命令诸侯去讨伐叛逆,如果号令不动,那就不妨姑且安抚。御驾亲征,只会让人觉得天子没有尊严,而且手段不多了。

再则,周桓王也需要学习一点政治心理学。郑伯对周的无礼隐含着怨恨,双方梁子是从桓王祖父平王那里结下的:周平王东迁,郑国护送有功,平王却偶尔把权力分给虢公,不再专任郑伯,引起庄公不满。平王为了安抚他,就让王子狐与郑国世子互换为质,发誓自己绝不分权给别人。后来,桓王即位,给予虢公实权,这下郑伯气炸了。麦子熟了,他派祭足率领士兵到王畿去割麦子;禾谷熟了。他又派兵抢了成周的禾。在这样剑拔弩张的情势下,桓王按理说不能够火上浇油。他此时御驾亲征,等于把遮掩的矛盾摆上了台面,郑伯哪能善罢甘休。

不过,《左传》把这场失败"修饰"得很完美。按照"尊讳亲隐"的原则,王的难堪是不能直说的。但是王的失败不表现,又不足以显示庄公的可恶。《左传》的办法是详写郑国军队的华丽战法和巧妙布局,以此来衬托周王被动挨打;渲染郑国派遣使者的得意扬扬,信口雌黄,暗示周王的气愤无奈;通过写周王撤退时的勇敢从容,让人联想到他的孤立无援;用子元的"智"和祝聃的"勇",突显周王手下的愚蠢、怯懦。一句话:宾主相交,以宾衬主。和郑国君臣骄阳般的气势不同,周王的沉默与落寞,就像乌云暗处的闷雷一样,幽杳而痛苦。

《左传》是半部兵书

若要借庄公的军事辉煌来暗示周王的失败,那么对战争和兵法的描述自然要格外用心。写军事恰恰是《左传》的拿手好戏。孙琮评《左传》"深于兵机"。《左传》谈兵,特点在于简省而要点醒目。语言不多,决定战争走势的关键步骤却写得极清楚、极精彩。这里有两处值得注意,其一是"旝动而鼓",令旗挥舞,就开始击鼓进军,接着就写"王卒乱",说明郑军团结一心,执行力强,训练有素,令行禁止。其二是"鱼丽之阵"。这么好听的名字,杀伤力可不一般。杜预的注释说:"车战二十五乘为偏,以车居前,以伍次之,承偏之隙而弥缝阙漏也。五人为伍。此盖鱼丽陈法。"意思是二十五辆战车在前,五人组成的步兵小队若干跟在后面,战车队形之间会留有空隙,这些步兵一边行进,一边弥补空隙,机动穿插。战车、步兵相互配合,一齐冲锋,样子看上去就像是穿梭的鱼队,整饬华丽、灵活自如。一方面配合起来比较方便,另外重点进攻时也有助于各个击破。

《左传》是后世名将的掌中宝典。史载关羽喜读《左传》,"讽诵略皆上口",我想关将军从《左传》中读到的,除了忠义思想,还有专业的兵法谋略。

第四讲　楚武王侵随

　　楚武王侵随，使薳章求成焉，军于瑕以待之。随人使少师董成。

　　斗伯比言于楚子曰："吾不得志于汉东也，我则使然。我张吾三军，而被吾甲兵，以武临之，彼则惧而协以谋我，故难间也。汉东之国，随为大。随张，必弃小国。小国离，楚之利也。少师侈，请羸师以张之。"熊率且比曰："季梁(1)在，何益？"斗伯比曰："以为后图，少师得其君(2)。"王毁军而纳少师(3)。

　　少师归，请追楚师。随侯将许之。季梁止之，曰："天方授楚，楚之羸，其诱我也。君何急焉？臣闻小之能敌大也，小道大淫。所谓道，忠于民而信于神也。上思利民，忠也；祝史正辞，信也。今民馁而君逞欲，祝史矫举(4)以祭，臣不知其可也。公曰：'吾牲牷肥腯，粢盛丰备，何则不信？'对曰：'夫民，神之主也，是以圣王先成民而后致力于神。故奉牲以告曰'博硕肥腯'，谓民力之普存也，谓其畜之硕大蕃滋，谓其不疾瘯蠡(5)也，谓其备腯咸有也；奉盛以告曰'洁粢丰盛'，谓其三时(6)不害而民和年丰也；奉酒醴以告曰'嘉栗(7)旨酒'，谓其上下皆有嘉德而无违心也。所谓馨香，无谗慝也。故务其三时，修其五教，亲其九族，以致其禋祀(8)，于是乎民和而神降之福，故动则有成。今民各有心，而鬼神乏主；君虽独丰，其何福之有？君姑修政，而亲兄弟之国，庶免于难。"随侯惧而修政，楚不敢伐。

　　　　　　　　　　　　　　　　　　——桓公六年

　　四年春王三月，楚武王荆尸(9)，授师孑(10)焉，以伐随。将齐，入告夫人邓曼曰："余心荡(11)。"邓曼叹曰："王禄尽矣。盈而荡，天之道也。先君其知之矣，故临武事，将发大命，而荡王心焉。若师徒无亏，王薨于行，国之福也。"王遂行，卒于樠木之下。令尹斗祁、莫敖屈重除道、梁溠，营军临随，随人惧，行成。莫敖以王命入盟随侯，且请为会于汉汭，而还。济汉而后发丧。

　　　　　　　　　　　　　　　　　　——庄公四年

注释

(1)季梁:随国大夫。(2)少师得其君:指少师被随侯信任,可以利用他做文章。少师,随国大夫。(3)王毁军而纳少师:楚武王故意把军容弄得疲塌来迎接少师。(4)矫举:说谎,诈称。(5)瘯(cù)蠡:牲畜毛皮的疥癣之疾。(6)三时:春夏秋三季。(7)嘉栗:形容酒嘉美清纯。(8)禋祀:烧柴升烟祭天的仪式。(9)荆尸:学界未有定论,有认为是军事或兵阵,亦有释之为楚先祖木主或楚月令等。(10)孑:戟。(11)心荡:心跳不安。

课堂检测

1. 解释下列加点的字词。

   使薳章求成焉(　　)　　军于瑕以待之(　　)

   随人使少师董成(　　)　　故难间也(　　)

   故临武事(　　)　　济汉而后发丧(　　)

2. 下列句中"而"字的用法与意义与例句相同的一项是(　　)

   彼则惧而协以谋我

   A. 择其善者而从之(《论语·述而》)

   B. 仁义不施而攻守之势异也(《过秦论》)

   C. 秦人拱手而取西河之外(《过秦论》)

   D. 遂而鸡豚(《种树郭橐驼传》)

3. 以下句中"其"字用法和意义与例句相同的一项是(　　)

   先君其知之矣

   A. 静女其姝(《诗经·邶风·静女》)

   B. 择其善者而从之(《论语·述而》)

   C. 余亦悔其随之而不得极夫游之乐也(《游褒禅山记》)

   D. 其皆出于此乎(《师说》)

4. 把下面句子翻译成现代汉语。

   将发大命,而荡王心焉。若师徒无亏,王薨于行,国之福也。

阅读提示

1. 在斗伯比看来,楚国在汉水东面难以取得军事胜利的原因是:＿＿＿＿＿＿

   他提出的对策是:＿＿＿＿＿＿

2. 季梁阻止随侯出兵的理由是:＿＿＿＿＿＿

3. 邓曼的叹息在文中有何作用?

4. 唐刘知几《史通》认为《左传》:"善人君子,功业不书,见于应对,附彰其美。"请据此评析本文。

咬文嚼字

故奉牲以告曰"博硕肥腯",谓民力之普存也,谓其畜之硕大蕃滋也,谓其不疾瘯蠡也,谓其备腯咸有也;奉盛以告曰"洁粢丰盛",谓其三时不害而民和年丰也;奉酒醴以告曰"嘉栗旨酒",谓其上下皆有嘉德而无违心也。明代钟惺曰:"三'谓其'文字郑重。"请谈谈你的理解。

合作探究

1. 季梁劝说随侯的一番话,有很强的针对性,请联系上下文对此加以分析。

2. 孙执升认为:"臣能以死王为生,而不能使生王不死,吾谓令尹、莫敖,其智皆出邓曼下。"请谈谈你对这句话的理解。

_____

_____

帷幄中上演对手戏

楚武王伐随国是楚国第一次以主角身份在《左传》中出现。传中楚人登上历史舞台,始于桓公六年(前706)之后的几次大型征伐活动,"传于桓公六年后记楚服随、服绞、败邓诸事,所以原楚强之始也。"(陈傅良)虽然在此以前,楚国已经有一定的影响力了。桓公二年(前710),蔡国和郑国会于邓地,目的就是防范楚国。《左传》这样安排楚人出场,一方面是在展现楚国筚路蓝缕、开基创业的自强过程,另一方面也是在暗示楚国是地位不高的蛮夷,素为中原诸国提防。

楚国的强大不只体现在武力上,还集中体现在人才的能力和见识之上。《左传》对于善人君子的功业不一定直接叙写,往往借助其应对之言间接展现,特别善于互相映衬对照。楚国的斗伯比和随国的季梁在各自的帷幄中上演了一番对手戏。

斗伯比劝楚武王张随,这是他谋略的第一步,所谓未战而庙算,先估计形势利弊再计划行动。张随的理由有二:其一,是随国在汉东诸国中最为强大,使其自大膨胀,可以分化瓦解汉东同盟;其二,他看到了随国的轻敌自恃和内部矛盾。楚国人先求和,随国派少师来主持。"董"字暗示随国是把自己当老大了,有一点掌控全局的自负,或许是被楚国求和的低姿态迷惑了。"楚诡随佻,开口写出传中书法。"(胡揆)

随国的实力在当时确实不容小觑。它是周王室分封的姬姓诸国之一,其疆域相对宽广,新野(北)、襄樊(西)、京山(南)、应山(东)大致区划出它的范围。此处依山傍水,地势险要,而且离铜绿山接近,方便周王室锻造冶炼青铜,周王室把同姓的几个国家分封在这里,就是为了让它们相互照应,共同守卫南疆,也是潜在地将南方的楚国当作蛮夷来防备,这在历史上被称为"汉阳诸姬"。楚国一直把对付汉阳诸姬当作自己扩张的必经之路，所以与随国的战与和纵贯楚国历史中相当长的一段时间。斗伯比的深思熟虑是这段历史的缩影，他意识到分化瓦解敌人，先要从随国入手，这是承接先前的国策，而他分散敌人联盟的策略又影响了后世楚国的外交与军事。（彭世望认为，春秋战国历史上，秦楚两国往往受到中原诸国的合纵攻击，故而都主张各个击破、分化敌人。但是秦国是一边扩张一边离间对手，而楚国是不扩张领土，却时刻暗中挑拨对手，"楚不张而离之，秦张而离之，因利乘便，各有所长。"这也许就是斗伯比的政治遗产。）具体做法是利用少师，故意把疲师给对方看，使得随国认为楚国疲弱，可以一击。

然而楚国的贤人不只斗伯比一人，熊率且比指出随国有季梁这么厉害的人，不会看不出这一计谋。伯比告诉武王，季梁不如少师那样得宠，所以可以赌一把。在这里能够看出斗伯比对敌情了如指掌，真的是知己知彼。如果季梁真的被君王无视，可以说伯比料事如神，更胜季梁一筹。如果季梁轻松劝阻随侯出兵，那就是伯比失算，季梁才智胜过伯比。

《左传》的高妙就在于此，它选择了这样处理的方式：少师"请追楚师"，"随侯将许之"，这说明伯比料事如神。但是此时季梁出现，力挽狂澜。他的一番话洋洋洒洒，苦口婆心，说明说服不易，反衬伯比计策的力度和效果；而最终能够说服，又体现其睿智和谋略。

斗伯比示弱之谋，纵观历史，绝非孤例。《史记·匈奴列传》载："汉兵逐击冒顿，冒顿匿其精兵，见其羸弱，于是汉悉兵，多步兵，三十二万，北逐之。高帝先至平城，步兵未尽到，冒顿纵精兵四十万骑围高帝于白登。"这就是历史上著名的"白登之围"。刘邦逐冒顿单于，单于故意掩藏精兵，暴露弱卒劣马以迷惑汉军。汉误以为匈奴势弱，就多以步兵进击。高帝自负，不等后方军马到达，先进入平城，被猝然而至的精兵围困，七日不得脱，九死一生。获释后，汉廷被迫和亲求平，影响汉朝国策数十年之久。其实在白登之围前，刘敬出使匈奴，见匈奴军马疲弱，心生怀疑，担心是诱兵之计，可刘邦不听，还将其下狱。刘项不读书、不谙史，刘敬有见识，却没有季梁的幸运和口才。通过这件事，我们能看到楚伐随另一个版本的结局。一旦随国上钩，楚国不知道能早称霸多少年，汉阳诸国的命运恐怕就是另一番模样了。

民为神主

季梁的劝说，不是上来就讲大道理，对于敌人的引诱圈套他只提了一句，这就是其聪明过人处。君王正在兴头上，再加上少师这个傻瓜的劝诱，你此时给他泼一盆冷水，说敌人实际上如何强大，很容易被看作是灭自己威风、长对方士气，只会适得其反。五百年后，当刘敬直率地说出相同的想法时，让刘邦气得直跳脚，可见古人之谋胜后人远矣！季梁此时先抓住随侯最担心的事情：在君王的心里，天神护佑与否，是决定小国生死存亡的关键。他先从上天保佑楚国说起，表示随侯现在与楚作战，就是自不量力。再一个，随侯你自己有没有取信于神灵呢？万一得罪神灵被降罪，和敌人一对比，那就更无胜算了。一句"臣不知其可也"，正是激将法。随侯马上摇头，自己祭神敬天，周旋招待，还是很虔诚的，怎么能说神灵不待见我呢？季梁就此引出正题来：信神在于忠民。对待神最虔诚的做法，就是对百姓尽心，而要尽心事民，就得让百姓获利。季梁所说的"忠"，并不是我们今天所说的忠诚，它指的是对待他人尽心尽力。他的逻辑紧承随侯所说的祭祀而来，把每一样祭祀之物都解释为百姓生活民力的象征，将神之信解读为对上天对百姓的关爱、对君王的督查。

《左传》此段文字，堪称绝妙之笔。季梁的对祭祀与养民关系的解读，别致新颖，却入情入理，令人耳目一新，特别是连用了七个"也"字，六个"谓"字，斩钉截铁，层层叠叠，气势浩大，不容辩驳，又用三个"奉"字，讽刺随侯殷勤事神却不得要领。但是其语气温厚蕴藉，措辞华丽有韵彩，可谓"流云织锦，天花乱坠，令人应接不暇"（《古文观止》），显得威而不怒。这几句是接着对方的话来说，借力打力，刘继庄《左传快评》喻之为"骑贼马赶贼，夺贼枪杀贼"。再巧用"所谓馨香，无谗慝也"一句，指桑骂槐，暗示少师之谗言奸识，讽谏君王必须警惕排斥。最后再点明利害，汉阳兄弟之国的团结一旦被破坏，楚人的目的就达到了。在这一番劝说之后，随侯的反应是"惧"。这个字正好和前面楚人的战略预期"张"（骄傲）随，形成对照，足见季梁之智，也呼应了前面斗伯比批评楚国一味扩张军事，不懂分化敌人，草蛇灰线，珠联玉缀。

季梁的思想对先秦诸子的影响非常大。首先他继承了《尚书》中保民安民的精神，进而推诸政化，成为后世效仿的依据。他所谓的"修政而亲兄弟之国"也与帝尧"克明俊德,以亲九族;九族既睦,平章百姓;百姓昭明,协和万邦"的理念十分相近。孔子谈君民关系,说君以孝慈、庄重待民,民自然会回馈以忠,这里季梁的"忠民"被理想化、具体化了。而孟子则强调民贵君轻的民本思想,更像是"忠民"的浪漫化设想。墨子也有这样的尽心利民思想,《墨子·节用》曰:"古者明王圣人所以王天下,正诸侯者,彼其爱民谨忠,利民谨厚,忠信相连。"再者,季梁说的"修其五教"即修"父义、母慈、兄友、弟共、子孝",这是儒家亲情伦理的基础。而季梁批评君王"独丰",让百姓离心离德,其实隐含着和睦生丰、和实万物的思想,再加上以小国胜大国、以弱胜强的自信,又和老子有着千丝万缕的联系。

季梁是通才贤达,只可惜他生错了国家,真正配得上他的雄主在敌人那里。楚有将才,随有贤人。然而楚用将才斗伯比,随信谗人少师,贤人季梁不得志。这或许正是日后楚国强大、随国沦为附庸的重要原因。

武王之死

楚与随签订和平协定之后十六年,楚武王再度伐随。此次征伐原因不详,或许是因为随人复叛,抑或是出于楚自身的扩张目的。此次伐随,武王没有斗伯比的劝告,而是直接领受了上天的警告。散发兵器之后,他正准备要斋戒,却突然感到心脏不适、心神不宁,赶紧入宫告诉夫人邓曼。在本书第一讲中,读者已经见识了邓曼的见识。这个巾帼英雄料事如神,武王非常信赖她,重要问题时常找她来商量。邓曼告诉他:上天、先祖都在警告你,你的福禄尽了,换句话说,你所有的功业、成就也就到此为止了,如果你还要出征,就是逆天而行,势必会招来死亡的结局。"先君其知之矣",邓曼暗示说先君大概知道上天的安排,所以看武王还要出征,向他发出冥命,警告他不要再行动了,否则物极必反。为什么反映为心神不宁呢?古人认为神魂在心,心荡即神灵对其人的影响。为何一定是心荡呢?因为盈满为荡,荡即满溢无度,神灵暗示楚王的福禄过度了。邓曼精通天道,以至于后世人戏称其言可直接为《中庸》做注。

楚武王一生的"盈满"主要体现在两件事,第一是称王。其先祖熊渠曾经称王,以蛮夷之主的身份与周王分庭抗礼;但是周厉王的威势他还是顾忌的,最终无奈取消了王号。武王熊通时伐随,逼迫随人向周王室请个尊号,曰:"我蛮夷也。今诸侯皆为叛相侵,或相杀。我有敝甲,欲以观中国之政,请王室尊吾号。"

意思是你们中原国家相互杀伐，我可以帮你们摆平纠纷，请给我个尊号。周王当然不会答应。熊通勃然大怒，说："楚国先祖是周文王老师，功劳地位那么高就只被封了个男爵。我们楚国在蛮夷之地让四方族群归附，竟然连个尊号都不给，那我就自立为王算了。"这一番蛮夷宣言改变了春秋的格局。这是武王一生最大的冒险，也是他最果敢的政绩。

第二是穷兵黩武。连年战胜，开拓疆土，气势太顺，在天道平衡面前，最终也要按下暂停键。"盖楚子平日穷兵，皆夫人所不满者，而力不能谏止之。"邓曼看出这样的出征是在透支国力，所以担心君王死于疆场，军队覆灭，所以说如果军队保全，只有君王死于途中，反而是国家的一种幸运。邓曼不是不爱丈夫，这是无可奈何的清醒预言，因为她知道，楚王是血性刚愎之君，楚国的文化即是尚武爱战，即便明知是死，他也未必会撤军。但如果楚王死于途中，楚军自然会撤军，军队就会避免失败的风险，还能保全那么多人的性命，这是真正的楚国之福。邓曼的眼界和理性，让她做出了师重君轻的判断。钟伯敬云："社稷为重，君为轻，（邓曼）已先孟子看出。"

武王最终病逝于行军途中，他在背靠一棵大树休息时溘然长逝，验证了邓曼的奇见。现在大军在前线，如果君王逝世的消息泄露出去，会引发随人的反击。所以莫敖、令尹采用了秘不发丧、维持旧君之命的方式来震慑随国，逼迫对方向他们求和，再班师回朝。等到安全渡河以后，才将消息透露。姜希辙《左传统笺》云："古来秘不发丧之事，始见于此。"这样临机应变的方法，展现了楚国将才的卓越。后世李斯赵高之徒以此方法来谋权，可谓深受其影响。

孙执升认为，在武王之死一事上，邓曼远比令尹、莫敖要聪明："使王闻言知悟，则可无薨于行，而奇兵直道，亦皆为多事。臣能以死王为生，而不能使生王不死，吾谓令尹、莫敖，其智皆出邓曼下。"他认为群臣应该像邓曼那样有盈亏意识，劝谏武王不要出征。群臣能做到让死王以生主之面目去震慑敌人，怎么就不能让生王避免于死地呢？这是小智不及大识。邓曼的眼光和思考后来并没有被楚人真正重视，物极必反的悲剧也不断在上演。魏禧感概道："楚子不悟，总是一盈为之也。后世楚灵投龟诉天，致有乾溪之辱，共王中目，皆不善于持盈者。"

政术重平衡中和，战争要血气勇猛。成熟的战略家应该以政治的眼光来调整战略战术，将二者融合，而不是无谓地张扬武力，陷自身于盈满急躁中。

第五讲　城濮之战

　　夏四月戊辰,晋侯、宋公、齐国归父、崔夭、秦小子憖次于城濮。楚师背酅而舍,晋侯患之。听舆人⁽¹⁾之诵曰:"原田每每⁽²⁾,舍其旧而新是谋。"公疑□。子犯曰:"战也! 战而捷,必得诸侯。若其不捷,表里山河⁽³⁾,必无害也。"公曰:"若楚惠何?"栾贞子曰:"汉阳诸姬,楚实尽之。思小惠而忘大耻,不如战也。"晋侯梦与楚子搏,楚子伏己而盬⁽⁴⁾其脑,是以惧。子犯曰:"吉。我得天,楚伏其罪,吾且柔⁽⁵⁾之矣。"

　　子玉使斗勃请战,曰:"请与君之士戏,君冯轼而观之,得臣与寓目焉。"晋侯使栾枝对曰:"寡君闻命矣。楚君之惠,未之敢忘,是以在此。为大夫退,其敢当君乎? 既不获命矣,敢烦大夫,谓二三子:'戒尔车乘,敬尔君事,诘朝将见。'"

　　晋车七百乘,韅、靷、鞅、靽⁽⁶⁾。<u>晋侯登有莘之虚以观师</u>,曰:"少长有礼,其可用也。"遂伐其木,以益其兵。

　　己巳,晋师陈于莘北,胥臣以下军之佐当陈、蔡。子玉以若敖之六卒将中军,曰:"今日必无晋矣。"子西将左,子上将右。胥臣蒙马以虎皮,先犯陈、蔡。陈、蔡奔,楚右师溃。狐毛设二旆⁽⁷⁾而退之。栾枝使舆曳柴而伪遁,楚师驰之,原轸、郤溱以中军公族横击之。狐毛、狐偃以上军夹攻子西,楚左师溃。楚师败绩。子玉收其卒而止,故不败。

　　晋师三日馆、谷,及癸酉而还。甲午,至于衡雍,作王宫于践土。

——僖公二十八年

▶ 注释

　　(1)舆人:众人,百姓。(2)每每:形容草茂盛的样子。(3)表里山河:外有黄河,内有高山,可以作为依托屏障。(4)盬(gǔ):吸,饮。(5)柔:安抚,使顺服。(6)韅、靷、鞅、靽:代指车马的各式装备。(7)二旆:前军先锋两队。

课堂检测

1. 解释下列加点的字词。

   次于城濮（　　）　　　若楚惠何（　　）

   君冯轼而观之（　　）　　诘朝将见（　　）

   晋师陈于莘北（　　）　　楚师败绩（　　）

2. 下列句中"以"字用法与例句相同的一项是（　　）

   晋侯登有莘之虚以观师

   A. 遂伐其木以益其兵

   B. 胥臣以下军之佐当陈、蔡

   C. 是以在此

   D. 斩荆棘，以有尺寸之地（《六国论》）

3. 请在空格中填入合适的词语。（　　）

   公疑_____

   A. 矣　　　B. 也　　　C. 焉　　　D. 耳

4. 把下面句子翻译成现代汉语。

   晋侯登有莘之虚以观师，曰："少长有礼，其可用也。"

   _____

   _____

阅读提示

1. 晋文公临战前的顾虑是什么？

   _____

2. 在子犯看来，晋侯的梦有何寓意？

   _____

3. 子玉在城濮之战中有怎样的失误？

   _____

咬文嚼字

子西将左,子上将右。胥臣蒙马以虎皮,先犯陈、蔡。陈、蔡奔,楚右师溃。狐毛设二旆而退之。栾枝使舆曳柴而伪遁,楚师驰之,原轸、郤溱以中军公族横击之。狐毛、狐偃以上军夹攻子西,楚左师溃。楚师败绩。

邹美中《左传约编》评此段文字,"事极清晰,亦极有精神"。请分析其清晰处。

合作探究

1. 穆文熙评晋军战胜楚军,胜在"奇""诱"二字,谈谈你的看法。

2. 晋侯已经宣布"诘朝将见",后"晋侯登有莘之虚以观师"一段,是否多余,为什么?

解读经典

重耳的大手笔和小紧张

春秋霸主建立霸业,势必要制服核心对手,或付诸终极之战,或与立长久之盟。齐桓以楚为对手,召陵之盟,霸业得遂。晋文争霸,先前被齐国压制的楚国岂能善罢甘休,而且其势力不弱反增,应该说晋文的难题更大。然而在这里历史呈现出惊人的相似。桓公伐楚之前,做了重重铺垫,步步为营,计划之缜密令人赞叹,甚至连离婚的借口都用上了。晋文公也是妙计频出,如何一步步去激怒和削弱楚国,准备功课做得更细。其利用国际关系做的这篇文章比桓公更巧妙,大气谈不上,谲诈那是了得!

　　晋文公先是以曹伯无礼为名攻曹,故意向卫国借道。此时他就已经在打楚国的主意了,因为曹卫皆亲楚,卫国不肯借道,他就伐卫,这样一来,楚国就会被激怒。同时,曹国埋怨卫国,卫国恨曹国惹事,二者被挑拨,给楚国乱上添乱。楚国令尹子玉派人前去商谈,子玉的意思是,你把刚刚灭掉的曹、卫复国,我们也就是不为难你们的盟友宋国了。子犯主张趁势攻楚,不要理睬他的请求。刚直急躁的先轸倒是见识更高。他建议国君私下里答应恢复曹卫之国,让两国与晋结盟、与楚绝交,趁机扣押楚国使者宛春,把他关在卫国。这样,曹、卫为了自己的命运,就不得不与楚国断交了。一个小小的曹国抓在手里,就把楚国耍得团团转。见此情景,子玉勃然大怒,他下令进军。此刻晋国又故意遵从之前与楚王的约定,退避三舍,既获取了德名雅誉,也让楚人内部出现了裂痕。众人不希望进军,而子玉却一意孤行。被骄纵轻盛之气裹挟、背负理亏的负担,这样的楚军未战已先逊一筹。

　　相较而言,楚成王倒是头脑清醒。子玉请战,他开始不同意。成王说得很清楚,晋文公在外流亡十九年,能够重登君位,经验能力可不一般;再说这么大的年纪,经历了那么多磨难,能够走上前台,这是上天的庇佑。"天假之年,而除其害,天之所置,其可废乎?"跟他作对,这是违抗天意,而躲避锋芒,这叫"知难而退"。"知难而退"这个成语,侧面反映了成王的智慧,后世评价楚成王,感慨其才略足以称霸,能力更在楚庄之上,只是生不逢时,遇到了齐桓和晋文这两大敌手,还是有一定道理的。子玉急了,还是要去拼命,用胜利堵小人之口。成王心想你太不把寡人放眼里了,好,就看看你的能耐。他就令子玉带着少数兵马去迎战。这其实也为后面楚国的失败埋下隐患。

　　晋文手笔虽大,但临战之时,还是犹豫紧张了。他听到百姓的议论,好好的草都茂盛长出了,又要舍旧谋新了,心里担心民心不支持他。又看到楚国背靠着险峻地势,担心地利不在自己这边。子犯这个时候看出君主的犹豫,就告诉他:地利、人和就先别管了,天时不可丧。如果出战获胜,诸侯都听我们的了,如果作战失败,我们有山河依靠,楚国人能拿我们怎么样?文公又谈到了楚王的恩惠,栾贞子说楚国兼并姬姓诸侯国,我们也是姬姓兄弟,哪里有恩惠,断我们家族枝叶,只有仇恨。两个人一左一右,凭借高超的智慧,让文公难以反驳。文公最后用梦来表达担心。他说自己梦见和楚王肉搏，楚王趴在身上吸自己的脑血，这个太可怕了，是不祥之兆。子犯又来解梦：这是好兆头，楚王趴着，这是伏罪的预兆，说明战争过后，我们怀柔安抚他们。

这段文字争议很大。后人多认为《左传》对重耳等人有所讽刺。楚对晋的恩惠确实是很大的。栾贞子欺负汉水南岸姬姓诸国的说法，好像是要替周天子出头，替本家人报仇，问题是晋国打压同姓诸侯的事情做得还少么，真是双重标准看人。"究竟其所谓德者，不过情伪尽知道而已。明明背惠亢仇，却托之于汉阳诸姬。若说皆奖王室，则又明明供称必得诸侯。"至于梦，明明是噩梦，"分明心虚"，子犯强作吉兆解，就是为了给文公吃定心丸。(《春秋左绣》)这一段大家都在说仁义道德，但是"把无数诡计负心，一齐瞒过。晋文则腹中鳞甲，左氏亦皮里阳秋。""左氏含轻晋君之意。"(宗尧)其实，左丘明对晋文谲诈的暗讽，不只一处两处。例如先前文公伐曹，对于当年对他有一饭之恩的僖负羁下达保护的命令，是为报恩。但是他手下的大将魏犨、颠颉可不领情，还挖苦了一句："劳之不图，报于何有？"意思是跟你逃难流亡、替你打仗卖命的我们你都不报答，还装什么报恩之心、感恩之人。这句话就是左氏"借助"笔下人物言语，浇胸中块垒，让我们看到了文公的双重标准。孔子评晋文谲诈，有贬文扬桓之意，左氏这种讽刺，也不足为奇。

不过，晋文公毕竟还是个凡人，作为政治家，他的道德操守在利益和生存面前，能体现出如是境界，已殊为不易。朱鲁齐说，晋文不忘报楚惠，心里有纠结，也是善良的体现。方苞说晋文公"有德而勤民"，仗虽然还是打了，但挂念民生民情，也是贤德之一种。之前伐曹，久攻不下，晋军包围城外曹人祖坟，最终还是没有开坟刨墓，体现了对敌人的尊重。这一点比战国时期的田单，刨自己人的墓嫁祸敌人搞苦肉计要高尚多了。春秋乱世，人之面相不可能是非黑即白的，终究还是有很多灰色英雄，他们救赎世界的方式不适合有道德洁癖的人欣赏，却能够促使史家客观地评价。

战争是一道排列组合的题目

晋文做了那么多铺垫，最终真打起来，三下五除二，一点都不复杂。城濮之战，惨烈程度远不及日后的大战，但其效率之高、打击之精准、情势之紧张，春秋时期一般的战役难出其右。

战前子玉的宣战简直像儿戏一样,反映了他的骄纵,也为他排兵布阵的失误埋下了伏笔。而栾枝的回答是非常谦虚得体的,意思我们晋国还记得楚王的恩惠,所以才退兵到了这里,既然您不愿罢休,那么我们明天早上再战。这毫无疑问是继续让对方担负理亏之责,再示怯以诱楚。这样一来,子玉就更自负了。他忘了自己的军队只有两百乘不到,而文公有战车七百。这就是心理战,毕竟我众敌寡,如果一开始就很强势,把敌人吓跑了,战争也就打不下去了。

子玉此时犯了个错误,因为军队数量有限,他派上了陈、蔡的联军,并且将其安排在了自己的右军。右军不是中军,缺乏庇护,而且把这么一群战斗力低下的乌合之兵混在自己队伍里面,等于暴露了自己的一大弱点。令楚国人意外的是,晋国此时突然反客为主,率先攻击,胥臣率领晋国的下军直接攻击楚国软肋右军,他们用虎皮蒙马,气势汹汹,惊吓对方人马。陈蔡小国怎么可能是晋国的对手,马上逃跑了,缺乏心理准备的右军被带乱了节奏,在敌人冲杀中最先溃散。晋国的狐毛派两队人马去追击溃散的楚右军。此时,栾枝让他的军队假装逃跑,还故意拖柴扬尘引起敌方注意,子玉见状,让子西的左军去攻打这支孤军。子西一路追赶,眼看要追上了,突然被晋中军横向阻拦,再一看发现后面晋上军已经逼近了,不久,子西的左军也濒临崩溃。子玉的中军此时如果再去支援,对方以逸待劳而且人数众多,显然是没有胜算的。子玉作为出色将领的冷静又恢复了,他下令收兵。这样,带着较少的伤亡,楚人算是较为体面地退出了战场,但是失败者的耻辱是无法洗刷的。

这样一场战斗,晋人人数占优,战法也变化无穷。如何各个击破对方,如何始终在局部保持对敌的兵力优势,通过三军出动的顺序,逃避路线的选择,一番排列组合,让楚国人屈服。杨绳武认为,春秋时期用兵,在城濮之战以前,多用堂堂正正的打法,唯独这场战争,全是阴谋诡计,堪称诡诈战术之先导。退避三舍,是孙子所谓的"平而骄之";蒙马虎皮,是孙子所谓的"乱而取之";"曳柴而伪遁",是孙子所谓的"以利诱之";而晋上中军突然出现夹击,正是孙子所谓的"攻其不备"。他认为,虽然孙子是百年后才诞生的军事天才,但他的兵法秘密早已被晋文吃透了。

战斗结束了,晋国获胜,失败者则付出了惨痛的代价。子玉得罪了楚王,再加上楚国败军之将自尽的传统,他恐怕是难逃一死了。后来,成王派人对子玉的手下和儿子子西和大心说:"这次战斗,楚国子弟死了不少,这些年轻人都留在了战场上,令尹要是回来了,好像有点交代不过去。"子西、大心的表态,颇具楚人的风范,既浪漫又血性:"得臣将死。二臣止之,曰:'君其将以为戮。'"大意是子玉自己是想死的,但是我们阻止了他,国君还想杀你呢,你可不能自己死。于是子玉就自杀了。

文公听说子玉已死,高兴得不得了,觉得自己的心腹大患除去了。平心而论,子玉不是无能之辈,否则文公不会对他的存在耿耿于怀。晋文公伐曹,子玉坚决不从宋国撤兵,这一点让晋侯很难受。还有以解除宋国包围为条件,劝文公重立曹、卫二国,这也是很有智谋的策略。但是楚国的老问题是人才匮乏,像子玉这样的能人太少,而由这一个脑袋想出来的难题,晋国却有一群智囊来解决。子玉之死,被看作是楚成王自毁万里长城的举措,不少人认为,楚王干脆网开一面,让子玉戴罪立功,这样反而有助于保留楚国的竞争力,而且这样一来后者必然感恩戴德,竭诚尽智。这就有点想当然了。一来情势不同。子玉虽然能干,但是以下犯上,不好控制,成王早有杀心,就是要借助这个机会除掉他,这一点恐怕他的儿子都看出来了。君臣矛盾早就公开化,你让成王大度,大度的时机早就过去了,破镜难圆,覆水难收。二来文化差异。楚文化没有中原怀柔的土壤。这个刚毅、血性的民族之所以能在公元前6世纪的乱世丛林里扮演一个强大猎人的角色,依靠的是责任和牺牲。别的国家,败军之将可以存活,在荆楚大地,失败必须要用鲜血来偿还。

荆棘鸟舔血歌唱,必须先用针刺破胸膛。这是楚民族自我进化的规则。

再论晋文谲而不正

后人总是喜欢拿齐桓晋文比较。比较来比较去,无非是感慨,此一时,彼一时也。齐桓公称霸的优雅从容获取满满赞誉,你看人家姿态多漂亮。再看看晋文,左也不是右也不是,总是显得有点功利、卑琐。吕圭叔做了一个比较,齐桓公的召陵之盟,屈完来了,放点狠话签个盟约,军队就撤了。晋文公的城濮之战,非得让楚人狼狈溃败不可。齐桓公花了三十年时间搞霸业,最后一个召陵之盟,连一枪一弹都没费。晋文公刚刚即位,一年之内南征北战,伐曹、伐卫、伐楚三个战役弄得人仰马翻的。前者宽厚从容,后者峻严急迫。但其实,桓公的从容背后是尴尬的,他一生都在会盟中,因为大家都不是特别省心,背叛的事情时有发生。而文公一战,以后谁也不敢有什么异心了,可以说是一劳久逸。

　　这也是时代大势的变化。楚国变强大了,中原的形势更加危急,此刻需要一个强人用雷霆手段阻止南蛮的北上。不要忘记,城濮之战的所在地,正是河、济之间,再晚一步则中原局势不堪设想。局势变了,策略变得激进,人心也会变得功利、贪婪、谲诈,包括文公和晋人。

　　其实孔子所谓晋文谲而不正,不只是说他作战的计谋变诈,更主要是指他对待周天子和诸侯们的态度。他救扶周襄王时,欺骗秦伯,甩开对方独占功劳,显示了他的私心;后来当着襄王面谈条件,要用隧礼(天子下葬的礼仪)安葬,更是僭越。从这些事情上看,晋文公与齐桓公管仲的厚朴相比,真的是有天壤之别。

第六讲　生而后死与死而后生

　　冬,蔡侯、吴子、唐侯伐楚。舍舟于淮汭,自豫章与楚夹汉,左司马戌谓子常曰:"子沿汉而与之上下,我悉方城外以毁其舟,还塞大隧、直辕、冥厄(1)。子济汉而伐之,我自后击之,必大败之。"既谋而行。武城黑谓子常曰:"吴用木也,我用革(2)也,不可久也,不如速战。"史皇谓子常:"楚人恶子而好司马。若司马毁吴舟于淮,塞城口而入,是独克吴也。子必速战!不然,不免。"乃济汉而陈,自小别至于大别(3)。三战,子常知不可,欲奔。史皇曰:"安,求其事;难而逃之,将何所入?子必死之,初罪必尽说。"

　　十一月庚午,二师陈于柏举。阖庐之弟夫概王晨请于阖庐曰:"楚瓦(4)不仁,其臣莫有死志。先伐之,其卒必奔;而后大师继之,必克。"弗许。夫概王曰:"所谓'臣义而行,不待命'者,其此之谓也。今日我死,楚可入也。"以其属五千先击子常之卒。子常之卒奔,楚师乱,吴师大败之。子常奔郑。史皇以其乘广(5)死。吴从楚师,及清发,将击之。夫概王曰:"困兽犹斗,况人乎?若知不免而致死,必败我。若使先济者知免,后者慕之,蔑有斗心矣。半济而后可击也。"从之,又败之。楚人为食,吴人及之,奔。食而从之,败诸雍澨。五战,及郢。

　　己卯,楚子取其妹季芈畀我以出,涉睢(6)。鍼尹固与王同舟,王使执燧象(7)以奔吴师。

　　庚辰,吴入郢,以班处宫。子山处令尹之宫,夫概王欲攻之,惧而去之,夫概王入之。

　　左司马戌及息而还,败吴师于雍澨,伤。初,司马臣阖庐,故耻为禽焉,谓其臣曰:"谁能免吾首(8)?"吴句卑曰:"臣贱,可乎?"司马曰:"我实失子,可哉!"三战皆伤,曰:"吾不可用也已。"句卑布裳,刭而裹之,藏其身,而以其首免。

　　楚子涉睢,济江,入于云中。王寝,盗攻之,以戈击王,王孙由于以背受之,中肩。王奔郧。钟建负季芈以从。由于徐苏而从。郧公辛之弟怀将弑王,曰:"平王杀吾父,我杀其子,不亦可乎?"辛曰:"君讨臣,谁敢仇之?君命,天也。若死天命,将谁仇?《诗》曰'柔亦不茹,刚亦不吐。不侮矜寡,不畏强御',唯仁者能之。违强陵弱,非勇也;乘人之约,非仁也;灭宗废祀,非孝也;动无令名,非知也。必犯是,余将杀女。"斗辛与其弟巢以王奔随。吴人从之,谓随人曰:"周之子孙在汉川者,楚实尽之(9)。天诱其衷(10),致罚于楚,而君又窜之,周室何罪?君若顾报周室,施及寡人,以奖天衷,君之惠也。汉阳之田,君实有之。"楚子在公宫之北,吴人在其南。子期似王,逃王,而己为王,曰:"以我与之,王必免。"随人卜与之,不吉,乃辞吴曰:"以随之辟小,而密迩于楚,楚实存之。世有盟誓,至于今未改。若难而弃之,何以事君?执事之患不唯一人,若鸠(11)楚竟,敢不听命?"吴人乃退。镈金初官于子期氏,实与随人要言(12)。王使见,辞,曰:"不敢以约为利。"王割子期之心(13)以与随人盟。

——定公四年

注释

(1)大隧、直辕、冥厄:三者为险隘的道口。(2)革:指用皮革制成的舟(不耐久,不牢固)。(3)自小别至于大别:小别、大别指小别山、大别山。(4)楚瓦:楚国令尹囊瓦。(5)乘广:楚国主帅所率的战车。(6)雎:今湖北的沮水。(7)燧象:尾巴系着火炬的战象。(8)免吾首:使我的首级免于被敌人得到。(9)楚实尽之:楚国将它们全部灭亡。(10)天诱其衷:上天(以惩罚楚人的方式)开导、启示人们的内心。(11)鸠:安辑。(12)要言:言语上的约定。(13)割子期之心:割破子期的胸口。

课堂检测

1. 解释下列加点的字词。

还塞大隧、直辕、冥厄(   ) 乃济汉而陈(   )
以其属五千(   ) 蔑有斗心矣(   )
故耻为禽焉(   ) 王寝(   )

2. 下列句中"以"字用法相同的两项是(   )

A. 我悉方城外以毁其舟 B. 楚子取其妹季芈畀我以出
C. 以随之辟小 D. 何以事君

E. 既自以心为形役(《归去来兮辞》)　　F. 乐以忘忧(《论语·述而》)

3. 下列句中"是"字用法与例句相同的一项是(　　　)

   必犯是

   A. 是己而非人,俗之同病(《问说》)

   B. 余是以记之(《石钟山记》)

   C. 汝是大家子,仕宦于台阁(《孔雀东南飞》)

   D. 余唯利是视(《左传·成公十三年》)

4. 把下面句子翻译成现代汉语。

   违强陵弱,非勇也;乘人之约,非仁也;灭宗废祀,非孝也;动无令名,非知也。必犯是,余将杀女。

   _____

   _____

阅读提示

1. 司马戌应对吴国攻击的办法是:_____

2. 彭士望云:"世有无识略,好与人争胜而轻死者,皆史皇之类。"你是否认同他的说法,说说理由。

   _____

   _____

3. 弱小的随国敢于保护落难的楚王,其原因是:_____

   _____

咬文嚼字

左司马戌及息而还,败吴师于雍澨,伤。初,司马臣阖庐,故耻为禽焉,谓其臣曰:"谁能免吾首?"吴句卑曰:"臣贱,可乎?"司马曰:"我实失子,可哉!"三战皆伤,曰:"吾不可用也已。"句卑布裳,刭而裹之,藏其身,而以其首免。

苏本洁《左传杜注补义》眉批云:"司马既谋而行,闻败而从容就义。"蒋铭《古文汇钞》眉批云:"英雄气色。"请找出体现左司马戌"从容""英雄"的情节,并加以分析。

1. 清代学者冯李骅、陆浩《春秋左绣》眉批云:"夫概'着着是胥帮手','司马句句与囊瓦同心'。"你是否认同这一说法,请说明理由。

2. 以"谋楚"和"兴楚"为线索,全文分为两个部分。请分析其行文结构的特点。

伍子胥:置之死地而后生

吴楚柏举之战是春秋时期的经典大战,特点又异常鲜明。俞世宁评之云:"《左传》诸大战,独此战不同。他战或以力胜,或以谋胜,此战全是报仇雪耻之师。"他的说法有一定道理,吴利用楚人的懈怠,长驱直入,攻破都城,吴王侵宫,子胥复仇,怒气消散以后,立刻失去了斗志,也没有灭亡楚国。召陵之争兵不血刃,政治协商为先;城濮之战阴谋诡诈,由奇谋而取胜;邲之战楚国的正大光明和氤氲在战场上的礼制古风——与之相比,这场战役的起点和终局似乎都和意气有关。报仇雪恨的臣子,嫉妒争功的将领,要强抗命的王爷,英雄救美的侍卫,这些刺激人肾上腺素的戏剧元素都包含于其间。但这个说法也有些片面,意气只是战争的动因和催化剂,而此次战役中战法的巧妙、战略眼光的独到、参与方对于天时地利人和的综合考虑,比之前的任何一次战役都有过之无不及。

从渊源来看,吴楚有着浓得化不开的历史纠葛。"楚自昭王即位,无岁不有吴师。"这次战争的触发点,又是因为楚国的老牌盟友蔡国叛楚联吴。蔡灭沈国,楚国报复攻打蔡国。沈明明是楚国联盟的成员,蔡国怎么会有伐沈的决心呢?背后盖有晋国作祟。那么,这场战争终究还是晋楚百年争霸战争的延续。大国博弈是大事,又如何与意气相关呢?原来,这些战争,正是由反楚的"复仇者联盟"推波助澜而起的。老一代复仇者是巫臣,他被楚迫害逃到晋国,晋国再利用他扶持吴国,用赠予军备、开展军事训练等手段,让楚国将领疲于奔命,巫臣开辟了吴国这样一个第二战场。新一代复仇者是伍子胥。楚平王诛杀伍氏一门,伍子胥九死一生逃到吴国后,韬光养晦数年,收买死士专诸刺杀吴王僚,博得公子光(即吴王阖闾)信任,一举奠定了阖闾霸业。后来楚平王死去,昭王即位后,又催生了少壮派仇敌伯嚭:楚国大夫郤宛担任左尹,深得人心。奸臣费无极嫉妒其才干,设计陷害他。他诱使对方宴请令尹囊瓦,并告诉他囊瓦喜欢兵器铠甲。郤宛没有多想,就把上等的盔甲和兵器摆在门口来迎接令尹。费无极趁机诬陷郤宛伏兵,准备诛杀囊瓦。囊瓦听信谗言,率众攻打郤氏一族,郤宛自杀,而其党伯州黎一族也死的死逃的逃,伯州黎之孙伯嚭被迫离开了楚国。虽然费无极后来被诛杀,但伯嚭还是对楚国恨之入骨。他投靠吴国,成了吴国太宰,位高权重,不灭楚国誓不罢休。

而吴军作战的方式,带有伍子胥鲜明的个人风格,兵行险招,对敌人冷酷无情,对自己也非常狠厉。吴军受命在淮河抛弃舟船,从豫章出发,隔着汉水与楚军对峙。吴人深入楚国腹地汉江,且抛弃舟船,自断退路,这需要何等勇气。苏本洁《左传杜注补义》认为伍子胥不是没有料到危险,他这是置之死地而后生。因为楚国连年与吴国作战,"已疲敝不可用",所以他说"盖舍舟淮上,已是破釜沉舟。"吴国这么多年积累的战略优势,让伍子胥意识到此时发动总攻,如强弩之末一般的楚人是难以招架的。但伍子胥或许没有料到,楚国将才辈出,左司马戌提出了一个令吴人后怕的战略。他主张前后夹击,一部分楚军在汉江出没,拖延时间,自己领军绕到后方,先毁其舟船,再堵塞要道,此时双方一起出击,吴军将难以逃脱。这一计谋非常隐蔽,因为绕道后方,意味着楚人要走出自己的屏障方城,吴人恐怕无法预料敌人有这样的勇气,一旦成功,将极大挫伤吴人士气。然而这样冷静大胆的计划,最终还是被意气毁掉了,几个"猪队友"跳出来否定了这个计策。史皇对统帅子常(囊瓦)说:"这个计谋成功,左司马将独占功劳,本来他人望就高,你不要听他的。相反,在他绕道后方的这段时间里,你赶紧渡过汉水出击,速战速决,击败了吴军,你就是英雄了。"为了安抚子常,武城黑还讲了个冠冕堂皇的理由:"我们楚国的战车用皮革包裹,打不了持久战,左司马说的拖住敌人,也不好操作。"

夫概:置之生地而后死

子常出击,从小别山一路打到大别山,结果屡战屡败,他总算明白了,史皇的馊主意坏了大局,就想要逃跑。史皇此刻倒是光明磊落地劝他:"想畏罪潜逃是不行了,你干脆好好打一仗,赢了,前面我们的罪过庶免。"后来子常再次战败,逃到了郑国,史皇驾着战车以死殉国,也算是为自己的过错赎了罪。后人彭士望评价其人"无识略","好与人争胜而轻死"。顾九畴却同情他,认为他能够以死勉励主帅,兑现承诺,至少是忠义之人。客观来看,楚国将领们或许有其忠义之心,但在这么多年来奸臣当道、主君昏庸的大背景下,这些人的才智和忠诚都已经被自私功利的风气、恶性竞争的环境消磨殆尽了,哪里有什么同仇敌忾,只能是消极而无用的意气占了上风。

吴国人诠释了意气的另一种形式。吴王阖闾的弟弟夫概主动请命,要先行出击攻打子常部。这一步决策和伍子胥的立场大致一致:楚人心气不高,疲惫不堪,再加上囊瓦刚刚吃了败仗,以先锋出击,正是以锐意直插敌人的心脏。吴王没有答应。夫概抗命不遵,展现了自己的血性和脾气。此行或战死,或受诛而死,他义无反顾。夫概大败楚军之后,吴人乘胜追击,这是利用自身的士气持续进攻。但是临阵又暂缓出击,防止楚人困兽之斗,鱼死网破,这是避开对方意气,徐缓图之。到了楚人渡河渡到一半的时候,再去攻杀。夫概对于自己用的是置之死地而后生的策略,对于敌人用的是置之生地而后死的策略,攻暇与攻懈之法,全是兵法妙用,或是伍子胥的嘱托安排,或是夫概的临场发挥,总之熠熠生辉,令人赞叹。这还没完,楚人已经精疲力竭,好不容停下来烧火做饭的时候,吴人又跟上来再次出击,楚人狼狈逃窜,烧好的饭全给吴军吃了。这个时候夫概还是在拿意气做文章:不急着攻,先让他们跑,任由他们埋怨愤怒自损士气去。我们坐下来吃楚国人给大伙烧好的美味。吃饱了饭,吴国人心中的骄傲自得、快意自信达到了顶点,再去追楚人,这一路上五次攻打,五败楚人,楚人此时大概想死的心都有了,吴人攻陷郢都也指日可待了。

患难见真心

楚立国数百年,从未遇到过这样的大灾难。高高在上的楚昭王为了争取活命的时间,让鍼尹固把尾巴点了火的大象赶出来抵挡吴军。在这千钧一发之际,楚王倒是展现了兄长的恩慈仁义,他选择先救自己的妹妹逃跑。这或许是为了政治联姻的目的,或许是因为兄妹情深,更可能是顾念王族血统不能被蛮夷凌辱。魏禧《左传经世钞》评价他"妃嫔不取而取妹,昭王之贤也。"

《左传》在紧张的战事之余,刻画了几个令人感佩的人物形象。其一是公子由于。昭王渡江之后,遭遇盗贼袭击,公子由于替主君挡戈受伤。其二是从者钟建。他背起昭王的妹妹季芈,一路逃奔。后来昭王要嫁妹妹,季芈辞曰:"所以为女子,远丈夫也。钟建负我矣。"意思是男女授受不亲,既然钟建已经背过她,就要嫁给他为妻。昭王答应了,并且还任命钟建为乐尹。钟建的忠诚、季芈的感恩、昭王的开明,成了一段佳话。其三为鄖公辛,弟弟想要为父亲复仇,杀死前来避难的昭王,他极力阻拦。其父蔓成然因为贪得无厌被昭王诛杀,这不能责怪昭王,但是作为儿子提出报复,也是孝道的体现。面对两难的选择,鄖公辛以忠君为理由,压制弟弟的私孝,说君为天命,天让臣死,臣不能以天为仇,警告对方不可造次,并从仁勇孝智四个方面去劝说弟弟。其四为昭王庶兄子期。因为自己长相酷似昭王,就让随人把自己交给吴国人去替代弟弟死。其五为子期的手下镄金。子期的忠勇感动了镄金,他利用之前与随人的盟约,给随人施加压力,保全昭王不被送给吴人,同时拒绝以此谋利邀功,连盟誓都不出面。其六是仗义的随人。随国人面临的难题是,如果不把楚昭王交给吴人,可能遭到吴国的攻击;但如果交出昭王,在道义上是站不住脚的。楚国虽然灭了汉水流域诸多姬姓国家,但对于随国还是照顾的,并且二者有过盟约。当年楚成王推翻哥哥获得王位,依靠的就是随国人的支持。成王灭国无数,却留下随国,一方面是忌惮对方的势力,另一方面也有将其发展为战略盟友的意图。楚成王后期,随国一度反叛楚国,斗伯比本可以一举荡平随境,却最终网开一面,与之讲和。你可以灭我,却保全了我,现在你面临窘境,我不能落井下石。矛盾的随人通过占卜坚定了自己帮助楚国的决心。当然,随国的这一决定,也是出于对吴国战略意图的判断。吴人没有实力统治楚国全境,出于发泄怨恨的战争,不会以灭国为解决方式。吴国人现在侵占宫室,已经志得意满、心气疲慢了,如果真心要灭楚,随国早就被一举荡平了,能来客客气气地请求交出昭王,就是厌战的体现。如果害了昭王,立了新君,新君兴师问罪,随国就大难临头了。

不过这些忠义之士终究只是陪衬,此篇的核心英雄是司马戌。他的计谋被放弃,自己却被蒙在鼓里,一路包抄吴人后方,到了息地知道大势不好才回师救援。途中击败了吴人,自己也受了伤。他当初是吴王臣子,后来逃到楚国,此时被擒,辱莫大焉,于是就让下属割下自己的头颅,掩藏自己的首级。英雄死前,除了命,惜什么的都有,项羽惜马、惜美人,陆机惜鹤鸣,嵇康惜《广陵散》,唯独司马戌惜其首,惜其面目,这便是英雄气色。壮伟之志,竟然被子常、史皇之流压制,这是楚国失败的原因。但这些忠义之人,贯穿全篇,又足以证明楚国不当灭,自然延伸到了申包胥哭秦廷、救楚国的大格局。

后记:吴国人的败退

柏举的这场战役以吴人入郢都为终,但是吴楚之战的胜利最终倒向了另一方。申包胥哭秦廷领来救兵,楚人领路先与吴国战,随后秦国率五百乘进击,吴人战败撤退。吴军驻扎在麇这个地方,子期要用火攻,子西犹豫,他说阵亡父兄的骨骸还在这里没来得及收拾,放火焚烧,不忍。子期斩钉截铁地反驳,国家都要亡了,还在乎这个!死去的将士若地下有知,也没法享用亡国之人的祭祀啊!于是又一次大败吴人。而后在公婿之溪又一次打败敌人。三战皆北,吴王下令回国。吴人没有将战果存留多久,甚至连求和条件都没有商量,就纷纷败退,从政治上、战争上看,局势被彻底逆转。怨愤发泄确是战争的主要目的,但是如果能借机增强国家实力,进而获取话语权,未尝不是更明智的选择。可惜吴人一没有这样的眼光,二没有这样的谋略。

吴人之败,一来是因为士气由盛而衰;对比之下,子期的宣言有光复之气。二来是因为内乱不断,军纪涣散。"而以班处宫,所贪者财货,所耽者声色","不让不和,君臣莫有固志"。子山先占了令尹府,夫概想要夺,就发兵攻打,将对方逼走。这样打打杀杀混乱不堪,不得民心,也影响斗志。这就为吴军的败退埋下伏笔。

第二单元　铁血王座

司马迁评春秋乱世:"弑君三十六,亡国五十二,诸侯奔走不得保其社稷者不可胜数。"春秋时期,象征权力的天子、诸侯王座,成了野心家施展阴谋的试验田。

王子朝云:"昔先王之命曰:'王后无嫡,则择立长。年钧以德,德钧以卜。'王不立爱,公卿无私,古之制也。"这里所说的周人王位继承惯例是立嫡子为君,没有嫡子就立长子,年龄相仿就看德行,如果德行差不多再通过占卜的形式来确定。对此王国维解释道:"盖天下之大利莫如定,其大害莫如争。任天者定,任人者争。定之以天,争乃不生。故天子诸侯之传世也,继法统之立子与立嫡也,后世用人之以资格也,皆任天而不参以人,所以求定而息也。"这样的制度以天意来取代人事,其根本目的是为了避免争斗、维护稳定。对国家来说,稳定是所有利益的核心。作为宗法制度的核心,王位继承制度本应是牢不可破的,无奈周室势微,礼法废弛,加上权力分散,掌权人相互牵掣干涉,导致强权染指其间。无论阴谋阳策,只要王位争斗一起,势必引起血光兵戈。

而春秋混乱的先导,就是周王室王位之争引发的混乱。《史记》记载,周幽王废黜太子宜臼,立少子伯服,引发宜臼外公申公的不满,申公带着犬戎兵谏,幽王身死国灭。春秋时,周惠王又不吸取教训,宠爱王子带,惠王死后太子郑害怕王子带的势力,只得向齐桓公求救,桓公会和诸侯,拥立太子郑即位。这一次的擦枪虽没有走火,但是也造成了极大的舆论影响:连周王的王位都需要诸侯去挽救,那么诸侯自身的承继,还有什么规则可言?

在继承制度废弛的背景下,出现了一批又一批公子的流亡。齐国的公子小白知道政变在即,故先行出亡,寻求靠山。晋国的公子重耳被骊姬迫害,被迫流亡,在历练中广结人脉,最终成长为成熟的政治家,于是有了篡权夺位的行为。吴国的公子光质疑吴王僚王位的合法性,豢养死士,处心积虑夺回了天下。这些成功者的背后,可以看到公子们的进取或残忍、狡猾或信义,也催生了无数纵横捭阖的英雄豪杰。当然,还有不幸的失败者。为了个人的志气和原则,郑国的太子忽拒绝了齐国强援,不愿以婚姻为自己谋权,换来了尊敬的同时,也造就了其悲剧的命运,引来不识时务的非议。宋昭公为宗室抛弃,小人步步紧逼,不仅葬送了昭公的性命,连同跟从的忠臣义士也牵连遇害。这是时代的悲剧。

《左传》以其大笔调、大笔意,为礼乐文明献上诚挚的挽歌。阅读本单元时,应该特别关注作者的婉曲笔法。太子忽的义正词严,是否也流露出一丝稚嫩?在权臣的质疑下,我们能读出作者的惋惜和无奈吗?重耳的委曲求全、韬光养晦是成功的进阶法宝,但是否也夹杂着层出不穷的失误和忘恩负义的冷酷?流亡生涯养成了霸主晋文公坚韧的品格与博大的胸怀,但是否也让谲诈和功利深植于其内心,引来后世之人的口诛笔伐?公子光在季札的衬托下,是否显得格局狭隘?而宋昭公的"种种恶行",在作者的笔下竟显得这样无力,倒让我们开始怀疑反对他的那些"正人君子"们,背地里都做了哪些不可见人的"小动作"!

铁血的王座,复杂的人性,深邃的笔法,捉不住的历史魅影。

第七讲　王子流浪记

　　晋公子重耳之及于难也,晋人伐诸蒲城。蒲城人欲战,重耳不可,曰:"保君父之命而享其生禄,于是乎得人。有人而校⁽¹⁾,罪莫大焉。吾其奔也。"遂奔狄。从者狐偃、赵衰、颠颉、魏武子、司空季子。狄人伐廧咎如,获其二女,叔隗、季隗,纳诸公子。公子取季隗,生伯鯈、叔刘,以叔隗妻赵衰,生盾。将适齐,谓季隗曰:"待我二十五年,不来而后嫁。"对曰:"我二十五年矣,又如是而嫁,则就木焉。请待子。"处狄十二年而行。

　　过卫,卫文公不礼焉。出于五鹿,乞食于野人,野人与之块。公子怒,欲鞭之。子犯曰:"天赐也。"稽首⁽²⁾受而载之。

　　及齐,齐桓公妻之,有马二十乘。公子安之。从者以为不可。将行,谋于桑下。蚕妾在其上,以告姜氏。姜氏杀之,而谓公子曰:"子有四方之志,其闻之者,吾杀之矣。"公子曰:"无之。"姜曰:"行也!怀与安⁽³⁾,实败名。"公子不可。姜与子犯谋,醉而遣之。醒,以戈逐子犯。

　　及曹,曹共公闻其骈胁⁽⁴⁾,欲观其裸。浴,薄而观之。僖负羁之妻曰:"吾观晋公子之从者,皆足以相国。若以相,夫子必反其国。反其国,必得志于诸侯。得志于诸侯,而诛无礼,曹其首也。子盍蚤自贰⁽⁵⁾焉!"乃馈盘飧⁽⁶⁾,置璧焉。公子受飧反璧。

　　及宋,宋襄公赠之以马二十乘。

　　及郑,郑文公亦不礼焉。叔詹谏曰:"臣闻天之所启,人弗及也。晋公子有三焉,天其或者将建诸,君其礼焉!男女同姓,其生不蕃。晋公子,姬出也,而至于今,一也。离外之患,而天不靖晋国,殆将启之,二也。有三士,足以上人,而从之,三也。晋、郑同侪,其过子弟固将礼焉,况天之所启乎!"弗听。

　　及楚,楚子飨之,曰:"公子若反晋国,则何以报不谷⁽⁷⁾?"对曰:"子、女、玉、帛,则君有之;羽、毛、齿、革,则君地生焉。其波及晋国者,君之余也;其何以报君?"曰:"虽然,何以报我?"对曰:"若以君之灵,得反晋国。晋、楚治兵,遇于中原,其辟君三舍。若不获命,其左执鞭、弭,右属櫜、鞬⁽⁸⁾,以与君周旋。"子玉请杀之。楚子曰:"晋公子广而俭,文而有礼。其从者肃而宽,忠而能力。晋侯无亲,外内恶之。吾闻姬姓唐叔之后,其后衰者也,其将由晋公子乎!天将兴之,谁能废之?违天,必有大咎。"乃送诸秦。

秦伯纳女五人,怀嬴与焉。奉匜沃盥,既而挥之。怒,曰:"秦、晋,匹也,何以卑我?"公子惧,降服而囚。

他日,公享之。子犯曰:"吾不如衰之文也,请使衰从。"公子赋《河水》⁽⁹⁾。公赋《六月》⁽¹⁰⁾。赵衰曰:"重耳拜赐!"公子降,拜,稽首,公降一级而辞焉。衰曰:"君称所以佐天子者命重耳,重耳敢不拜?"

——僖公二十三年

注释

(1)校:抵抗。(2)稽首:拱手至地,头亦至地停留一段时间,为古代最隆重的礼节。(3)怀与安:留恋妻室与享受安逸生活。(4)骈胁:肋骨连在一起。(5)贰:示贰心。(6)盘飧:用盘子装的食物。(7)不谷:王的自我谦称。(8)櫜、鞬:箭袋与弓袋。(9)《河水》:应该是《沔水》的讹误,系《小雅》篇名。诗意有河水流满,终归于大海,表示重耳周流于各国,最终还是归心于秦国。又有感叹兄弟友人无助自己止乱者,表示期待秦国之援。(10)《六月》:《小雅》篇名,歌颂尹吉甫辅佐周宣王征伐,这里秦穆公以尹吉甫比重耳。

课堂检测

1. 解释下列加点字词。

公子取季隗(   )　　　　公子安之(   )

置璧焉(   )　　　　　　必有大咎(   )

公享之(   )　　　　　　公降一级而辞焉(   )

2. 下列句中与例句中"其"字意义用法相同的一项是(   )

其将由晋公子乎

A. 其孰能讥之乎(《游褒禅山记》)

B. 郑人使我掌其北门之管(《左传·僖公三十二年》)

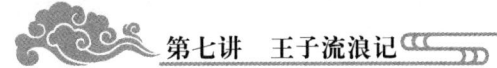

C. 其皆出于此乎(《师说》)

D. 其后秦伐赵(《史记·廉颇蔺相如列传》)

3. 下列句中画线字词与例句中"兴"字用法相同的一项是(　　)

天将兴之

A. <u>传</u>其事以为官戒(《种树郭橐驼传》)

B. 亦足以<u>称</u>快世俗(《黄州快哉亭记》)

C. <u>名</u>我固当(《种树郭橐驼传》)

D. 稍稍<u>宾客</u>其父(《伤仲永》)

4. 把下面句子翻译成现代汉语。

吾观晋公子之从者,皆足以相国。若以相,夫子必反其国。反其国,必得志于诸侯。

阅读提示

1. 重耳对季隗说:"待我二十五年,不来而后嫁。"体现了他当时怎样的个性?

2. 子犯说"天赐也",指的是上天赐予____

3. 赵衰在秦穆公与重耳会盟的过程中扮演了怎样的角色?

咬文嚼字

冯李骅、陆浩《春秋左绣》云:"'郑文公亦不礼焉'一笔,便令前后顾盼生情……细思排叙诸国,由卫而秦凡七。看前半卫、齐、曹三国,以'卫文公不礼焉'作提;后半郑、楚、秦三国,以'郑文公亦不礼焉'作提,遥遥相对。"请依据此赏析"郑文公亦不礼焉"一句对结构的作用。

1. 本篇始终称重耳为"公子",试分析其意义。

2. 在流亡途中,重耳的形象个性有怎样的改变,请加以解释说明。

公子流亡的政治考量

　　晋公子重耳逃亡的故事堪称励志经典。落难王孙一步步成长为合格的君主,并最终称霸诸侯,其间的波澜曲折,让人血脉偾张。

　　春秋时期公子流亡是普遍现象。公子出奔多源于动荡的政治局势。覆巢之下,焉有完卵?"树挪死,人挪活",出逃是一种灵活的应对策略。逃亡也有门道:有的人出奔是被迫退出权力旋涡以自保。晋献公听信了骊姬的谗言,要杀世子申生,立骊姬之子公子奚齐。重耳劝哥哥申生出逃,申生不答应,他认为君父说自己有弑君之嫌,如果跑了等于默认罪行,别的国家也不会接纳乱臣贼子。所以自杀身死。而重耳则灵活许多,他知道留在国内就是骊姬的眼中钉,三十六计走为上。还有人不是为了避祸,他们的出奔是为了投机。在预见国内将有大乱的情况下,先到国外寻找后援,再伺机回国争王位,这实际是以退为进。齐襄公淫乱无道,杀伐无度。公子们害怕祸及自身,于是纷纷溜走。公子小白与鲍叔牙投奔莒国。后来齐国动乱无主,公子纠和公子小白争先归国,公子纠甚至派管仲在半路上袭杀小白。而小白在离国之前,已经找了上卿高傒为内应,为回国夺位做足了功课,这才惊险即位。还有的公子是因为怕被牵连而被迫出逃。陈国公子完和太子御寇关系很好,太子因"谋反"被诛杀后,他担心被扣上参与密谋的帽子,只能逃走。

为了尊严和道义踏上征程

有的公子并不是被迫出走,他们主动离开故国,是为了维护尊严、道义。当君主不听从自己的善言,一意孤行时,公子们就会选择离开是非之地,单方面终止君臣关系。《礼记·曲礼下》云:"为人臣之礼,不显谏,三谏而不听则逃之。"《左传》记载吴国公子庆忌屡次劝谏吴王,并且下了狠话:"不改,吴国必亡!"吴王最终还是不听,庆忌就转道去了楚国。后来越国攻打吴国,庆忌还是忍不住回来救国,努力想和越国讲和,却因为有讨好越国之嫌疑被吴人杀死。这个责任意识过强、一走"不了之"的倒霉公子着实令人同情。

还有人主动让国,以维护礼法制度或维持政治稳定,如吴国的延陵季子季札。吴王寿梦希望把王位传给幼子季札,可是按照长子继承的礼法,王位轮不到他。后来继位的嫡长子诸樊遵循父志,不把王位给儿子,想让给季札,季札拒绝。诸樊就把王位给弟弟余祭,希望王位能在兄弟间次第相传。余祭后来又把王位传于弟弟夷昧。夷昧临终前又想把王位给少弟季札,季札被逼无奈,就离开京城归隐,最终王位给了吴王僚。季札退隐,他的政治势力并没有削弱,相反,后来吴国内乱和外患中,季札成为各方势力都要争取和忌惮的一方。他成为了平衡和影响政局的无冕之王。

重耳的人生赢在何处?

相较陈完、庆忌等流亡公子,重耳的流亡生涯虽然坎坷,但还是争取来了好的结果。究其原因,有如下几点:

其一,重耳的慧根和德行非寻常公子所及。哥哥被害死,自己也被诬陷,他躲到蒲城,这个时候蒲人愿意为他一战,他却反对。理由很简单:我因为是国君之子,所以百姓才拥护我,我借助百姓的力量向君父开战,这不厚道。重耳是知道本分的,他懂得感恩、孝顺,更懂得守君臣之礼。往大的方面说,他知道不能分裂国家,不能让生灵涂炭,这也是忠和仁的体现。因为本身就有这些品质,他后来才可能放低身段、纠正错误,获得诸侯信任。

其二,重耳的侍从组成了强大的后援。僖负羁的妻子就是看出了他的拥护者们个个都是佐国之才,所以才预言重耳前途不可限量。《左传》浓墨重彩地刻画了重耳舅舅狐偃(子犯)这个人物。他是一个会教导孩子的长者。重耳闹公子脾气,不愿意接受乡人给的泥土,还要打人,狐偃就劝他:"这是上天赠予领土的预兆。"但在大是大非问题上,子犯又像个雷厉风行的家长。重耳在齐国娶妻安居,不思进取,他和姜氏联合起来,"绑架"他出走。这段故事在《国语》中有更戏剧化的表述:重耳醒来,发现老婆不在了,车上只有一帮大男人围着他,顿时明白了怎么回事,大发雷霆。《国语》说他个仪用戈逐子犯,而且下了狠话。"要是大事不成,恨不能吃你的肉。"子犯倒是非常幽默地说:"若无所济,余未知死所,谁能与豺狼争食?若克有成,公子无亦晋之柔嘉,是以甘食。偃之肉腥臊,将焉用之?"意思是,如果我们失败了,到时候会有豺狼抢食我的尸体,你也就没机会吃了;如果我们成功了,你面前都是山珍海味,我的肉又腥又骚,你也就没兴趣了。这段话绵里藏针,非常人所及。子犯对重耳不仅仅有劝诫和引导,还有关键时刻的"心理干预"。野人献土,面对这样的折辱,重耳此时的信心已经被摧折到了极点,子犯用一个"天"字,就把他的心气救回来了。两人到底是亲甥舅,既像流亡君臣,又如患难父子。《左传》另一个重点刻画的侍从是赵盾。他的机敏和果断,促成了秦晋之好。重耳赋《沔水》,意味着小流归江海,有讨好归附秦国之意。而穆公回复《六月》,意味就很丰富了。你可以把穆公理解为周王,而重耳是尹吉甫,视己为君,视其为臣,这是有政治意味的。但是赵衰从中看出了信任和怀柔,于是当机立断,将其解读为"佐天子命",这个天子指的是周王还是秦公,并不重要,重要的是解读出穆公赋予重耳征伐的权力的意思,并以礼节促成盟誓,这样既不得罪穆公,又为主公赢得利益。

其三,楚、秦等大国的利用和支持,让重耳得以迅速获得强大的军事实力。这里有个叙述方法的问题。重耳流亡近二十年,这期间的风风雨雨,大事小事,都集中到鲁僖公二十三年来写。有学者推断,之所以这样安排,因为这一年正是秦国帮重耳复国的关键节点,也紧承着第二年春"秦伯纳之"。正是秦国的帮助让文公复位,大事遂定。

其四,即他后天的学习和渐悟。重耳娶了廧咎如女季隗,去齐国前,与发妻告别,说的话令人哭笑不得:"你等我二十五年,我要是回不来,你再嫁人。"这番自私而任性的临别赠语引来了妻子直言不讳的奚落:"等你回来,我恐怕都快进棺材了。"这时候的重耳像个长不大的孩子。后来,曹共公听闻重耳生有异象,肋骨连在一起,就趁他洗澡时偷看,这样的侮辱非常人所能忍受,重耳似乎也忍下来了。当僖负羁赠玉馈饭之时,他拒玉受饭,这样的处理多么老道成熟。到最后触怒秦女,他竟然可以降服乞求宽恕,这已经是能屈能伸的大丈夫了。

衬红花的未必都只是绿叶

此篇不是重耳的独角戏,而是才杰的群像。这些人与其说是重耳的衬托,不如说是英雄价值观的践行和检验者。

先看三位奇女子。一个是齐国宗女姜氏,她嫁给重耳以后,给了流浪者颠沛流离岁月里最难得的慰藉。当从者商量离开时,她没有儿女情长的留恋,而是以杀婢为掩护,又以一句"怀与安,实败名"给了丈夫当头棒喝。魏禧《左传经世钞》评其为"大义侠女子"。这里左氏的笔法毫不做作,"行也"类似小说闲语,毛晋评其为语气冷淡,有故作狠心的意味,"极是大妇口语"。这两个字像是妻子在给老公下命令,决绝中蕴藉着亲切和深情。第二位是廧咎如女季隗。重耳离狄前的言语描写,写出了两个极"冷静"之人,两段极"冷静"之语。先看重耳为人的冷静,重耳说"你等我二十五年,不来就改嫁。"这里体现其极有谋划。他预料自己重回王座需要二十多年,对困难和机遇判断得极清晰,可谓是知己通命,体现他政治上的日臻成熟。再看季隗的冷静,她知道二十五年变数太大,于是清醒异常地指出"我怕是等不了那么长时间。"但她同时也明确心志,一定会矢志不渝地等他来。重耳的冷静之语体现了他的自私和谋划,而季隗的冷静回应体现了其善良和宽容。再看第三位,秦穆公之女怀嬴。她嫁重耳之后服侍重耳洗手,重耳洗完手无礼地把水挥干。怀嬴知道自己的丈夫必须"降服",她马上甩了脸色,那一番话的潜台词是我确实是再嫁,但你也得靠我,逼得对方降服自囚。彭士望觉得怀嬴先前嫁给公子圉,还是比较和顺的脾气,现在如此暴躁,大概是对前夫不满,觉得对方不可调教,寄希望于重耳改变自己的命运,"若子圉者,所谓驽病之马,不堪鞭策者。"吴曾祺《左传菁华录》认为怀嬴可能是自媒,第二段婚姻未必出于"乃父之命",因为列于五人中为媵不像是父亲对女儿的婚姻安排。若真是如此,那绝对是奇女子。

最后不能不提的是楚成王。穆公对重耳的支持确实最大,但生死关头拯救重耳的还是成王。重耳应对成王的言辞有很大的失误,他没有想到子玉等人会视其为威胁。"若以君之灵,得反晋国。晋、楚治兵,遇于中原,其辟君三舍。若不获命,其左执鞭、弭,右属櫜、鞬,以与君周旋。"这番话似乎是在强调自己有资本让晋国与楚国交好,换个角度看则像是在示威。如果是曹卫之君,肯定会以养虎为心病,将其杀死。成王却以天命来为他开脱,这真是生命中有贵人护佑。茅坤唏嘘道:"文公之志虽大,而其未免取忌。使楚子如曹、卫之君,则子玉之说得行,文公其不复矣。"

第八讲　莫对管仲"上纲上线"

初,襄公立,无常。鲍叔牙曰:"君使民慢,乱将作矣。"奉公子小白出奔莒。乱作,管夷吾、召忽奉公子纠来奔。

九年春,雍廪(1)杀无知(2)。

公及齐大夫盟于蔇,齐无君也。

夏,公伐齐,纳子纠。桓公自莒先入。

秋,师及齐师战于乾时,我师败绩。公丧戎路(3),传乘而归。秦子、梁子以公旗辟于下道,是以皆止。

鲍叔帅师来言曰:"子纠,亲也,请君讨之。管、召,仇也,请受而甘心焉。"乃杀子纠于生窦。召忽死之。管仲请囚,鲍叔受之,及堂阜而税之。归而以告曰:"管夷吾治于高傒(4),使相可也。"公从之。

——庄公八、九年

▶注释

(1)雍廪:齐国地名。这里指的是雍廪当地的人。(2)无知:公孙无知,齐襄公的堂兄弟,勾结叛臣谋反杀死了襄公自立为君。(3)戎路:古代君王的军车。(4)高傒:姜姓,高氏,名傒,谥号敬仲,世为上卿,地位声望极高,是齐桓公为公子时的内应。

课堂检测

1. 解释下列加点的字词。

纳子纠(　　)　　　　我师败绩(　　)

传乘而归(　　)　　　及堂阜而税之(　　)

管夷吾治于高傒(　　)　使相可也(　　)

2. 下列句中画线词与例句中画线词用法相同的一项是(　　)

召忽死之

A. 将蓬户瓮牖(《黄州快哉亭记》)

B. 夫人将启之(《左传·隐公元年》)

C. 明烛天南(《登泰山记》)

D. 骊山北构而西折(《阿房宫赋》)

3. 以下句中"而"字用法相同的两项是(　　　)

A. 夫赵强而燕弱(《史记·廉颇蔺相如列传》)

B. 传乘而归

C. 归而以告曰

D. 请受而甘心焉

E. 为人谋而不忠乎(《论语·学而》)

4. 把下面句子翻译成现代汉语。
鲍叔帅师来言曰:"子纠,亲也,请君讨之。管、召,仇也,请受而甘心焉。"
_____
_____

阅读提示

1. 鲁国攻打齐国的原因是:_____

2. 鲍叔牙率领军队来见鲁庄公的直接目的是:_____
_____

   其真实意图则是:_____
_____

3. 召忽赴死的原因是:_____
_____

咬文嚼字

　　鲍叔帅师来言曰:"子纠,亲也,请君讨之。管、召,仇也,请受而甘心焉。"乃杀子纠于生窦。召忽死之。管仲请囚,鲍叔受之,及堂阜而税之。归而以告曰:"管夷吾治于高傒,使相可也。"公从之。

明代钟惺评价本段,认为"'请'字爽甚,不但从容而已。"请谈谈你的看法。

合作探究

1. 为何齐桓公能够胜过公子纠,夺得王位?

2. 季彭山云:"子纠之难,召忽死之,而《春秋》不书者,盖纠弟也,桓公兄也。"你对此你有何看法?

3. 齐国对鲁国提出了怎样的要求?应对齐国的要求时,鲁国有没有更好的处理办法?

4. 管仲在公子纠死后转而效忠齐桓公,算不算有失人臣之义?谈谈你的看法。

解读经典

一场莫名其妙的龟兔赛跑

一乱一治是历史的规律。齐桓公称霸前,齐国正面临着内部混乱、外敌虎伺的严峻局势。国力素来不及齐国的鲁国,正寻觅机会干涉齐国内政,报复鲁桓公被齐襄公所杀的深仇大恨。而齐国国内,正深陷淫乱、暴力与阴谋中,日渐衰弱。襄公荒淫无道、言行无常,后来被公孙无知所弑。公孙无知暴虐,王位来路不正,随时有被推翻的可能。在这样的背景下,公子们开始未雨绸缪,纷纷流亡出境,为自保,也为之后的争权寻求政治靠山。参照《史记》来看,齐桓公的母亲是卫国公主,深得齐僖公宠爱("小白母,卫女也,有宠于釐公")。继位的襄公是他异母的哥哥,对他肯定不会太友好,再加上动乱在即,他于是选择在鲍叔牙的辅佐下先行逃亡到了莒国,等待夺位的时机。由于有齐国重臣高傒为内应,当雍林人杀死无知、齐国准备拥立新君之时,高、国两位上卿暗中通知小白,可以往回赶了。而公子纠的母亲是鲁国公主,有鲁国为后援。当无知死亡的消息传来,管仲、召忽在鲁兵的护送下,急忙陪公子纠回国。聪明过人的管仲以攻为守,在小白必经之路上截杀对方。小白的人脉、策略处处要胜过纠,但就是管仲的这一手阴谋奇招,差点让后来的春秋霸主在阴沟里翻船。管仲箭射小白,正中衣钩,后者装死,躲过一劫。

"桓公之中钩,详死以误管仲,已而载温车中驰行,亦有高、国内应,故得先入立,发兵距鲁。"(《史记·齐太公世家》)而后情节的发展令人大跌眼镜。鲁国人以为小白已经死了,就慢腾腾地向目的地晃荡过去,以为迎接他们的会是鲜花和王座。从鲁国到齐国都城临淄短短的路程,竟然走了六天。这只骄傲的兔子以为乌龟早已烂在后头了,殊不知城墙上早已是小白人马。公子小白趁着对手松懈,藏身于封闭的辒车中,一路狂奔,在高、国两家的接应下,登上了王位。惊诧的鲁人本来想要强攻,却被以逸待劳的齐国军队打败。管仲的聪明,最终在更聪明的桓公面前败下阵来。冥冥之中,君臣之间的缘分似乎就在这一刻注定了。

历史有惊人的相似。两千年后,强盛的奥斯曼帝国就曾经施行先入都城者为"苏丹"的王位继承法则。每当老苏丹驾崩,王子们就有权利赶回都城伊斯坦布尔,谁先到谁就可以继承苏丹王位。这是一场更残酷的"赛跑",因为失败的王子会被集体屠杀。获胜的君王被赋予一项残酷的权力,他们可以用弓弦勒死不能继承王位的兄弟,用他们的尸首殉葬。不过,老苏丹有时为了能够把位置让给自己心仪的王子,会有意为其回城提供方便。相比较之下,因为国际形势的复杂,再加上先君的意志难以得到稳定的贯彻,春秋时期公子的流亡及复位,变数更大,也更富戏剧性。这样锻炼塑造出来的国君,或许比土耳其人的苏丹更冷酷,也更善于利用机会。

鲁国式的"猪八戒照镜子"

齐桓公做出了一个理性得可怕的决定。他要除掉公子纠,但他用了一种巧妙的方式避免自己被人指责。桓公派鲍叔牙劝说鲁人，对于公子纠，"请君讨之"，意思是让鲁国来处置他。鲁国刚刚吃了败仗，气势上、势力上都不如齐国，但也不是说就必须对齐国言听计从。没有想到鲁国竟然爽快地杀掉了公子纠。鲁国人的逻辑是什么，我们不得而知，或许是因为公子纠失去了利用价值，留着是累赘，不如作个人情给齐国作为讲和条件。但这样一来，鲁国的威信肯定会下降。当初插手齐国内政，本来就是寻衅滋事，现在不可收拾了又找替死鬼。这么大一个国家，连个小小的公子纠都保护不了，可谓是颜面扫地。难怪谷梁子感慨道："十室之邑，可以逃难，百室之邑，可以隐死。以千乘之鲁而不能存子纠，以公为病矣。"这个病字，是忧虑、担忧之意。鲁公的做法不妥，孔子虽然不敢直接指责，但却很为其感到遗憾。

公子纠的死活，并不是必须解决的问题，完全可以缓置。对鲁国来说，更聪明的做法其实是，先拒绝杀公子纠，再拒绝将管仲引渡回齐国。退而求其次，还可以以放还管仲为条件保护公子纠，留待日后扶植。但是鲁国取了下下策，庄公完全接受了桓公的条件。

《春秋》对鲁国的这一做法是不认同的，但是它最大限度地保持了克制，为尊者讳。《春秋》这样写："齐人取子纠杀之。"这是非常巧妙而有分寸的说法。它没有说"齐杀子纠"，如果这样说，那就把责任完全推给齐国了。这个"取"字写出了鲁国的放任不作为。但事实上，鲁国是没有顶住压力才杀了纠，所以这句话主语仍是"齐人"，点出了鲁国的被迫，也算是为其保留了一丝尊严。这句话当中还有一个字，可谓妙至毫巅——"子"。"子纠"意思是公子纠有公族身份，不当杀，这是在批评齐桓公不仁。

这件事的另一个结果是管仲得以保全并为齐所用。鲍叔牙来鲁国，其实更主要的目的是接管仲回去。管仲早已经心领神会，他主动请求回齐国受死，这是在和鲍叔牙唱双簧。《左传》并没有相关细节的记述，《史记》则写得很详细：

> 鲍叔牙曰："臣幸得从君，君竟以立。君之尊，臣无以增君。君将治齐，即高傒与叔牙足也。君且欲霸王，非管夷吾不可。夷吾所居国国重，不可失也。"于是桓公从之。乃详为召管仲欲甘心，实欲用之。管仲知之，故请往。
>
> ——《史记·齐太公世家》

鲍叔牙把管仲当作王霸之佐推荐给国君。管仲心中知晓鲍叔牙的用意，于是自请归齐。在对公子纠尽职之后，他没有选择像召忽那样以死尽忠。

不要对管仲"上纲上线"

公子纠死了，两位心腹的命运形成鲜明对比。召忽死节，历来被看作忠臣。而管仲的投降，争议就比较大。鲍叔牙确实与管仲是知己之交，在好友推荐和庇护下，管仲能够大展身手，另投新主似乎也可以考虑，但侍奉杀了自己主公的仇敌，难免让人诟病。

不过，管仲事仇是不假，但他背的是不是主，丧的是不是节，失去的是否是忠，可能就要仔细辨析了。公子纠就算是管仲的主子，这个主子的身份恐怕也是名不正言不顺。名分上来看，公子纠从未被立为世子，也不算合法的继承人。实际上来看，桓公有能力有雄心，辅佐他更有机会使齐国强大、使天下安定。《论语·宪问》这样记载孔子对管仲的看法：

子路曰："桓公杀公子纠，召忽死之，管仲不死，曰未仁乎？"子曰："桓公九合诸侯，不以兵车，管仲之力也。如其仁！如其仁！"

孔子承认了管仲的大仁义，回避了子路狭隘的仁义观，为管仲正名。

明人魏禧将管仲效忠齐桓公与魏征效忠李世民类比。他说，管仲和公子纠的君臣之分未定，如果贸然赴死，大义不明，那就当了冤大头了。当年魏征是唐太子李建成的谋士，建成被秦王李世民所杀，他就投靠了李世民，引来了很多儒生的批评。尹起莘为他辩护说，魏征辅佐李建成，是听了唐高祖李渊的命令，所以说魏征效忠的不是太子，而是高祖，他吃的是高祖的俸禄，而不是太子的俸禄。如果李渊下令，让魏征去做秦王李世民的官属，他敢抗命不遵、誓死不从、效忠太子么？如果李渊下令诛杀太子建成，他难道还要去为太子死么？无独有偶，当年大文豪枚乘先是效忠吴王刘濞，后来参与七国之乱，吴王兵败而死后，他又转而做了汉臣，有何不妥？

总之一句话，不要对管仲上纲上线，指责他是叛臣。孔子的态度、《左传》的意思都很明确：管仲是无罪的。不是说他功过相抵，而是谈君臣大义之前要先辨析，他和公子纠到底是不是君臣关系。假道学的背后是真糊涂！

第九讲　郑国公子的婚姻自主

北戎伐齐,齐使乞师于郑。郑大子忽帅师救齐。六月,大败戎师,获其二帅大良、少良,甲首⁽¹⁾三百,以献于齐。

于是诸侯之大夫戍齐,齐人馈之饩⁽²⁾,使鲁为其班。后郑。郑忽以其有功也,怒,故有郎之师。

公之未昏于齐也,齐侯欲以文姜妻郑大子忽。大子忽辞。人问其故。大子曰:"人各有耦,齐大,非吾耦也。《诗》云:'自求多福。'在我而已,大国何为?"君子曰:"善自为谋。"及其败戎师也,齐侯又请妻之。固辞。人问其故。大子曰:"无事于齐,吾犹不敢。今以君命奔齐之急,而受室以归,是以师昏也。民其谓我何?"遂辞诸郑伯。

——桓公六年

郑昭公之败北戎也,齐人将妻之。昭公辞。祭仲曰:"必取之。君多内宠,子无大援,将不立。三公子皆君也。"弗从。

——桓公十一年

▶ 注释

(1)甲首:带甲戎兵的首级。(2)饩:赠送给人的食物。

课堂检测

1. 解释下列加点字词。

　　于是诸侯之大夫戍齐(　　)　　齐人馈之饩(　　)

　　使鲁为其班(　　)　　人各有耦(　　)

　　固辞(　　)　　无事于齐(　　)

2. 下列句子与例句句式不相同的一项是(　　)

　　大国何为

A. 君既若见录(《孔雀东南飞》)

B. 余是以记之(《捕蛇者说》)

C. 民其谓我何

D. 大王来何操(《史记·项羽本纪》)

3. 下列句中"故"字意义与例句相同的一项是(　　)

人问其故

A. 是故弟子不必不如师(《师说》)

B. 大人故嫌迟(《孔雀东南飞》)

C. 君安与项伯有故(《史记·项羽本纪》)

D. 暮去朝来颜色故(《琵琶行》)

4. 把下面句子翻译成现代汉语。

今以君命奔齐之急,而受室以归,是以师昏也。民其谓我何?

_____

_____

阅读提示

1. 郑国太子忽对齐国的什么做法感到愤怒,愤怒的原因是什么?

_____

_____

2. 太子忽推辞婚事的理由是_____

_____

3. 太子忽称引"自求多福",其用意是_____

_____

咬文嚼字

冯李骅、陆浩《春秋左绣》评本篇第三段为"两对格":两"请妻",两"□",两"□□",两"□□□",乃至两"□",一"《诗》云",一"民谓",无不两两相对。似此剪裁,直如天造地设者。

请在空格中填入相应的词句,并分析"两对格"的表达效果。

第九讲　郑国公子的婚姻自主

合作探究

1. 日本学者竹添光鸿评价本篇说:"及齐侯再请妻之,则其意甚诚,取之未为不可,而忽固执前义,是硁硁自好者所为。"请具体分析太子忽"自好"的表现。

2. 结合本文探究婚姻对于春秋时权力斗争的重要性。

解读经典

男强女弱的婚姻观念

　　齐侯想把女儿文姜嫁给郑国太子忽,太子却婉拒了。人问他原因,他回答说:"齐国是大国,齐国公主不合适做我的老婆。"这是太子忽第一次拒婚。"齐大非偶"这个成语,长久地影响着中国人的婚姻观念。后来,北戎攻打齐国,郑太子率军救援,将敌酋和三百士兵的首级献于齐国。在赠送军粮的时候,鲁国安排联军的领粮秩序,偏偏把郑国排在后面。这激怒了年轻气盛的太子,忽率军在郎这个地方狠狠地教训了一下鲁国。这下齐国人算是领教了这位公子的厉害,第二次主动提出联姻。太子忽又拒绝了,这次他说的理由令无数君子啧啧称赞:"我是为了救齐国才出兵的,然后领了人家公主回去做媳妇,人家会觉得我是为了邀功,百姓会看不起我的。"太子真的是有志气!

　　小伙子仪表堂堂战功卓著,齐侯将公主嫁给他又有何妨?他连着拒绝了两次,或许是有他的顾虑。

　　第一,齐国是大国,大国公主下嫁,到时候指手画脚起来,自己嫌烦。魏禧说:"衰族而取巨室,贫士而取富家,不为妇女所凌者,鲜矣。"司马光也赞成忽的观点,他说:"嫁女嫁胜己者,取妇取不如己者,此真老于世故之言。"后来忽必烈将女儿齐国大长公主下嫁给高丽国世子王谌,就是大国嫁小邦。结果公主骄横跋扈,自视甚高,经常"家暴"丈夫。在儿子的百日宴席上,就因为丈夫接见废妃(前妻)时看自己的眼神有些轻慢,公主醋意大发,勃然大怒,宣布撤席回国,向元朝的父皇告状。高丽王来求情,公主竟然命令下人用手杖驱打丈夫。

第二,第一次请婚许配的文姜名声可能不大好,自己不想蹚浑水。文姜后来因为与襄公偷情,让丈夫鲁桓公大怒,导致襄公杀死桓公,齐鲁两国关系很尴尬。太子忽还是有远见的。

第三,或许是太子忽的自尊心强,不希望靠着齐国这样的大国给自己带来好处,好像吃软饭的贵胄。毕竟自己曾经领兵大败戎人,救过齐国,却被你们轻看过,现在你们抛个绣球过来,说接就接,没面子,不干。

第四,太子忽或许是迫于舆论压力。自己出征,劳民伤财,也没捞到什么好处,如果这个时候娶了个齐国老婆回家,老百姓难免会说他"劳众自利"(《左传经世钞》)。他说的那句"民其谓我何",是一句真心话。

然而太子忽拒婚也曾招来不少负面的评价。明代钟惺认为他是在沽名钓誉,矫情虚荣,完全是做给别人看的。他的理由是太子忽根本就不是一个守本分的老实人:"乃于北戎侥幸获捷,辄妄自尊大。鲁为之班而后郑,盖守王制也。郑固伯爵,而欲以微公絜之耶?一怒至于兴兵构怨,所谓自求在我者,何在也?"意思是他不过是因为侥幸赢了北戎,就飘飘然要为郑国争不属于自己的位次,这样张狂和轻佻,怎么可能是为了本分拒婚,一定是矫情。刘继庄认为,太子忽的推辞其实是冲动和自负性格的体现,他不想借助强援,其实是自以为是、自负其勇,他即位以后遭遇驱逐、弑杀,都是这种刚愎自用的恶果,性格决定命运。

婚姻是无形的政治资本

《诗经·郑风》中有一首诗叫《有女同车》:"有女同车,颜如舜华。将翱将翔,佩玉琼琚。彼美孟姜,洵美且都。有女同行,颜如舜英。将翱将翔,佩玉将将。彼美孟姜,德音不忘。"后世许多学者认为,这首诗就是在讽刺郑太子忽推辞齐国婚约一事。"《有女同车》,刺忽也。郑人刺忽之不昏于齐。"(《毛诗正义》)清代的钱澄之解释道:"此言忽之亲迎于陈也。'有女同车',指忽所娶陈女也。'彼美孟姜',指忽所辞者齐女也。言同车之女,色如木槿之华,朝华暮落不足恃也。随威仪服饰故亦可观,其若齐女之美且都乎?"同车的像花一样的女子是郑太子忽所娶的陈国公主,而"彼美孟姜"则是他自觉高攀不起的齐女。同车意味着婚约,而德音不忘者则是可望而不可即的异国贵族。花朵的鲜妍只是一时的,终将衰落,不足依靠。而远方的孟姜容貌美丽,气度雍容,则是最佳选择。两相对比之下,太子忽的取舍,在郑国人民看来颇为不值。

后人大都不赞同太子忽舍齐女的选择,认为他的宣言虽然感人但意义不大。首先,小国娶大国公主不违礼。钟惺说:"夫小国之不可婚于大国也,从未闻有此制。若此,则王姬不当下嫁公侯矣。"刘继庄《左传快评》云:"夫婚于齐,有益于己,有利于国,而无害于义者,却偏有许多辞让……他日失土出奔,未可专罪祭封人也。嗟乎!郑庄一世枭雄,而有子若此,亦奈之何哉?"人们把他后来政治上的失势归结为婚姻选择失误。

更重要的是,春秋时期公子争位,大国联姻是难得的优质外援。以大家熟知的重耳复国为例。秦穆公对他的支持是至关重要的,而穆公赠予他的最大的"礼物"就是"纳女五人",包括自己的女儿怀嬴。一开始天使不打算把馅饼往重耳的头上砸,是他的侄子公子圉把好事让给他的。怀嬴原本是公子圉的妻子,圉为了争夺晋侯之位抛下了怀嬴逃回晋国。"没人要"的女儿成了穆公的心病,他恼羞成怒,想要支持圉的竞争对手重耳。重耳一开始很有顾虑,也不大愿意。他因此去问身边的谋士。司空季子看出他对亲戚关系的顾虑,就从黄帝开始说起,用长篇大论来劝他。其精华是:"义以导利,利以阜姓。姓利相更,成而不迁,乃能摄固,保其土房。今子于子圉,道路之人也,取其所弃,以济大事,不亦可乎?"意思是虽然古人有同姓之义,但是义的根本目的是为了氏族昌盛。想要氏族昌盛,对氏族有利的事情就要抓住。你娶侄子的前妻,从长远看,有利于氏族和国家。而从道义看,侄子和你现在形同陌路,何况他又抛弃妻子,与之恩断义绝,你娶怀嬴,有何不可呢?而子犯则看出重耳的另一层顾虑:毕竟是秦国公主,也许不好驾驭,再一个将来搞不好还要和秦国竞争,这可怎么办?于是他劝说道:"将夺其国,何有于妻,唯秦所命从也。"意思是反正你将来都要夺他的国家,现在先娶他的女人,有什么关系。(《国语》)这一番赤裸裸的功利宣言激发了重耳的野心,于是他就娶了怀嬴。最终在秦国的协助下,重返晋国。

其实太子忽的顾虑和重耳多少有些相似。但太子忽毕竟刚刚在战争中取得了胜利,与重耳流亡途中的无奈、谦卑不同,他是有点年轻气盛了。老谋深算的权臣祭仲劝导他:"必取之。君多内宠,子无大援,将不立。三公子皆君也。"意思是君王宠幸的内妃很多,他们生下的公子都会是你王位有力的争夺者。如果你没有齐国这样的外援,恐怕这些人都会有资本立为君。太子忽还是没有听。在实力与规则面前,不按照常理出牌的他,将面临极大的困扰。

昭公的孤立无援

年轻气盛的太子忽后来成了短命诸侯郑昭公。劝他娶齐女的祭仲其实是他的恩公和苦主。换句话说,昭公其实也算是这位权臣的一枚棋子。当年,太子忽的母亲邓曼是祭仲为他的父亲郑庄公迎娶的。没有人比他更希望立太子忽为君。后来郑庄公又娶了宋国的雍氏女,生了厉公。宋大邓小,厉公显然比太子忽更有竞争优势。果然,昭公即位不久,在宋国的逼迫下,祭仲拥立厉公,昭公出逃。棋子变弃子。

后来厉公要杀祭仲,祭仲反攻赶走了厉公,重新拥立昭公。但是没过多久,昭公曾经憎恶的权臣高渠弥担心昭公清算自己,就将其弑杀了。纵观太子忽的悲剧一生,他个人的努力和进取,并没有换来安全和成就。耐人寻味的是,昭公第二次即位以后,那个英明勇武的公子形象完全不复存在了。他屡屡错失良机,在政治上高度依赖权臣祭仲,全然没有什么拿得出手的政绩,还被流亡在外的厉公威胁,内忧外患间连自保都成问题。流亡生涯没有让他变得更坚强,而是让他在困苦中意识到当初的幼稚,骨感的生活教会了他向环境妥协的必要,也消磨了他的意志。

这不得不令人深思。在一个不需要个人英雄主义的时代,似乎只有一种"英雄主义"能在竞争中独擅胜场,那就是懂得并践行"权力寻租"的艺术。

这真是春秋式的大悲剧!

第十讲　人人都"黑"宋昭公

宋公子鲍礼于国人,宋饥,竭其粟而贷之。年自七十以上,无不馈诒也,时加羞珍异。无日不数于六卿[(1)]之门。国之材人,无不事也;亲自桓以下,无不恤也。公子鲍美而艳,襄夫人欲通之,而不可,乃助之施。昭公无道,国人奉公子鲍以因夫人。

于是华元为右师,公孙友为左师,华耦为司马,鳞矔为司徒,荡意诸为司城,公子朝为司寇。初,司城荡卒,公孙寿辞司城,请使意诸[(2)]为之。既而告人曰:"君无道,吾官近,惧及焉。弃官,则族无所庇。子,身之贰也,姑纾死焉。虽亡子,犹不亡族。"

既,夫人将使公田孟诸而杀之。公知之,尽以宝行。荡意诸曰:"盍适诸侯?"公曰:"不能其大夫至于君祖母以及国人,诸侯谁纳我?且既为人君,而又为人臣,不如死。"尽以其宝赐左右而使行。

夫人使谓司城去公。对曰:"臣之而逃其难,若后君何?"

冬十一月甲寅,宋昭公将田孟诸,未至,夫人王姬使帅甸攻而杀之。荡意诸死之。书曰"宋人弑其君杵臼",君无道也。

——文公十六年

▶ 注释

(1)六卿:宋国的六位最高官员,是宋国权力核心,分别为右师、左师、司马、司徒、司城、司寇。(2)意诸:公孙寿的儿子。

课堂检测

1. 解释下列加点字词。

竭其粟而贷之(　　)　　时加羞珍异(　　)

无不恤也(　　)　　　　身之贰也(　　)

盍适诸侯(　　)　　　　荡意诸死之(　　)

2. 下列句中不属倒装句的一项是(　　)
   A. 宋公子鲍礼于国人 　　B. 国人奉公子鲍以因夫人
   C. 则族无所庇　　　　 　D. 秦人不暇自哀(《阿房宫赋》)

3. 下列句中"以"字用法与例句相同的一项是(　　)

   尽以宝行

   A. 亲自桓以下
   B. 国人奉公子鲍以因夫人
   C. 则足以拒秦(《阿房宫赋》)
   D. 振之以清风(《黄州快哉亭记》)

4. 把下面句子翻译成现代汉语。
   不能其大夫至于君祖母以及国人,诸侯谁纳我?且既为人君,而又为人臣,不如死。

阅读提示

1. 为何宋昭公拒绝逃往其他诸侯国?

2. 公孙寿推辞司城的高位,让儿子荡意诸继任,他的目的是什么?

3. 荡意诸为何拒绝离开宋昭公躲避祸难?

咬文嚼字

1. 文中"夫人"二字出现了____次,请分析其表达效果。

2. 面对避难的劝说,荡意诸回答道:"臣之而逃其难,若后君何?"请分析其表达效果。
___
___

合作探究

1. 历史上对宋昭公"无道"的说法有很多争议。众多学者认为宋昭公"无道"是文公(公子鲍)和襄夫人处心积虑陷害的结果,你是否同意这一说法,说说理由。
___
___

2. 周大璋《左传翼》云:"文公(公子鲍)为大伪似忠之人……先儒罪昭公,罪国人,罪襄夫人,而独不罪公子鲍,其亦漏网吞舟也欤?"你是否同意,说说理由。
___
___

3. 李渔云:"公孙寿辞司城而使其子为之,以求缓死,疑于知难。然使文公恶意诸之死,而遂并其族,以及其父,则其难不尤速哉?"你是否同意这一说法?请对此加以评析。
___
___

解读经典

人人都"黑"宋昭公

《左传》对于宋昭公的评价是"无道"。然而,宋昭公是否真的是无道昏君?这是一桩历史公案,争议很大。惠栋《左传补注》提醒我们,不要只看作者的表面意思:"左氏文中虽数言昭公无道,然乃深曲之文,不似此句浅率如此。左氏之法,凡其无道之实迹皆已具见,则不复加议论,文公、襄夫人是也。无实迹可指,则往往于议论斥之,昭公是也。"意思是有罪的人,左氏不加评论,而是故意暴露其恶行,让后人自己评价;而无罪之人,左氏虽然直接引用恶评,文中却没有佐证,让大家心中存疑。

我们不妨按照这一思路看看宋昭公是不是无辜之人。从文中看昭公的无道并没有具体事迹,似乎都是当时人的评价。而详述昭公的言行,集中在他知道夫人和群臣要杀他,走投无路时的悲伤和自嘲。"如果连大夫、国人、亲人都不能接纳我,怎么会有诸侯接纳我呢?"虽然宋昭公这么招人黑,我们却看不出他到底怎么个"无道"法。这桩离奇公案,只能靠后人寻踪觅迹。

《左传·文公七年》有这样的记载:

> 昭公将去群公子,乐豫曰:"不可。公族,公室之枝叶也;若去之,则本根无所庇荫矣。葛藟犹能庇其本根,故君子以为比,况国君乎?此谚所谓'庇焉而纵寻斧焉'者也。必不可。君其图之!亲之以德,皆股肱也,谁敢携贰?若之何去之?"不听。穆、襄之族率国人以攻公,杀公孙固、公孙郑于公宫。六卿和公室,乐豫舍司马以让公子卬。昭公即位而葬。书曰"宋人杀其大夫",不称名,众也,且言非其罪也。

昭公是宋襄公的孙子、成公的儿子。他的名位本身就不是很正。据《史记·宋世家》记载,成公死后,他的弟弟御杀了太子自立为君,国人又将其杀死,立成公的少子杵臼,这就是昭公。这么说,昭公本来不是太子,本身根基就不深,当然不会有什么政治威信。即位之初,昭公看到公族势力很强大,对君主掣肘太多,就想驱逐他们。乐豫劝他:"你要是担心公子们有二心,就对他们好点,把荆棘转化为庇护的枝叶不好吗?"其实乐司马的意思是,你这样搞"休克疗法"是要出乱子的。国君要有制衡对手的能力,而不是在实力不足的情况下,贸然铲除对手,这样做无异于以卵击石。更何况,宋国的六卿势力强大,这些人和公室贵族盘根错节,政治形势非常微妙,此刻更应该以静制动。可惜昭公没有远见,他怀疑对方是在为公子王孙说话,就没听从,结果真出了大乱子。穆、襄二族领着首都市民去攻打昭公,在宫中杀了两位公孙。后来在六卿的调停下双方妥协了,乐豫交出了自己的司马印信,昭公也不再追究叛乱之责,双方名义上就算是两清了。《春秋》说是"宋人杀其大夫",其实还是有点宽恕叛乱者的意思,因为人多势众,更主要是因为作者也反对昭公驱逐群公子的行为,这样不利于宗室稳定,所以也就不归罪了。但仔细想来,昭公驱逐群公子的行为哪有他们杀人的行为可怕,他也没有进一步的举动,这能算是"无道"么?如果是,那么春秋时期的暴君恐怕数量要增加一倍不止了。

或许这次弑君的事实是,昭公得罪了宗室,这些人虎视眈眈,想要和他拼个你死我活,杀死昭公俨然成为贵族们的共识。而这些人必须为弑杀昭公找个理由。于是他们利用自己的权势不断散布关于其无道的谣言,谎言重复千遍,自然也就成了真理。

悬在昭公头上的达摩克利斯之剑终于落下,始作俑者就是一直对君位虎视眈眈的公子鲍和襄公夫人。

丑闻与阴谋

公子鲍也是襄公的孙子、成公的儿子,但是因为是庶出,轮不到他继承王位。在礼崩乐坏的春秋时代,一切皆有可能,庶出也不是问题,关键是要有一个逆袭夺位的时机。公子鲍自身条件不错,颜值高,有魅力。这一点恰恰是决定性因素,因为襄公夫人喜欢上了他,这样他一跃成为了最有政治实力的竞争者。襄公夫人想要与之私通,公子鲍是不肯的,不知道是不是欲擒故纵,襄公夫人反而更死心塌地地为他出力。据魏禧《左传经世钞》推测,当时襄公夫人已经七十多岁了,鲍又算是她的庶孙。作为周襄王的姐姐,一大把年纪还私通孙辈,也太骇人听闻了。所以很多人怀疑是昭公造谣。但是相信这是事实的也大有人在,彭家屏称其为"妖物",苏本洁《左传杜注补义》骂她"淫心荡耳",分明把她看成一个恬不知耻的色情狂。她和鲍的勾结,左氏是有提示的:"国人奉公子鲍以因夫人"。这句话真的是神来之笔,纲举目张,十个字就把这里面的阴谋串通全揭露了出来。昭公政敌们都通过襄公夫人王姬来讨好结交鲍,换句话说,鲍是幕后主使,而夫人只是个代办,夫人做的每一件事情,应该都是鲍知情甚至授意的,包括逼昭公去孟诸打猎,派帅甸借机杀他,以及劝司城离开昭公,孤立昭公。

公子鲍做了什么呢?暗中利用祖母来为弑君活动,明里自然是收买人心。他的活动路线有上下层之分,其一是走进基层百姓,赈灾放粮,关心鳏寡孤独。其二是整天到六卿那里去串门,同时笼络各种人才,团结宗族子孙,其实这些人最后都派上了用场。《左传》说得很隐晦,但是又以非常巧妙的方式暗示出来。

"于是华元为右师,公孙友为左师,华耦为司马,鳞鰈为司徒,荡意诸为司城,公子朝为司寇。""于是"二字甚妙,表示此刻都有谁在六卿的位置上。这些人之所以被《左传》点名,或许不仅是为了记录史实,还暗示了他们其实已经被收买,或者推波助澜,或者作壁上观,等于公子鲍完全架空了昭公,此时杀他易如反掌。"人心既得,则去昭公如去腐鼠矣。"(《左传翼》)这里面,《左传》还巧妙地暗示了一个人的重要作用,那就是排在第一个的华元,他做了什么我们不知道,但是有这么高的位置,他能带来的利益一定是不小的,对鲍和诸公子而言,他的作用极大,绝对是要拉拢的对象。

可怜的昭公对一切心知肚明,温水煮青蛙的滋味他最了解。不知道他是否会后悔当初得罪宗族兄弟,现在这些吃人的豺狼正准备着对他下手。昭公此时表现出的骨气令人敬佩。他不是不可以逃走,但或是心灰意冷,抑或是出于强烈的自尊心,他遣散手下,甘心领死。那一句"既为人君,而又为人臣,不如死",真是掷地有声,彭士望说这一句话"愧杀古今降王"。倒非常像一千多年后,公元4世纪拜占庭帝国皇后狄奥多拉说的那一番名言:"宁肯穿着皇后的紫袍被杀死,也不愿意做一个苟活的平民。"他的悲剧再一次证明了春秋时期的政治法则:不可得罪贵族。

犬父虎子,天壤之别

在六卿中,只有一个人为昭公而死,其他五个人都得了富贵安逸,说明只有这个人是没有被收买的。他就是做司城的荡意诸。司城的职位是世袭的,意诸的祖父公子荡死时,应该由父亲公孙寿来继任,但是公孙老狐狸辞官不做,让给自己的儿子。这就有点像亡国之前宋徽宗让位给儿子宋钦宗。他老人家的逻辑是昭公随时都要被杀,谁在他身边谁就倒霉;如果把司城给外人做,自己家族就没有油水可捞了;如果自己做了,担心会跟着一起死。怎么办呢?让儿子做,自己捡回一条命,家族也保住了司城之位。李渔对此提出了质疑:"公孙寿辞司城而使其子为之,以求缓死,疑于知难。然使文公恶意诸之死,而遂并其族,以及其父,则其难不尤速哉?"儿子做了司城,效忠昭公,如果新君怪罪起来,一样灭族,公孙寿也难逃一死,怎么能算保全宗族和自身呢?其实公孙寿不傻,他说"虽亡子,犹不亡族"的意思是自己要去投靠公子鲍和襄夫人,和儿子各选一边。他到处告诉别人"君无道",这就是典型的向"造反派"积极靠拢的表现。可见他的打算是让儿子去做"保皇党"代替自己死,由自己代表宗族活。从文公即位后的做法来看,他没有加罪公孙寿一族,即便荡意诸为昭公牺牲,誓死不降,但也没有厚待公孙寿,而是把司城给了别人做。这或许是一种折中平衡的做法,公孙寿的投诚应该是确信无疑的。

"公孙寿惧死而辞位,正留身以事之。"(方宗诚)公孙寿的行为引来身后骂声一片。魏禧质问:当时就没有告老辞官的方法么,为何非要推荐自己的儿子去做,让给别人又怎样?陆粲说"爱其官,而弗爱其子,世道衰微。"指责他即便是为了宗族利益,也是爱官不爱子,世道衰微,才诞生了这样冷血功利的怪胎。

意诸则相反,他尽了人臣之道,先劝告,然后死节。意诸的死,也是《左传》给我们留下的证据,它似乎在告诉我们,历史并不是我们表面看到的那样,人心和行动往往比那些冠冕堂皇的说辞更有说服力。经过后世的观察与稽索,人性与道义光辉将照彻历史的晦暗长夜,将锋芒指向那些隐约暧昧的魑魅魍魉。

第十一讲　谁动了我的奶酪

　　吴子⁽¹⁾欲因楚丧而伐之,使公子掩余、公子烛庸帅师围潜,使延州来季子聘于上国,遂聘于晋,以观诸侯。楚莠尹然、王尹麇⁽²⁾帅师救潜⁽³⁾,左司马沈尹戌帅都君子与王马之属以济师,与吴师遇于穷,令尹子常以舟师及沙汭而还。左尹郤宛、工尹寿帅师至于潜,吴师不能退。

　　吴公子光曰:"此时也,弗可失也。"告鱄设诸曰:"上国有言曰:'不索,何获?'我,王嗣也,吾欲求之。事若克,季子虽至,不吾废也。"鱄设诸曰:"王可弑也。母老、子弱,是无若我何?"光曰:"我,尔身也。"

　　夏四月,光伏甲于堀室⁽⁴⁾而享王。王使甲坐于道及其门。门、阶、户、席,皆王亲也,夹之以铍⁽⁵⁾。羞者献体改服于门外。执羞者坐行而入,执铍者夹承之,及体,以相授也。光伪足疾,入于堀室。鱄设诸置剑于鱼中以进,抽剑刺王,铍交于胸,遂弑王。阖庐以其子为卿。

　　季子至,曰:"苟先君无废祀,民人无废主,社稷有奉,国家无倾,乃吾君也,吾谁敢怨?哀死事生,以待天命。非我生乱,立者从之,先人之道也。"复命哭墓,复位而待。吴公子掩余奔徐,公子烛庸奔钟吾。楚师闻吴乱而还。

——昭公二十七年

▶ 注释

　　(1)吴子:此指吴王僚。(2)楚莠尹然、王尹麇:莠尹、王尹都是楚国的官名,然、麇是人名。(3)潜:楚国地名,在今安徽省霍山附近。(4)堀室:地下室。(5)铍:一种两边有刃的兵器。

课堂检测

1. 解释下列加点的字词。

　　吴子欲因楚丧而伐之(　　)　　　　遂聘于晋(　　)

事若克(　　)　　　　　光伏甲于堀室而享王(　　)

王使甲坐于道(　　)　　复命哭墓(　　)

2. 下列句中画线词与例句用法相同的一项是(　　)

例句：皆王亲也

A. 辄倾数家之产(《促织》)

B. 动心骇目(《黄州快哉亭记》)

C. 殚其地之出(《捕蛇者说》)

D. 揖西山之白云(《黄州快哉亭记》)

3. 与例句句式相同的一项是(　　)

例句：不吾废也

A. 贤哉回也(《论语·雍也》)

B. 天下莫柔弱于水(《老子·第七十八章》)

C. 何陋之有(《陋室铭》)

D. 不拘于时(《师说》)

4. 把下面句子翻译成现代汉语。

苟先君无废祀，民人无废主，社稷有奉，国家无倾，乃吾君也，吾谁敢怨？

阅读提示

1. 公子光认为刺杀吴王僚机不可失，请依据上下文推断其原因：

2. 文章如何刻画吴王僚的性格形象，请结合语段加以分析。

3. 穆文熙评价鱄设诸"刺客中劲捷不反手，无如鱄诸者，荆轲有遗恨矣。"鱄设诸之"劲捷"体现在

咬文嚼字

吴公子光曰:"此时也,弗可失也。"告鱄设诸曰:"上国有言曰:'不索,何获?'我,王嗣也,吾欲求之。事若克,季子虽至,不吾废也。"鱄设诸曰:"王可弑也。母老、子弱,是无若我何?"光曰:"我,尔身也。"

公子光与专诸的对话多以短句形式呈现,请鉴赏其表达效果。

合作探究

1. 方宗诚评本篇:"文家有对面形容法,此类是也。"请联系文章解释本篇的"对面形容法"。

2. 冯李骅、陆浩《春秋左绣》比较《史记》写荆轲刺秦与《左传》写鱄诸刺僚之不同,认为前者"临事细写,叠连转出,别有分外骇疾之妙。"对比之下,本篇叙写刺杀行动,笔法又有何特点?

3. 你如何评价季札复位哭墓,以待君命的做法?

解读经典

爱拼才会赢

吴王僚偷鸡不成蚀把米。他想趁着楚国国君去世,新君立足不稳之机伐楚。在巫臣等人的"重点扶贫"计划下,吴国已经从蛮夷小国成为了蛮而不弱的军事大国,颇具实力与野心。但是伐楚不是小事。瘦死的骆驼比马大,何况楚国也没

第十一讲 谁动了我的奶酪

在饿肚子。以往两国交锋,都有中原"上国"的默许或赞助,这个中原国家主要是晋国。可是这一次,吴王僚有一点冒进,他一边让两位公子掩余和烛庸率师围攻潜地,一边让重臣兼王叔季札出使中原。前者是为了攻其不备,后者是为了看看别国对自己侵略行为的反应。为了抓时机而贸然出兵,来不及关注周边国际形势,这是赌博。在利弊平衡、难以取舍的情况下可以一试,但吴王却忽略了战争准备的重要一环——国内统治的形势。果不其然,在吴军进退两难的情势下,国内已有人在暗中磨刀霍霍。

这个人就是公子光。说他有野心不假,但责其贪婪妄动却未必恰当。"我,王嗣也。"这句斩钉截铁的豪言是从道义上为弑君铺垫。公子认为自己是王的后嗣,有王位继承权。问题来了,吴王僚也是王的后嗣,他凭什么说自己更有资格得到王位,而吴王僚应该靠边站?这个问题至今也没有定论。按照《史记》的说法,公子光所说的"王",是他的父亲、曾经的吴王诸樊;而现任国君僚的父亲是诸樊的弟弟、自己的叔叔,先君余昧。按照父死子继的传统,诸樊死后,应该是自己即位,怎么会是叔叔捷足先登,而后又传位给自己的堂兄弟呢?

谁动了公子光的奶酪?这个得问分奶酪的人。这就牵扯到另一个重要人物——季札。吴王寿梦有四个儿子,他想把王位传给小儿子季札,几个哥哥也心知肚明季札最贤明。但也正因为季札贤明,他坚决不接受王位,要把王位按照礼法让给嫡长兄诸樊。诸樊一心想把王位给弟弟季札,于是在他死后,没有把王位传给儿子光,而是给了二弟余祭,希望通过兄弟相承的方式,最后把王位传到季札。余祭死后,王位又传给了三弟余昧。余昧身患重病以后,重申父兄之命,要把王位给季札,季札仍坚定辞绝。国不可一日无君,在没有弟弟继位的情况下,余昧的儿子沾了父亲的光捷足先登,这就是吴王僚。可怜的公子光,作为诸樊的宝贝儿子,早就被人忘得一干二净。

公子光头脑很清醒,他虽然是王嗣,但有一个无法绕过去的障碍。吴国人都知道,连他的父亲都承认,王位本就应该是叔叔季札的。这是他爷爷的心愿,也是父辈们不敢违抗的"政治正确"。季札把王位让给他,他才有资格说,"我能和吴王僚争一争。"换句话说,即使季札不要王位,却反对他登上王位,就算弑君成功、手握重权、势力强大的季札一声令下,或是稍加反对,自己的王位恐怕也不稳。螳螂捕蝉,焉知黄雀不在身后呢?

这样我们才能理解公子光打了满满鸡血的那一句"此时也,弗可失也"。这是个千载难逢的好机会,自己的两大障碍此刻都暂时消失了。第一,吴王僚出征不得人心,而且他手下的铁杆帮衬,两位公子都在外打仗,军队也一时回不来,可谓内部空虚。第二,季札也被派出去了,就算他回了国,自己只要得手,以季札的性格和品德,他会把自己赶出去么?季札自己来做这个王,那不就等于砸了自己的完美人设?

公子光的那句"不索,何获?"翻译过来就是不索要哪有获得。多年来的精心密谋,加上老天帮忙,以及对手的利令智昏,机会是真的千载难逢。

嫁人就嫁专诸这样的男人

时势造英雄,上天赐给公子光最好的礼物就是刺客鱄设诸。在其他一些书里,其人亦被称为"专诸"。他是吴国堂邑人,据赵晔《吴越春秋》记载,当年伍子胥经过吴国的时候,看到他与别人打架,"其怒有万人之气,甚不可当。其妻一呼即还。"他的气力可抵万人,可老婆喊了一句,就乖乖回家吃饭去了。伍子胥问他为什么在老婆面前那么憋屈,他留下了一句名言:"夫屈一人之下,必伸万人之上。"这句话很有道理,能控制自己情绪的人,能在愤怒中权衡是非利弊的人,才有能力去战胜千百人,否则不过是匹夫一个。伍子胥看他的相貌,"碓颡而深目,虎膺而熊背",就知道他不是好惹的,于是暗中与之结交。等到伍子胥希望扶植公子光上台,进而图谋报复楚国大业的时候,就举荐了他。古人往往善于以貌取人,特别是英雄奸雄,相貌特点是非常突出的。比如秦始皇史载其"蜂准长目,鸷鸟膺,豺声",据说这种人心狠手辣、刻薄寡恩。越王勾践"长颈鸟喙",古人看来气量小,可以共患难,不可同富贵。辛弃疾有"青兕"相,敌人觉得他力能杀人,很怕他。所以伍子胥看相貌就知道,专诸是个天生的爷们。

天生的英雄,往往不是钱能收买的。让这种人为自己做事,只能靠以心换心,称兄道弟。专诸不会因为你公子光位高权重就来巴结你,他之所以愿意听公子光的,就是因为伍子胥对他好,他要报恩。公子光也懂这个道理,所以文中这一番对话,也算是感情建设。

鱄设诸曰:"王可弑也。母老、子弱,是无若我何?"光曰:"我,尔身也。"专诸的意思是,我死了,我妈和我儿子怎么办,谁来抚养他们。公子光的回答全无公子气,倒像是个江湖兄弟的承诺:"我的命就是你的命,你死了,你妈就是我妈,你的孩子就是我的孩子,我来替你尽孝养子。"有了这样的承诺以后,专诸觉得自己得到了尊重,于是他才欣然上路。

这场永载史册的刺杀行动,《左传》写得十分精彩。历史上总有人把这次事件与司马迁笔下的荆轲刺秦王相比较。蒋铭《古文汇钞》称其为"《荆轲传》之祖。"冯李骅、陆浩《春秋左绣》认为《史记·荆轲传》的描写重临场细节,而《左传》则侧重于伏笔铺垫,刺杀过程很简洁,但是效果却更震撼,由此认为史公雄才和前辈左丘明比,还是差一点。穆文熙觉得"刺客中劲捷不反手,无如鱄诸者,荆轲有遗恨矣。"意思是论刺杀的"稳准狠",荆轲的技能还是比不上专诸。

这道划过历史夜空的闪电,被概括为短短几句话:"鱄设诸置剑于鱼中以进,抽剑刺王,铍交于胸,遂弑王。"单看不觉奇,放在语境下就很不得了。在公子光设的宴会上,吴王僚让保镖护身,护卫重重。送菜的人是要换衣服进来的,目的就是怕夹带武器。送菜的时候,是要让卫兵用铍夹持着行进,意图在于只要刺客一有动作,就马上杀死他。《左传》的层层铺垫,就是为了写防备的森严。在此情形下,专诸基本不可能完成刺杀。没想到他竟然将剑藏在鱼肠中,就利用敌人吃惊的一刹那,用快到"光速"的反应,完成了刺杀。"铍交于胸"的意思是,当专诸把剑刺入敌人身体的同时,两边卫兵的武器已经进入了刺客的体内。这真是用血肉完成的刺杀,荆轲恐怕确实要甘拜下风。方宗诚说,《左传》"极力摹写吴王防备之周密,仍然见弑,然后见光之奸智,专诸之勇力。"他称这段描写是文章家所说的"对面形容之法"。诚哉斯言!

用现代的眼光看,专诸临死不惧,却偏偏担忧家人,重视朋友情谊,还听老婆的话,这样的男人值得嫁。

季札复位的文化芬芳

公子光即位,即大名鼎鼎的春秋霸主——吴王阖闾。季札回国后一看,变了天了。国君死了,两个公子跑了。季札该怎么做?去讨伐篡位者?还是去当廷指责?他的做法耐人寻味,只是跑到先王墓前去痛哭着回报使命,然后回到自己的位置上,等待新王的命令。他说的一番话,意思是如果新君能够安抚百姓,不废祭祀,守卫国家,自己就承认他是王。有人看不惯季札的袖手旁观,有先儒指责他"虽不与闻乎弑,实有以成其弑。而'立者从之'一语,尤为悖逆。"(《左传翼》)意思是他纵容了弑杀行为,对新王的效忠更助长了乱臣贼子的野心。但这种指责看似汹汹实则无力,因为王位本就应是季札的,他的让位早就占据了道德的制高点,何必去苛责他没有为侄子讨公道?

不仅如此,季札的行为还很好地诠释了什么叫"君子素其位而行"。我早就不把自己当嗣君了,我也不是摄政王。我就是国家的一个办事员,只要百姓过得好,国家安定,父王的天下能保全,别的我不做干涉。这样的谦谦君子之风,正是古人所颂扬的。

第三单元　枭雄奸首

何谓"枭"？《说文解字》如此解释："枭，不孝鸟也。日至，捕枭磔之。从鸟头在木上。"意思是枭是恶鸟，夏至冬至日要捕杀它，分解它的尸体，将其头悬于木端以示人。枭鸟恶名何来？据说是因为其鸟以母为食。关于"枭雄"一词，有人考证它原本并非贬义，而是凶猛勇促、不循常规、不法常态的意思，后来嬗变为了有野心、不择手段的强豪的意思。这样来看，自古枭雄多有无情无义一面，手段不循常规，攻势凌厉凶猛，可以成就大业，也会制造灾难。

对于枭雄之辈，《左传》不吝恶行的实录，也不乏对他们人性的传神写照。一方面如实解释《春秋》中的褒贬，另一方面也借题发挥，展现枭雄们人性多元复杂的一面。

像郑庄公这样欺君、纵弟、囚母的枭雄，《左传》也写了他后悔的表现。下掘黄泉，重见其母的改过善举，也有人从中看出了沽名钓誉。《左传》称赞撮合庄公母子团圆的颍考叔"纯孝"，也有人批评颍考叔投机逢迎，不用道义规劝庄公的过错，只在皮毛上做文章。像白公这样的"白眼狼"，为了给父亲复仇，谋杀恩人，犯上作乱，传文还是展现了其重信义的一面：谋反前不加害熊宜僚，谋反后不焚烧府库，而且还写了其随从石乞也视死如归，彪悍勇敢，为主尽忠，令人唏嘘。人物的多样面相，在《左传》中被刻画得非常深刻。

本单元的选文，文法变化多端，举重若轻，在阅读时不妨细细体会。如人物的关联对照：颍考叔之"纯孝"，反衬庄公出于沽名钓誉的功利之孝；阳虎的心机叵测、阳奉阴违，反衬孔子夹谷之盟时的坦荡和智慧。如行文里的反讽：雍姬母亲那一番父亲只有一个、丈夫普天下都是的强盗逻辑，明明是无耻之尤却说得理直气壮，令人齿冷。更需要体会《左传》中层出不穷的陷阱、悬念：雍姬是如何觉察丈夫要刺杀父亲的计谋的？是否真如厉公所言，是雍纠机事不密？文章里有足够的细节让我们去怀疑真相。聪明的叶公是何时准备入城平叛的？时机的把握、暗中的筹备,尽在不言之中,在文章里留有草蛇灰线的痕迹。

《左传》以史家的褒贬,宣示正义不会缺席。《左传》又以文人的笔法,将细节点染至毫巅,展现了人性中非黑非白的全貌,使得道义的坚守更显珍贵。

第十二讲 "人尽可夫"的逻辑

初,祭封人仲足有宠于庄公,庄公使为卿。为公娶邓曼,生昭公。故祭仲立之。宋雍氏女于郑庄公,曰雍姞,生厉公。雍氏宗,有宠于宋庄公,故诱祭仲而执之,曰:"不立突,将死。"亦执厉公而求赂焉。祭仲与宋人盟,以厉公归而立之。

秋九月丁亥,昭公奔卫。己亥,厉公立。

——桓公十一年

祭仲专,郑伯患之,使其婿雍纠杀之。将享诸郊。雍姬知之,谓其母曰:"父与夫孰亲?"其母曰:"人尽夫也,父一而已,胡可比也?"遂告祭仲曰:"雍氏舍其室而将享子于郊,吾惑之,以告。"祭仲杀雍纠,尸诸周氏之汪(1)。公载以出,曰:"谋及妇人,宜其死也。"夏,厉公出奔蔡。

——桓公十五年

注释

(1)汪:池。

课堂检测

1. 解释下列加点的字词。

故诱祭仲而执之(　　)　　　亦执厉公而求赂焉(　　)

昭公奔卫(　　)　　　将享诸郊(　　)

尸诸周氏之汪(　　)　　　宜其死也(　　)

2. 下列句中画线词用法与例句相同的一项是(　　)

郑伯<u>患</u>之

A. 吾<u>惑</u>之　　　　　B. <u>尸</u>诸周氏之汪

C. 故祭仲<u>立</u>之　　　D. 以厉公归而<u>立</u>之

3. 下列句子的句式与例句相同的一项是(　　)

宜其死也

A. 快哉此风（《黄州快哉亭记》）   B. 人尽夫也

C. 公载以出   D. 谋及妇人

4. 把下列句子翻译成现代汉语。

谓其母曰："父与夫孰亲？"其母曰："人尽夫也，父一而已，胡可比也？"

___

阅读提示

1. 祭仲与郑昭公有怎样的关系？

___

2. 祭仲为何要拥立厉公为君？

___

3. 雍姬所面对的两难处境是：___

咬文嚼字

遂告祭仲曰："雍氏舍其室而将享子于郊，吾惑之，以告。"

苏本洁《左传杜注补义》评雍姬所言"吾惑之"三个字如"隔影语"，意义非同寻常，联系上下文，评析其作用。

___

合作探究

1.《公羊传》认为祭仲屈从宋人要挟另立新君是知变通，懂得权衡却不失原则，但是刘敞却认为祭仲的做法不是变通，而是乱臣贼子之行。你赞同谁的观点？请说明理由。

2. 厉公对雍纠的评价"谋及妇人,宜其死也"是否公允?谈谈你的看法。

善于取舍的政治动物

祭仲是一个争议极大的人物。他出身低微,只是祭邑的一个管理边境的小官,最后却成为郑国政坛的不倒翁,四朝元老,废立君王,呼风唤雨,非一般能力和手段不能及此。祭仲虽然擅权,但是他的行为多少是出于自保,这是一个善于牺牲他人为自己谋利保安的政治动物。他为郑庄公娶的邓曼,生下了太子忽,祭仲便一心一意要扶持他。后来宋国人雍姞得势,宋人绑架了出使宋国的祭仲,逼他发誓拥立雍姞之子突,生死关头,祭仲抛弃了忽,拥立公子突,太子忽出逃。而厉公即位以后,他更加专擅揽权。也就是说,在他的世界里,背叛之前的君主不值得羞耻,还可以换取更大政治资本,何乐不为?《穀梁传》批评他是非原则不坚定,"立恶而黜正,恶祭仲也"。但是《公羊传》则非常理解他的变通:"祭仲不从其言,则君必死,国必亡;从其言,则君可以生易死,国可以存易亡"。如果不答应,自己会死,连同太子忽都可能会被杀;听从宋人,以退为进,太子忽可以出逃保命,自己继续保持权势,坐观成败。

后来,厉公被废,昭公被杀,祭仲又拥立了子亹。齐襄公邀请他们去会盟。这个敏感的政治动物又嗅到了危险的气息:子亹曾经得罪过齐襄公,此去会不会是鸿门宴?所以他选择了称病不去。果不其然,襄公杀死了子亹,车裂了随行的高渠弥,祭仲又躲过一劫。

这个善于避祸的人,却也是个敢于出击的狠角色。为了家族安全,他毫不犹豫地杀死自己的女婿,抛尸水池;厉公如果不逃走,恐怕死的就是他了。厉公的位置是借助祭仲得到的,所以他知道这样的大人物不容易被扳倒,敌人只有靠内部攻破。而祭仲狡猾,一般不轻易信任别人,能做他女婿的人,一定是经过他层层挑选的。能够争取到他女婿的支持,把握就比较大,一来不容易被怀疑,第二此人必定办事能力强。然而厉公失算了,没想到雍纠竟然这样不可靠,"谋诸妇人",把消息泄露给了祭仲的女儿。厉公看到雍纠的尸首被抛弃在周家水池里,真的是又恨又怜,只能愤恨地骂了句"死得活该"。厉公对其泄密的推断有合理之处,自己的密谋除了雍纠谁会知道,只有闺中私密人才能成为泄密对象。但他说雍纠与夫人谋,是不是有些武断?

雍纠的死,真的是因为他在老婆面前说漏嘴了么?实际很可能是雍纠不在家中招待祭仲这件事让雍姬起了疑心。聪明的雍姬只需要问一句为何要在郊外设宴,再观察一下丈夫的反应就行了。一旦丈夫面露一丝惊慌,雍姬就可能看出苗头不对。就算丈夫神色镇定,只要她把自己的疑惑对父母说一下,这一对政治老狐狸也会马上警惕起来。

有其父必有其女。雍姬敏感地察觉了丈夫的密谋。这一点只能说是政治冷血动物的家族遗传。

父亲与丈夫的生死轮盘赌

雍姬的做法着实坑惨了丈夫。赖韦认为她此时有三种选择。如果是父亲错了,那么就帮助丈夫杀死父亲,再为父殉孝。如果是丈夫错,父亲对,那就告发丈夫,然后为其殉节。现在的情况是二者没有对错,那就先向父亲告发丈夫,再通知丈夫出逃就可以了。但她一个都没做到,所以遭人非议。

雍姬做法的争议在于,她的父亲不是普通人,而是权臣,她的告发可能导致丈夫受害,国君危难,国家动荡,这些都没有考虑就贸然行动,导致了灾难性的后果。

春秋时期为了亲族的利益牺牲丈夫,雍姬不是唯一个案。这里面最大胆也最悲壮的是秦穆公的晋国老婆穆姬:

> 穆姬闻晋侯将至,以大子䓨、弘与女简璧登台而履薪焉。使以免服衰绖逆,且告曰:"上天降灾,使我两君匪以玉帛相见,而以兴戎。若晋君朝以入,则婢子夕以死;夕以入,则朝以死。唯君裁之!"乃舍诸灵台。
>
> ——《左传·僖公十五年》

韩原之战,晋惠公被秦穆公俘虏。听说自己的兄弟就要被丈夫带回来问罪了,穆姬又急又怕,她领着自己的太子和其他儿女一并登上高台,堆了柴薪,威胁要点火自焚。又派人传话给穆公:"我兄弟要是进入都城受辱,我立马和你的宝贝孩子一起死!"穆公没办法,只能安排自己痛恨的仇人住到郊外去。实际上这场战役的起因是惠公背信弃义、恩将仇报,穆姬不反省自己兄弟的罪恶却以儿女威胁丈夫,有些偏心。

不过,综合看来,春秋时期还是念夫忘父者居多,雍姬的选择并不是主流。齐国大夫卢蒲癸要杀权臣庆舍,他的妻子卢蒲姜是庆舍的女儿。媳妇看出了丈夫的图谋,非但没有阻止,还劝他把事情告诉自己,表示愿意为他出主意:"有事而不告我,必不捷矣。"卢蒲癸就如实告诉她自己要趁着庆舍在太庙祭祀的时候杀他,妻子说:"你得反其道而行之,得把有人作乱的风声泄露给庆舍。父亲这个人性格倔强刚愎,干脆让我来劝阻他主祭,他反而偏要去一趟。"卢蒲姜的真实目的是什么,我们不得而知,总之她向父亲告发有人要行刺他,却没有说这个人是丈夫。果不其然,庆舍真的不听劝告,执意要去太庙,最终被卢蒲癸等人刺杀。在这件事情上,卢蒲姜理性得可怕。她似乎把丈夫和父亲的命运交给了上天来安排。如果父亲不去,猜忌丈夫,那就是天要保父亡夫。如果父亲真的输给了自己的性格,前去祭祀,那就是天要保夫杀父。她自己倒是怎么都不受影响,也避免了两难的尴尬。不过,她的行为从客观上说还是有利于丈夫的,因为她把自己父亲的软肋透露给卢蒲癸,这才助成了谋刺计划。晋国的太子圉在秦国做人质期间娶了秦穆公的女儿怀嬴,怀嬴不忍心看丈夫在秦国寄人篱下,于是听任他逃回晋国夺取君位,这一点完全打乱了穆公的部署。但丈夫想带她一起走时,她不愿意和父亲决裂,就留下来了,后来再嫁公子重耳。齐姜为了丈夫重耳的前途,趁醉酒的时机将丈夫送走,舍弃了个人的爱情,任由丈夫远走高飞,另寻新欢。

这些女性的选择有天壤之别。从《左传》的记载看,似乎个人感情的亲疏还是占据了很大权重。有的人对自己的父兄感情更深,与丈夫的婚姻完全是政治联姻,没有真情作为基础,帮助亲族背弃丈夫是自然而然的选择。有的人虽然是政治联姻,但对丈夫的感情日积月累与日俱增,眼前人最值得心疼,违抗父命也在所难免。但是雍姬的选择太奇怪了,她的取舍中似乎没有齐姜、怀嬴那样的感人真情,她完全是家族利益的传声筒。她又不像是穆姬顾全大局,不惜以性命维护晋国的颜面,也不像卢蒲姜冷静自保,体现出理性和清醒,她的做法被动而驯顺。更可怕的是她践行了母亲的丛林逻辑——这种"人尽可夫"的逻辑给她带来了无尽的骂声。

人人喊打的"人尽可夫"

无论从父还是从夫,从情理上似乎都能理解。但雍姬的做法争议却最大,关键在于母亲的一句"人尽夫也",挑战了古代女子,乃至家庭婚姻的伦理守则。"人尽夫也,父一而已,胡可比也?"意思是父亲就一个,而丈夫可以换。这句话完全经不起推敲,只能说是一块丑陋心态的遮羞布。第一,说是丈夫可以随便换,那么你为何不愿为女儿的婚姻去牺牲自己的丈夫呢?自己爱护丈夫,让女儿牺牲丈夫,这不是双重标准么?第二,如果祭仲只是个平庸的小臣,而受厉公信任的雍纠权力更大、前途更好,她还会劝女儿舍夫救父么?她恐怕就会说"老公管你下半辈子,父亲老了可没啥用处"这样的话。

赖韦骂得很直接:"夫父一也,夫亦一也。于未为夫之日,则人耳。即为夫,则夫岂有二耶?开后世妇人之二心。"父亲在血缘上神圣,丈夫在礼法上神圣,二者没有优劣之分。父一,丈夫亦一。金圣叹也反对说:"女不更二夫。"虽然古人不免带有未嫁从父、既嫁从夫的糟粕观念,但他们的批评多少也揭开了雍姬母亲的丑恶和虚伪。

但雍姬似乎背负了太多不属于她的骂名,细读文章我们可以看出,她本质上只是个顺服于母亲的弱女子。在这段文字描写中,《左传》模仿人物口吻惟妙惟肖,栩栩如生。雍姬问母亲时,犹豫彷徨,敏感而不沉着的个性尽显。接下来母亲的"尽"和"一",又体现出其冷酷。雍姬向父亲告发丈夫时说的那番话:"雍氏舍其室而将享子于郊,吾惑之,以告。"多么委婉纠结,字字千钧,令人如临其境,倍感煎熬和无奈。

第十三讲　复仇的毒焰

　　楚大子建之遇谗也，自城父奔宋；又辟华氏之乱于郑。郑人甚善之。又适晋，与晋人谋袭郑，乃求复焉。郑人复之如初。晋人使谍于子木，请行而期焉。子木暴虐于其私邑，邑人诉之。郑人省之，得晋谍焉，遂杀子木。其子曰胜，在吴，子西欲召之。叶公曰："吾闻胜也诈而乱，无乃害乎？"子西曰："吾闻胜也信而勇，不为不利。舍诸边竟，使卫藩焉。"叶公曰："周仁之谓信，率义之谓勇。吾闻胜也好复言[1]，而求死士，殆有私乎！复言，非信也；期死，非勇也。——子必悔之。"弗从。召之，使处吴竟，为白公。请伐郑，子西曰："楚未节也。不然，吾不忘也。"他日，又请，许之，未起师。晋人伐郑，楚救之，与之盟。胜怒，曰："郑人在此，仇不远矣。"

　　胜自厉剑，子期之子平见之，曰："王孙何自厉也？"曰："胜以直闻，不告女，庸为直乎？将以杀尔父。"平以告子西。子西曰："胜如卵，余翼而长之。楚国，第我死，令尹、司马，非胜而谁？"胜闻之，曰："令尹之狂也！得死，乃非我。"子西不悛。胜谓石乞曰："王与二卿士，皆五百人当之，则可矣。"乞曰："不可得也。"曰："市南有熊宜僚者，若得之，可以当五百人矣。"乃从白公而见之。与之言，说。告之故，辞。承之以剑，不动。胜曰："不为利谄、不为威惕、不泄人言以求媚者，去之。"

　　吴人伐慎，白公败之。请以战备献，许之，遂作乱。秋七月，杀子西、子期于朝，而劫惠王。子西以袂掩面而死。子期曰："昔者吾以力事君，不可以弗终。"抉豫章[2]以杀人而后死。石乞曰："焚库、弑王。不然，不济。"白公曰："不可。弑王，不祥；焚库，无聚，将何以守矣？"乞曰："有楚国而治其民，以敬事神，可以得祥，且有聚矣，何患？"弗从。

　　叶公在蔡，方城之外皆曰："可以入矣。"子高曰："吾闻之，以险徼幸[3]者，其求无餍，偏重必离。"闻其杀齐管修也，而后入。

　　白公欲以子闾为王，子闾不可，遂劫以兵。子闾曰："王孙若安靖楚国，匡正王室,而后庇焉,启之愿也,敢不听从?若将专利以倾王室,不顾楚国,有死不能。"遂杀之,而以王如高府。石乞尹门。圉公阳穴宫,负王以如昭夫人之宫。

叶公亦至,及北门,或遇之,曰:"君胡不胄⁽⁴⁾?国人望君如望慈父母焉,盗贼之矢若伤君,是绝民望也,若之何不胄?"乃胄而进。又遇一人曰:"君胡胄?国人望君如望岁焉,日日以几,若见君面,是得艾也。民知不死,其亦夫有奋心,犹将旌君以徇于国,而又掩面以绝民望,不亦甚乎!"乃免胄而进。遇箴尹固帅其属,将与白公。子高曰:"微二子者,楚不国矣。弃德从贼,其可保乎?"乃从叶公。使与国人以攻白公,白公奔山而缢。其徒微之。生拘石乞而问白公之死焉。对曰:"余知其死所,而长者使余勿言。"曰:"不言,将烹。"乞曰:"此事克则为卿,不克则烹,固其所也,何害?"乃烹石乞。

——哀公十六年

注释

(1)复言:践行诺言。(2)抶豫章:拔出樟树。(3)以险徼幸:用冒险而求侥幸成功。(4)胄:戴上头盔。

课堂检测

1. 解释下列加点字词。

    郑人甚善之(　　)　　无乃害乎(　　)

    胜自厉剑(　　)　　余翼而长之(　　)

    负王以如昭夫人之宫(　　)　　其徒微之(　　)

2. 下列句中"之"字与例句用法相同的一项是(　　)

    令尹之狂也

    A. 令以责之里正(《聊斋志异·促织》)

    B. 此则岳阳楼之大观也(《岳阳楼记》)

    C. 江宁之龙蟠(《病梅馆记》)

    D. 是何楚人之多也(《史记·项羽本纪》)

3. 下列句中不含古今异义的一项是(　　)

A. 第我死　　　　　　　　　B. 有楚国而治其民

C. 自城父奔宋　　　　　　　D. 吾小人辍飧饔(《种树郭橐驼传》)

4. 把下面句子翻译成现代汉语。

承之以剑,不动。胜曰:"不为利谄、不为威惕、不泄人言以求媚者,去之。"

___

阅读提示

1. 白公胜杀死子西的原因是_____

2. "叶公亦至"四字可谓是一篇枢纽,请分析其作用。

咬文嚼字

请赏析下面句子的语言特色。

秋七月,杀子西、子期于朝,而劫惠王。子西以袂掩面而死。子期曰:"昔者吾以力事君,不可以弗终。"抉豫章以杀人而后死。

合作探究

1. 百姓两问叶公:"胡不胄""胡胄",高嵣评之为"两意反覆,淋漓尽致,乃一篇之策警"。请据此加以分析。

2. 叶公和子西对白公胜有不同的评价,你更认同谁的观点?说明理由。

解读经典

子西心很大

无辜被祸的良人卧薪尝胆,步步为营,以复仇者的形象为自己和家族讨回公道,这在春秋时代是一种普遍的现象。圣贤君子大多对复仇者抱有同情,特别是为双亲复仇,即便复仇行为造成负面的影响,甚至有违古义、道德不尽完善,也可获得情理上的通融。《越绝书》记载伍子胥率他国之师破故国之都,驱逐昭王,鞭平王墓,有学生问孔子如何评价其所作所为,孔子这样回答:"子之复仇,臣之讨贼,至诚感天,矫枉过直。乳狗哺虎,不计祸福。"孔子是说,伍子胥这么做,就算是有矫枉过正之处,也合乎天道。父子人伦,天经地义,为了报父仇、尽孝道,手段可以忽略不计。《礼记·檀弓上》记载,子贡问孔子,子女如有父母之仇该怎么做。子曰:"寝苫枕干,不仕,弗与共天下也。遇诸市朝,不反兵而斗。"意思是要把茅草当席子,把盾牌当枕头,不要做官了,因为与仇人不共戴天;不管在集市还是官府,遇见仇家,不要回去拿武器,冲上去就与他搏斗。与亲亲相隐一样,亲仇必报的伦理逻辑,总是为宗法社会的意识形态所庇护。后世的酷吏阳球年轻时曾为母报仇杀官吏全家却被推举为孝廉;苏不韦替父杀仇人的妻妾孩子、戮其父尸,遇赦而还。这样的故事不胜枚举。

但中国人讲复仇,终究要强调一个"义"字。复仇者行为要合乎分寸。为了灭恶人,一时牵连无辜,或许可以原谅;但是为发泄怨恨而扩大伤害的范围,滥施私欲,使得惩恶演变为造恶,以讨公道为幌子肆无忌惮,这就是不义之报。

白公之乱是楚国历史上的一件大灾难。其开端是一个无辜者的冤屈。但随着时势的变化,无辜者蜕变为了阴谋家。楚太子建遭谗,从楚国逃命到宋国。宋国内乱,他又逃到了郑国。郑国人对他是非常照顾的,因为他的身份,也因为他的无辜。然而,这个无辜之人却利用郑国人的同情开始了他的阴谋。他主动讨好强大的晋国,成为了晋国人安插在郑国的奸细。他在郑国的间谍活动,因为行为不端而被揭发,郑国人诛杀了这头白眼狼。

后来,楚国的子西当政,得知建的儿子胜还在吴国,便想召回胜。毕竟这是楚国的王孙,有王族血统,在外面流离,也确实非常可怜。但是叶公提出反对,他说这个人喜欢结交死士,还为了实践诺言不择手段,这样的人比较狠辣,做起事来极端,很有可能惹乱子。但是子西把这些都看作是胜的优点,说他这是守信勇敢,留着这样的人在楚国边境,可以安邦定国。"不为不利"一句反映了子西的功利心,这样的人可以用作爪牙,去对付敌国。子西哪里想到,自己的如意算盘最后引火烧身。胜不在身边,没有条件听言观行,所以一种行为引出了两种截然相反的评价,这也正常。但叶公的谨慎不是没有道理的。一个人好践诺,未必都是信义使然,也可能是为了更大的野心而笼络人心的手段,这样的人可能更决绝,手段也更极端和暴力。如果你能够实现他的目标,那他就是愿意为你而死的忠实拥趸,但要是他觉得你背叛他或者已无利用价值,其仇恨会立刻报复到你身上,形成祸乱的根源。另外,重诺轻生的侠客性情,也有可能说明他没有深谋远虑、清醒沉着的品格。

白公的愤怒

胜回到楚国以后,被封为白公,看守吴楚边境,心里却一直想着为父亲报仇。他请求子西出兵伐郑。子西先是说楚国没有做好准备,待时机成熟就发兵。过了一段时间又请求,子西答应了,但还是没有发兵。此时晋国伐郑,为了对付共同的敌人晋国,楚国救郑,而且与之结盟。白公胜把这件事看作背信弃义,不仅如此,帮助仇人的人那就是仇人,他决定先将复仇的矛头指向子西。

白公胜磨刀霍霍,子期的儿子平看到之后,胜直接告诉他:"明人不做暗事,我要拿这把剑杀你的伯父子西和你爹。"然后又去闹市招募死士熊宜僚,没有成功之后另做打算。最后他抓住献战备的机会,杀子西、子期,劫惠王。

退一步看,白公的愤怒情有可原,叛乱有理可依。子西全然以政治眼光来处理白公的请求未必不可,但是承诺对方后又断然毁约,这一做法在一个勇而信、好复言的汉子看来,有欺骗玩弄之嫌。白公胜是楚国王孙,杀二卿,自己有资格取而代之,或者劫持惠王、自己执政,都可以改变楚国的策略,进而将矛头对准仇人。这样既可以实现复仇愿望,又有政治上的合法性。"此微为胜讼直处,太子冤抑,白公嫡嗣宜立者。侯之门,仁义存,果得楚国,又谁目为乱者?"(刘培极)反观白公胜在政变之后的作为,拒绝弑王自立,可见他叛乱不为权力私欲,只为复仇,目的还是比较单纯的。他的同谋石乞有足够的自信,作为楚王后裔的白公胜可以聚拢民心。一来是以太子之子的身份复太子之仇,二来没有弑杀君王,名义上尊王,三来君王在他手里,别人得投鼠忌器。可是白公胜拒绝接受他的提议,他的目的只有复仇。也正因为白公胜拥有的这种种优势,叶公不好直接领兵平叛。形势微妙,叶公持重,他要观察白公之行为。

但是白公也有可讨之处。设想伍子胥当年在吴,如果吴没有讨伐楚国的意图,他会不会怨恨吴国,犯上作乱呢?子西与郑国为伍,所以决意杀之,这或是白公的恩怨分明,但是受其恩惠返国得封,一句"你是我的仇人"就将情分一笔勾销,这恐怕也非信义之举。更何况,子西、子期是其伯父,两人始终视之如子。得知他有杀自己的打算,没有加害于他,还称令尹之位终将传给他,也可以说是一种以心换心的善意。"安得移郑人之怨为怨?"(《左传析义》)更何况,白公胜的父亲太子建之死,源于其不义之图,郑人好心厚待,他却恩将仇报,其死咎由自取,岂能以复仇之怨一概论之!

白公不隐讳自己杀子西、子期叛乱的企图,正大光明,言必信行必果,结交亡命者,这样的人或可称之为"侠"。但他没有行侠仗义的功绩,所做的一切只是为了报复旧怨,所以称为"侠之怨者""侠之乱者",似乎更合适。《国语》中记载了叶公对他的评价,非常详细,也颇周当。叶公说像这样心中装着仇恨的人,其心"狷而不洁"。因为没有仁义的道德尺度,所以心地不纯洁,而没有纯洁之心,他的执着和勇气就会陷入疯狂。"若来而无宠,速其怒也。若其宠之,毅贪无厌,既能得人,而耀之以大利,不仁以长之,思旧怨以修其心,苟国有衅,必不居矣。非子职之,其谁乎?彼将思旧怨而欲大宠,动而得人,怨而有术,若果用之,害可待也。"意思是劝子西,如果把他召来又不重视他,就会招致他的愤怒,还会迁怒于你;如果过分宠爱,他又会贪得无厌,把你的恩惠当机会,并推行他无理的计划,还会利用手中的权力和势力去笼络诱惑别人。一旦国家有了事端,他肯定不安分,会趁机利用国难来谋取私志。他行动起来,打着复仇的幌子,再以他的名位爵禄,一呼百应也不是不可能,引起的混乱是不可想象的。

叶公觉得白公胜与鲁国的养马人荦、齐国的大夫邴歜和阎职等人的性格是相似的。鲁庄公的太子般看见养马人荦调戏自己妹妹,便毒打了他一通。庄公对太子讲:"此人身材魁梧,气性凶悍,你要么别打他,要么杀了他,否则就是祸患。"般没有听从。后来庄公去世,般刚刚即位,图谋不轨的庆父串通荦,让他趁新君借宿母舅家的时候,将其刺杀。一个低贱之人因为一桩小事,改变了鲁国的历史。齐桓公的儿子商人与邴歜之父争田不胜,即位后将其开棺刖尸。这个新即位的齐懿公又看上了大夫阎职的妻子,将她纳入后宫。邴歜、阎职咽不下这口气,就一起将齐懿公杀死于申池边上的竹林之中。从性质上看,莘的报仇是恶徒小人睚眦必较,邴歜阎职的报仇大快人心,但是从君臣之道而言,几个倒霉的君主都是养虎为患,以致糊里糊涂就被杀死。特别懿公,侮辱了邴歜、阎职,还让他们驾马、陪乘,无异于与狼共舞。相比而言,白公胜没有伤害惠王,已经是不幸中万幸。

物以类聚,人以群分。看看白公结交的人,就知道这个角色有多狠。熊宜僚面对威逼利诱不为所动,本已非常人所及。石乞在白公兵败自杀后,宁愿下油锅也不说出白公尸体所在,对自己竟能这样狠毒。石乞说的那番话耐人寻味,他说自己早就料到了成王败寇的代价,为了个人的功名而冒险,死而无憾,到死都对白公胜全然一副感恩钦佩的样子。孙矿感慨,人们都被石乞的"奇"气所迷惑,"不知'克则为卿'二语误尽多少人,此乱民无足恕者。"石乞这一番话是此篇的点睛之笔,用来作为对白公的总结再合适不过。没有对仁义是非的尊重,将个人狭隘的恩怨视为正义去追求,只会让那些不明是非的小人感动,却终将为君子唾弃。

叶公的缓急

叶公当然知道白公胜的危害,子西几番不听谏言之后,叶公先行去蔡,就是为了观察局势,一旦白公胜作乱,自己可以适时介入。介入的时机和准备非常重要。叶公的聪明蕴含在一缓一急之中。

先看他的缓中有急。白公杀死令尹、司马,劫持惠王,此时他并未立刻出手,因为白公未失去民心。子西背弃与白公承诺,咎由自取。白公乃楚国王孙,在政治上有合法地位,而且他不焚烧府库,不自立为王,目前的作为都是在容忍范围内的,更何况惠王还在他手里,不能造次。但是后来他杀死无辜大夫,逼迫子闾取代惠王,因其不从杀死子闾,这就导致民心离散。在等待民心向背的过程中,叶公早已经在暗中做准备。当惠王被解救出来送到昭夫人宫后,"叶公亦至",四个字写出其行动的迅速。这是缓中有急。

再看他的急中有缓。看他行军的过程,在北门,百姓担心他不戴头盔会受伤,于是戴上了头盔,进门之后,看到更多百姓因为他遮住了面容看不见他而担心,又解下头盔。这一番波折,是在观察舆情,也是集合国人、凝聚人心。遇到准备支持白公的箴尹固之后,叶公先为子西、子期鸣冤不平,说当年伍子胥入郢,都是靠他俩来平定楚国,竟然死得这么不值。这是在激发大家的愤怒,为总攻做准备;也是抓住了箴尹固的心理,他当年也是随楚王出奔的大功臣,想起子西、子期的功绩,怎能不触动心扉?于是箴尹固倒戈,与愤怒的民众一起围攻白公胜。白公胜众叛亲离,失败也就成为必然。

　　才德兼备的叶公子高不以功臣自居,在稳定了国内局势之后辞去了令尹、司马两职,让位于子西、子期的儿子,终老于叶县。高风亮节,可敬可爱。

　　顺便插一句,叶公与孔子观点未必尽然相合,但两人惺惺相惜。叶公问孔子为政之道,得到了"近者说,远者来"的回答,这也正是叶公所一贯奉行的。而孔子也曾对子路没有向叶公介绍自己"发愤忘食,乐以忘忧,不知老之将至"的进取而感到遗憾。对比白公石乞之辈,叶公和孔子再次证明了"人以群分""君子以友辅仁"的道理。

第十四讲　寤生之子

初，郑武公娶于申，曰武姜，生庄公及共叔段。庄公寤生⁽¹⁾，惊姜氏，故名曰寤生，遂恶之。爱共叔段，欲立之。亟请于武公，公弗许。及庄公即位，为之请制⁽²⁾。公曰："制，岩邑也，虢叔死焉。他邑唯命。"请京，使居之，谓之京城大叔。祭仲曰："都，城过百雉⁽³⁾，国之害也。先王之制：大都，不过参国之一⁽⁴⁾；中，五之一；小，九之一。今京不度，非制也，君将不堪。"公曰："姜氏欲之，焉辟害？"对曰："姜氏何厌之有？不如早为之所，无使滋蔓！蔓，难图也。蔓草犹不可除，况君之宠弟乎？"公曰："多行不义，必自毙，子姑待之。"

既而大叔命西鄙、北鄙贰于己。公子吕曰："国不堪贰，君将若之何？欲与大叔，臣请事之；若弗与，则请除之，无生民心。"公曰："无庸，将自及。"大叔又收贰以为己邑，至于廪延。子封曰："可矣。厚将得众。"公曰："不义，不昵。厚将崩。"

大叔完、聚，缮甲、兵，具卒、乘，将袭郑，夫人将启之。公闻其期，曰："可矣。"命子封帅车二百乘以伐京。京叛大叔段。段入于鄢。公伐诸鄢。五月辛丑，大叔出奔共。

书曰："郑伯克段于鄢。"段不弟，故不言弟；如二君，故曰克；称郑伯，讥失教也；谓之郑志⁽⁵⁾。不言出奔，难之也。

遂置姜氏于城颍，而誓之曰："不及黄泉，无相见也！"既而悔之。

颍考叔为颍谷封人，闻之，有献于公。公赐之食。食舍肉。公问之。对曰："小人有母，皆尝小人之食矣；未尝君之羹，请以遗之。"公曰："尔有母遗，繄⁽⁶⁾我独无！"颍考叔曰："敢问何谓也？"公语之故，且告之悔。对曰："君何患焉？若阙地及泉，隧而相见，其谁曰不然？"公从之。公入而赋："大隧之中，其乐也融融。"姜出而赋："大隧之外，其乐也洩洩。"遂为母子如初。君子曰："颍考叔，纯孝也，爱其母，施及庄公。《诗》曰'孝子不匮，永锡⁽⁷⁾尔类'，其是之谓乎！"

——隐公元年

注释

(1)寤生：难产，婴儿足先出。寤，通"啎"，逆。(2)制：郑国地名，在今河南荥阳虎牢关。(3)雉：计算城墙面积的单位。长三丈高一丈为一雉。(4)参国之一：国都的三分之一。(5)谓之郑志：说这是郑伯本来的动机。(6)繄：发声词，无实在意义。(7)锡：通"赐"，赐予。

课堂检测

1. 解释下列加点的字词。

　　亟请于武公（　　）　　　　姜氏何厌之有（　　）

　　既而大叔命西鄙北鄙贰于己（　　）　　缮甲、兵（　　）

　　若阙地及泉（　　）　　　　　施及庄公（　　）

2. 下列句子中与例句中"焉"字用法相同的一项是（　　）

　　焉辟害

　A. 君何患焉

　B. 焉用亡郑以陪邻（《左传·僖公三十年》）

　C. 而风何与焉（《黄州快哉亭记》）

　D. 置杯焉则胶（《庄子·逍遥游》）

3. 第③段中"可□"，□中应填虚词（　　）

　A. 焉　　　　B. 耶　　　　C. 也　　　　D. 矣

4. 把下面句子翻译成现代汉语。

　　公问之。对曰："小人有母，皆尝小人之食矣；未尝君之羹，请以遗之。"

_____

_____

阅读提示

1. 姜氏为儿子段请求"制"这块封地的目的是什么？

_____

_____

2. 公子吕铲除共叔段的请求为何被庄公拒绝？

3. "郑伯克段于鄢"隐含着怎样的微言大义？

4. 颖考叔用了怎样的办法帮助庄公与母亲和好？

咬文嚼字

1. 及庄公即位，为之请制。公曰："制，岩邑也，虢叔死焉。他邑唯命。"
"唯"字有何妙处？

2. 公曰："多行不义，必自毙，子姑待之。"
"姑"字反映了庄公怎样的心理和个性？

合作探究

1. 吕东莱对庄公与共叔段二人的关系有一番形象比喻："钓者负鱼，鱼何负于钓？猎者负兽，兽何负于猎？"你是否同意这种说法？请说明理由。

2. 为什么说"颖考叔，纯孝也"？他的形象与众多臣子形成鲜明对比，请加以分析。

解读经典

母子冤家

一个任性的母亲，一个怨恨的孩子，一幕国家悲喜剧，一桩千年流传的春秋公案。

郑武公从申国那里娶来了一个妻子，被称作武姜，生了一代枭雄郑庄公。孩子出生时，《左传》描述其为"寤生"，意为难产。平时娇惯任性的武姜痛得死去活来，差点丢了命。从此，她对这个孩子厌恶得不得了，就直接起名叫"寤生"。难产的妇人并不是只有一个，但是给自己孩子起名叫"难产"的女人，恐怕古往今来也就这一位了。想一下，当这个叫作寤生的孩子慢慢懂事了，知道自己名字是这个意思，他会怎么看自己的母亲？这势必会让亲子关系笼罩上阴影。《左传》写武姜"遂恶之"，"遂"即于是，语带讥讽，就为这个而侮辱自己的孩子！这是在批评她：不像个母亲的样子！

与"恶"字相对的是"爱"，武姜偏爱小儿子共叔段。她把所有的母爱都灌注于后一个孩子身上，几次三番请求武公立其为储，替换寤生。武公知道废长立幼会动摇国本，所以始终没有答应。但武公的这份坚持于大局无补。武姜是申侯之女，当年的犬戎之乱，就是申侯联络缯国，放犬戎进来攻陷镐京，弑杀幽王灭西周，《史记》载郑桓公还为此死难。即便如此，桓公之子武公还是娶了申女，正是迫于当时申国力量强大。这样一个说话有分量的女人，在武公去世后，更加有恃无恐。在她眼里，庄公作为自己的儿子，自己的话岂能不听？于是就提出了一个无礼的要求，要让他把"制"封给共叔段。制地势险要，进可攻退可守，一旦给了共叔段，割据造反就有了根据地。庄公清楚母亲肚子里的坏水，深谙对手心理的他以"死"来吓唬姜氏："制为兵家必争之地，为了镇守这块人人觊觎之地，虢叔曾经战死，为弟弟的安危考虑，制就免了吧，其他的城池都可以考虑。"庄公后面这句话不过是给母亲一个台阶。没想到姜氏竟然将了他一军："制不行，就给你弟弟京这块地吧。"庄公心里真是气极了，母亲还留有后手，摆明都已经算计好了，设了个双保险的圈套让自己往里跳，但也只能把段封到京地去了。随后，人们就称段为"京城太叔"了。

"太叔"一词,有王太弟的意思。这个敏感的号是谁封、谁传播的?有人认为是武姜,她得意忘形,要帮小儿子加速夺权。这似乎把整件事想得太简单了。冯李骅、陆浩《春秋左绣》认为是庄公故意"张其名以骄之,所以阳悦其母而阴行其毒。"说庄公赐这样的名号就是纵容太叔行不法之事,同时稳住武姜。

在这样一个虎狼家庭里,短兵相接不可怕,引蛇出洞的阴谋更令人胆寒。

共叔段是冤枉的么?

太叔的得寸进尺引发了群臣的不满,大家纷纷向庄公进言。祭仲说太叔扩建京城,这是僭越。公子吕说这家伙让边境守军听命自己,分散国君权力,这是要分裂国家。这两项都是君主最敏感的行动,庄公岂能不知。庄公真实目的是纵容其作恶越轨,再借机清剿。用他的话说就是"多行不义,必自毙。"祭仲所说的是制止、限制,但庄公所说的是要让弟弟灭亡。现在干预,避免他们错下去,是救母子以生路,也就意味着留有后患,或以德报怨,这两项都不是寤生所希望的。但他又怕臣子窥其险恶之心,所以反复甩锅,先是说姜氏贪得无厌,再说弟弟多行不义,这是欲盖弥彰。

庄公等待着下手的时机。当他听说太叔"完、聚,缮甲、兵,具卒、乘"的时候,立刻下令讨伐。这一段字字千钧,妙至毫巅,暗处风景无限。《左传》说的是修城墙、聚粮食、修装备、聚兵车,有没有说一定是造反呢?后面"将袭郑,夫人将启之",两个"将"字,也只是依据情势的推断而非板上钉钉、已经发生的事情。这个推断从何而来,只能是来自庄公的心理或是众人的理解。庄公的心理,自然会带有主观色彩,甚至是欲加之罪。如果是众人的理解,会不会也是缘于庄公的蛊惑和暗示形成的思想?金圣叹对此有自己的看法,他认为很多人觉得只要修缮兵车就是要谋反,但是"乌知其缮且具者之非聊以固吾圉",意思是谁也不知道共叔段这些举动是不是为了自我防卫。

为太叔辩护的另一个理由,来自《诗经》。《郑风》中有《叔于田》一首,有人认为讲的是太叔段田猎的事:

叔于田,巷无居人。岂无居人?不如叔也。洵美且仁。

叔于狩,巷无饮酒。岂无饮酒?不如叔也。洵美且好。

叔适野,巷无服马。岂无服马?不如叔也。洵美且武。

朱熹认为,这首诗说的是共叔段出去打猎时万人空巷,争着一睹其风采,说明共叔段受京地人的爱戴。金圣叹以为《诗经》暗指段是出猎,而非谋反。抑或是庄公感受到了段打猎的军事演习威胁,猜测对方要趁自己不备来偷袭,而偷袭的时机,估计要靠武姜泄露出去,于是决定先下手为强。

无论哪一种解释成立,至少可以明确几个问题:其一,庄公很可能在监视段。狩猎演习,无论是自卫还是谋反,调动军队都是机密,庄公能知道其"期",要么是自己编造谎言,要么就是有内应和眼线,可见哥哥在处心积虑对付弟弟。其二,庄公一直在等待弟弟露马脚,给自己出兵的理由。他说"可矣",这口气就像是总算等到机会,压在心里的石头移开了!其三,庄公要逼弟弟狗急跳墙、以刚克刚,煽风点火的意图很明显。以二百乘攻京,这并不是最合法合理的处理方式。如果他召段来都城讯问,后者不来,那么再征讨也不迟。现在直接出兵,等于说是坐实了对方的罪。一般君臣尚且不会如此手段激进,更何况还是兄弟。其四,庄公是一定要置其于死地的。当段逃亡到鄢时,庄公没有停手,已经在边境,还非要继续讨伐,这是有我无他的狠毒!"段入于鄢。公伐诸鄢。"两"鄢",一"入"一"伐",紧张得让人喘不过气,可见庄公心里有多么急切。

于是乎,《左传》对《春秋》经文中的"郑伯克段于鄢"做了流传千秋的经典解读。今天我们在说春秋笔法、微言大义之时,这个例子是绕不开的。寥寥六个字,传却要用洋洋洒洒一大篇幅来解释,果然令乱臣贼子、奸佞枭首悚然忌惮。《左传》说"郑伯"二字是"讥失教也",讥讽寤生不像个哥哥,没有尽到教育弟弟的责任。"郑伯"何以有"失教"的寓意?金圣叹解释说,这里的"伯"字有两层意思,第一是指爵位,第二是指兄弟。公侯伯子男五等爵位,各有其职责,"能率众而顺行之者,伯也",作为伯爵君主,如果母亲姜氏有误应当规劝引导,而弟弟段不懂事,可以利用君权为他立师傅,或者以善人辅之,大义责之,"优而柔之,驯而至之,则是段者,尚可以学而进于圣人。"作为兄长的伯,则带着弟弟,啼笑玩弄,果饵衣带,奔走扑跌中,都可以进行教导,言传身教,又有何难?所谓"段",不言"弟段",直呼其名,《左传》曰"段不弟"。这是似乎是指责段叔不像个弟弟。但也可以理解为还是在指责郑伯,不把段当作弟弟来看,诱使其犯错再对其加以惩治。"克"字是力胜的意思,二人不像是兄弟,像两君相争。"不言出奔,难之也",不说段是出奔,因为很难这样说,《左传》暗示郑伯是要杀弟弟,而不是赶走他。"庄公之志,已决不令段得脱,而段得脱,难之也。"(金圣叹)或者说,《春秋》写"某某出奔",都隐含此人有罪的含义。这里庄公明显也有罪,故难以下笔。

《春秋》拨乱反正

段逃跑到共之后,庄公终于可以腾出手来对付姜氏了。他不光将她囚禁在颍城,还发下了毒誓:"不到黄泉,不相见。"所谓黄泉,指的是下葬之日。古人掘地葬尸,泉从黄土中出,所以叫黄泉。庄公的意思是,如果我先死,没人管得了你,你就自由了,到时候,你来见我的牌位。如果你先死,给你下葬的时候,我能见你的尸首。在此以前只要我们两个都活着,就永远也别想见对方了。这个毒誓发完以后,庄公就后悔了。颍考叔是当地的官员,"闻之"。这里的"之"不是指姜氏被关押在自己的辖区里,这也根本不需要闻,他是得到监管命令的。他听到的应该是庄公后悔的消息。也许是庄公在颍城发下誓言准备回去的路上,流露出后悔的言语,正好他在一旁听到,于是就有了逢迎主心、为之解忧的想法。但是毕竟人君家事,自己不好直接说,就借献贡的机会,让君主赐食交谈,借机套出对方的心事。

在饭桌上,颍考叔故意留下肉不吃,庄公问他原因,他借口是为了回去孝敬母亲。这招果然马上奏效。他的话极具刺激性:"小人有母",意思是再卑微的人,都有母亲要孝敬。"未尝君之羹,请以遗之",意思是哪怕只是一碗肉羹,都要和她分享。对比之下,郑庄公贵有郑国,却容不下自己的母亲,这不是不合情理的么?庄公似有所领悟,立刻接过话头:"你有母亲可以奉养,而我却没有!"注意这里的语气词,"繄"字并不是个常见的感叹语,金圣叹评之为"婴儿呻吟之声","哀哀之音,宛然孺子失乳而啼",此说未必确切,但至少解释了庄公之心全不似先前的狠毒和冷酷,内心的坚冰似乎有些融化。

颍考叔接着就给了建议:"这是好解决的小问题。穿隧道入城,二人在隧中相见,有黄泉为伴,这个难题就解决了。"再看接下去母子二人的言行,《左传》可谓是后世文章的一字之师。庄公"入"而赋,进了隧道就赋诗,这是心情轻松愉悦的表现,可见他对于与母亲重逢还是期待的,而先前对毒誓之悔亦可见一斑。而姜氏是"出"而赋,两人定然是在隧中相见,为何姜氏偏偏在走出甬道之后才诵诗回应呢?这就叫合情合理、细致入微。庄公之前将姜氏置囚于城,现在就把她放出来了,难免让她狐疑。只有走出隧道,看到外面的阳光,呼吸到自由的空气,才真正知道一切不是梦幻。"中""外"二字最为真实地写出母子二人的矛盾和真情。作者因为这桩功德,盛赞颍考叔纯孝。所谓大孝、真孝,不是只顾自己,而是要影响感化别人的。因为爱自己的母亲,进而想到让国君母子团圆,这是多么令人感动的境界!

对历史的解读必然伴随着争议。对于庄公和颍考叔,人们的看法也多有不同。庄公既悔,有不少人认为是怕清议说他不孝残酷,并不是真心悔过。彭家屏曰:"庄公虽无爱母之诚,未尝不重名义之重,所以旋生悔心。而特借颍考叔之言,以自文其绝母之咎耳。"不过这种说法有以人废言之嫌。庄公的悔悟,为何不能是人性本善的注脚?逐弟囚母的狠毒是事实,没有迎回段的度量,使得其悔终究不彻底,这也是客观的,但不能就此否认他天伦的善端、后悔的真诚,从庄公日后善待颍考叔来看,他确实有真诚感激之心,也折射出他的悔过之志。而大奸未尝亡善,人心靠君子以天理去启发,也正是《春秋》之义。周大璋《左传翼》指出,"遂为母子如初"的"初"不是当初,而是人心之初。"天生蒸民,厥有恒性。母无不慈,子无不孝也。'如初'者,复其旧之谓也。"

也有人对君子赞扬颍考叔不以为然。姜希辙《左传统笺》认为评传中"君子"之言多浅陋,不能折之以正大之理。有人认为君子称赞颍考叔的"纯孝"只是用来反讥庄公不孝的。也有人指责他不能劝导庄公反省过错,进一步礼敬天伦,只是在皮毛上敷衍,还是源自他人微言轻、见识粗浅,也就只能到这一境界。

不过作为疾恶扬善、先破后立、拨乱反正之章,大家还是公认,此篇庶为《左传》之首。

第十五讲　鲁国的"马基雅维利"？

季寤、公锄极、公山不狃皆不得志于季氏,叔孙辄无宠于叔孙氏,叔仲志不得志于鲁,故五人因阳虎。阳虎欲去三桓⁽¹⁾,以季寤更季氏,以叔孙辄更叔孙氏,己更孟氏。冬十月,顺祀先公而祈焉。辛卯,禘于僖公。壬辰,将享季氏于蒲圃而杀之,戒都车⁽²⁾,曰"癸巳至。"成宰公敛处父告孟孙,曰:"季氏戒都车,何故?"孟孙曰:"吾弗闻"。

成宰公敛处父告孟孙,曰:"季氏戒都车,何故?"孟孙曰:"吾弗闻。"处父曰:"然则乱也,必及于子,先备诸。"与孟孙以壬辰为期。

阳虎前驱。林楚御桓子,虞人以铍、盾夹之,阳越殿。将如蒲圃。桓子咋谓林楚曰:"而先皆季氏之良也,尔以是继之。"对曰:"臣闻命后。阳虎为政,鲁国服焉,违之征死,死无益于主。"桓子曰:"何后之有?而能以我适孟氏乎?"对曰:"不敢爱死,惧不免主。"桓子曰:"往也!"孟氏选圉人⁽³⁾之壮者三百人以为公期筑室于门外。林楚怒马,及衢而骋。阳越射之,不中。筑者阖门。有自门间射阳越,杀之。阳虎劫公与武叔,以伐孟氏。公敛处父帅成人自上东门入,与阳氏战于南门之内,弗胜;又战于棘下,阳氏败。阳虎说甲如公宫,取宝玉、大弓以出,舍于五父之衢,寝而为食。其徒曰:"追其将至。"虎曰:"鲁人闻余出,喜于征死,何暇追余?"从者曰:"嘻!速驾,公敛阳在。"公敛阳请追之,孟孙弗许。阳欲杀桓子,孟孙惧而归之。子言辨舍爵于季氏之庙而出。阳虎入于欢、阳关以叛。

——定公八年

夏,阳虎归宝玉、大弓,书曰"得",器用也。凡获器用曰得,得用焉曰获。

六月,伐阳关。阳虎使焚莱门。师惊,犯之而出,奔齐,请师以伐鲁,曰:"三加,必取之。"齐侯将许之。鲍文子谏曰:"臣尝为隶于施氏矣,鲁未可取也。上下犹和,众庶犹睦,能事大国,而无天灾,若之何取之?阳虎欲勤齐师也,齐师罢,大臣必多死亡,己于是乎奋其诈谋。夫阳虎有宠于季氏,而将杀季孙,以不利鲁国,而求容焉。亲富不亲仁,君焉用之？君富于季氏,而大于鲁国,兹阳虎所欲倾覆也。鲁免其疾,而君又收之,无乃害乎？"齐侯执阳虎,将东之。阳虎愿东,乃因诸西鄙。尽借邑人之车,锲其轴(4),麻约(5)而归之。载葱灵(6),寝于其中而逃。追而得之,囚于齐。又以葱灵逃,奔宋,遂奔晋,适赵氏。仲尼曰："赵氏其世有乱乎！"

——定公九年

注释

（1）三桓：鲁桓公的三个儿子庆父、叔牙、季友,他们的后代孟氏、叔孙氏、季氏把持鲁国朝政多年,被称为三桓。（2）都车：都邑的兵车。都车部队用于京城防卫,关系重大。（3）圉人：此指奴隶。（4）锲其轴：刻损车轴。（5）麻约：用麻绳捆起来。（6）葱灵：装载衣物的车辆,前后有蔽,两边开窗。葱,通"窗"。

课堂检测

1. 解释下列加点字词。

故五人因阳虎（　　）　　季氏戒都车（　　）

而能以我适孟氏乎（　　）　　不敢爱死（　　）

阳虎欲勤齐师也（　　）　　齐侯执阳虎（　　）

2. 下列句子"其"字意义用法与例句相同的一项是（　　）

赵氏其世有乱乎

A. 追其将至

B. 己于是乎奋其诈谋

C. 于乱石间择其一二扣之（《石钟山记》）

D. 其皆出于此乎（《师说》）

3. 下列选项不含古今异义的一项是（　　）

A. 将如蒲圃　　　　　B. 能事大国

C. 寝而为食　　　　　D. 而君又收之

4. 把下面句子翻译成现代汉语。

林楚怒马,及衢而骋。阳越射之,不中。筑者阖门。

阅读提示

1. 阳虎欲去三桓,其具体做法是＿＿＿＿＿＿

2. 季桓子运用何种策略劝说林楚救自己?

3. 孟孙救季桓子的方法是＿＿＿＿＿＿

4. 阳虎为何会沦为齐国人的阶下囚?他又是如何逃脱的?

咬文嚼字

高嵣评价阳虎劫季氏一篇"事极纷乱,文极清晰,时极仓猝,笔极次第"。请据此对文章行文脉络进行赏析。

合作探究

1. 阳虎铲除三桓的谋略有何过人之处?布局时又有何疏漏?

2. 林纾认为本篇中阳虎、公敛阳和季桓子三个人都可以称得上是"乖觉",但公敛阳显然更胜一筹。你是否同意?说说理由。

敌人间的战争

乱世出枭雄,而阳虎则为枭雄之枭雄。其聪明和强势,通过他与孔子那一番著名的对话即可窥解。

阳虎一直想见孔子,请他出来做官,但道不同不相为谋,孔子始终躲避不见。一般人可能笑笑就过去了,阳虎却想了个办法,给孔子送去了一头乳猪。按照当时礼制,收到礼物必须登门拜谢,阳虎就是看准了孔子守礼的性格出的此策。孔子也很聪明,专挑了个阳虎不在家的时候去拜谒,这样既合礼制又不必见到乱臣贼子。不料在路上相遇,阳虎伺机逮着他,要训诲一番:

(阳虎)谓孔子曰:"来!予与尔言。"曰:"怀其宝而迷其邦,可谓仁乎?"曰:"不可。""好从事而亟失时,可谓知乎?"曰:"不可。""日月逝矣,岁不我与。"孔子曰:"诺,吾将仕矣。"

——《论语·阳货》

阳虎的三句话像是长辈教训后生,让孔子不得不认可。这不是强词夺理,而是强势占理:你有能力,不为国效力,就是不仁;想有作为却不愿意抓住时机出仕,就是不智。他用儒家的仁、智来反问君子,体现了他的机巧。他把道义功利化为做官的命令,展现出他的控制欲。他还看到了孔子素服怀玉的政治梦想,并以此对其"攻心",体现他善于窥破对手心理,情商颇高。阳虎想拉拢孔子,当然不是因为认同孔子那套理想主义,他只是觉得孔子有影响力和能力,值得拉拢,让他为其所用。为了自己的目的,什么人都可以笼络,也可以在任何时候抛弃背叛任何人。其本质还是为了个人权力,所以,孔子不愿意屈从于这样的眼界和野心,最终并没有服从阳虎。

阳虎生活的时代"三桓"掌控鲁国政局。"三桓"家族起源于鲁桓公的三个公子,庆父、叔牙、季友,他们的后代形成了孟氏、叔孙和季氏三股公族势力。三大家族争权夺利,架空鲁国国君权力。鲁昭公就是被季氏联合孟氏驱逐的,死在了异国,而他的公子废,其弟被季氏推上宝座,也就是本篇故事发生时在位的国君定公。阳虎因为干练被季平子赏识,在驱逐昭公过程中阳虎功不可没,逐渐也掌控了季氏的军权。作为家臣,阳虎的地位当然不能和三桓相提并论,但因为是三桓中势力最强的季氏的管家,他的实权已经可以左右政局了。恰在此时,季平子去世了,季孙斯即位,也就是后世说的季桓子,他彻底成了阳虎的傀儡。阳虎的幸运还在于孟氏和叔孙两大对手的当家人也都没有强势手腕与自己抗衡,他可以尽情实施自己战略部署。随着季孙斯等人逐渐醒悟,阳氏夺权的紧迫感也逐渐增加,他希望扶植与自己勾结的季寤、叔孙辄来夺二家之权,自己直接替代孟氏。

他拉拢了都车部队,这是拱卫京城的战车营,"戒都车"就是命令他们到哪一天来增援。都车抵达之前以祭祀先公为由,在蒲圃宴请季氏,趁机杀死他。阳虎是想一次性解决战斗,先杀手中的季孙斯,再利用援军铲除另外两家。阳虎想法很好,但是他犯了两个错误。首先,他约定的增援时间,是癸巳日,而他预定杀季孙斯的时间是壬辰日,在癸巳日的前一天。灭季氏的时间在灭孟、叔孙的前面,这个时间差虽然很短,但是一旦消息走漏,孟、叔孙有所防备,不利于他应变。更大的错误是机事不密。他约定的是"都车"部队,目标那么大,更应小心谨慎,结果这个动作就被他的对手、孟氏的成宰公敛处父看穿了:为什么要调动部队,是不是阳虎要行叛乱?于是,他先行报告给了孟氏。孟孙何忌说:"我没听说这个消息啊。"公敛处父建议他有所防备,找一些援手抗衡"都车"部队。孟孙准备找成邑人来帮忙。问题是,要约定在什么时候呢?全篇最妙的细节就在于此。公敛处父也不知道阳虎何时动手,但是他凭借多年的政治经验猜测,阳虎选择在壬辰日宴请季孙斯,这可能就是他对季氏下手的时间。于是,孟孙就以壬辰为期求援。此外,他还找了个掩人耳目的办法,让三百奴隶给孟氏公子孟公期造房,地点就在阳虎宴请季孙斯的蒲圃外。一边观察敌人动向,另一边也好随机应变。

《左传》对阳虎政变当天的描述简洁细腻。从阳虎劫季孙斯,到孟氏救季,再到公敛处父败阳虎,顺次展开,"两边夹叙,事极纷乱,文极清晰,时极仓促,笔极次第!"(高嵣)季孙斯请求林楚带着自己逃走,口吻可谓卑屈,林楚一句顾虑的话"阳虎为政,鲁国服焉"真是对季氏的莫大讽刺。季氏当年就是"季平为政,鲁国服焉",何等骄横跋扈,现在知道一物降一物,跪地求饶了。孟氏奴隶们看见林楚带着季孙斯逃跑,阳越在追,正好收容季氏,将门关上,射杀阳越,先前的算计分毫不差。聪明反被聪明误，螳螂被黄雀逮个正着，又何尝不是对阳虎的莫大讽刺。幕后的两大冤家最终相遇，几番波折之后，阳虎被公敛处父击败逃跑，走之前还特地去鲁定公宫殿取了宝玉、大弓才走，目的是将来贿赂他国，东山再起。逃出国都后还大摇大摆地在核心国道"五父之衢"上休息吃饭，劝同伴不要担心被仇人追上，因为鲁国人怕他，希望他走云云，再入阳关据城反叛。这些行动概括形容，就是从容不迫，潜台词即"你能拿我怎么办？"《左传》以这样的笔墨暗讽鲁国无人，反引出公敛处父逐阳虎，请求杀季孙斯的行动，展现其果敢和才干，再反引出孟孙何忌不同意杀季孙斯的远见卓识（杀其人，季氏未必灭，却惹新仇），一气呵成，环环相扣。

阳虎强悍机敏，之所以会被孟氏占得先机，除了机事不密，还因他自身树大招风，兼又骄横刚愎。第一，阳虎把敌人想得太简单了。三桓虽然冲突不断，但共同利益盘根错节，必要时会形成同盟。要诛灭一家，最好的办法是先结交、联合另外两家，使其孤立。也就是要联合敌人的敌人，将敌手各个击破。现在他心急偏要吃热豆腐，两日之内要灭三家，当然会逼迫他们联手反抗。第二，被派去挟持季孙斯的人居然不是自己的心腹，而是表面客气、实际离心离德的林楚，三句话就被策反，使得计划生变，这是刚愎造成的疏忽。第三，阳虎骄横跋扈惯了，不通过鲁国国君的同意，直接祭祀鲁先君祠，这是三桓都不敢随便插手的事情，他一个陪臣居然就定下来了。这不得不引起太多人的质疑。这样轰轰烈烈搞夺权，树敌太多，不得人心。林楚说的一句"违之征死"和他的自述"鲁人闻余出，喜于征死"，活画其平日强势和肆意非为的种种行径。

贼智枭勇

阳虎在逃到阳关前，先把宝玉、大弓归还给了鲁国。这不是出于臣子的善心，而是综合利益的考量。窃国器是为了以备不时之需，现在贿赂他国的财资有了，留着这些只能是累赘。万一逃诸别国，别国以窃国器为名不纳，或是有人觊觎宝器，都不利于他的下一步计划。之所以逃到阳关去，是因为这里是他经营多年的根据地。齐鲁边境纠纷多年，鲁定公七年（前503），在晋国的斡旋下，齐国把边境的郓、阳关归还鲁国，阳虎趁机"居之以为政"。他的手段非常高明，自己在前线率军作战，又是当权大臣，入新城安定局面道理上说得过去，其实是把这块处女地当作地盘暗中经营。这里靠近边境,万一自己在鲁国失势,也可以作为向外逃跑的跳板,未雨绸缪,步步为营,后来果然印证其效。

鲁师伐阳关,阳虎火烧莱门,在鲁人慌乱时趁机溜出。奔逃到齐国以后,想要搬救兵伐鲁。阳虎的目的被齐国鲍文子窥破:齐鲁交战,互相消耗。齐国获胜,阳虎有机会借此邀功;不获胜,齐师败伤,他就可以安抚局面来谋利。"亲富不亲仁"是说阳虎哪个国家强大就跟哪个国家走,没有原则,文子暗示,这样的人唯利是图,到哪里都是祸害。齐侯醒悟了,于是将其拘押,准备押送他到东境。阳虎以"愿东"的姿态迷惑了齐人,顾及他阴谋多端,齐人反将其押送至西境,正中阳虎下怀。阳虎趁看守不备躲进运衣服的车子逃跑,第一次被抓住,第二次又以同样方式出逃,辗转到了晋国。其间为了方便出逃,他还找机会借来了全城人车子,故意削损车轴,套上麻绳,目的是逃跑的时候,让后方追车因车损而止。

这一连串的动作,展现了阳虎不达目的誓不罢休的野心,和他无所不用其极的手段、周密详审的心机。但是总体看来,手段并不高明。所以鲍文子、孔子等皆以小人视之。纵观其诸多言行,有庄正亦有卑劣,或事半功倍,或弄巧成拙,这样繁异诡变的抉择和结果,正是因为性格决定观念,观念主导命运。

《韩非子》的一段记载或反映了阳虎的人生哲学:

> 阳虎议曰:"主贤明,则悉心以事之;不肖,则饰奸而试之。"
>
> ——《韩非子·外储说左下》

若果韩非所云真实,那阳虎的贼智不过是他实现政治目标的手段,是非常时期的非常做法,可谓"治世之能臣,乱世之奸雄"的鼻祖。本篇记载阳虎逃亡到晋国,投奔赵氏,仲尼预言赵氏将陷入大乱。不得不说,圣人的预言这一次失败了。阳虎在晋国的相关记载不多,但从他后来指挥作战、辅佐赵简子的各种行为来看,他还真展现了一个忠诚有为之臣的操守与干练。

马基雅维利式的人物?

日本学者白川静大胆地推测,阳虎其实是理解并倾向于儒家的政治人物,他与孔子的芥蒂不能证明他反对或者漠视儒家。理由第一是《孟子》记载了阳虎的格言"为富不仁矣,为仁不富矣",将富与仁区别开来,有儒家的理念痕迹。第二是他劝导孔子做官的话,和他后来以《易》占卜、解读局势的老练,都展现了他的儒家修养:"从与孔子之间一问一答所使用的韵语及使用卜筮来看,阳虎也许也是一个以儒为重的人,《孟子》能引用他的格言,其意也大概在此吧。""使用卜筮"指的是若干年后赵简子准备伐宋救郑时大伙在一块占卜吉凶。三位史官就简子得到的龟兆进行讨论,只有阳子先生拿出《周易》来算了一卦,然后劝大家撤兵算了。他的意思是卜筮结果是泰卦六五爻,爻辞曰:"帝乙归妹,以祉元吉",对宋国是非常吉利的。宋国的开国之君是微子启,正是商朝帝乙的大儿子,这里的吉利指向帝乙的子孙,即宋国。郑国与宋国有甥舅关系,宋国有"归妹"之举,更是吉上加吉。去讨伐它,自然不会有好结果。简子这才下定决心取消作战计划。一堆晋国太史占卜来占卜去说不清楚的道理,外来的和尚一句话就解决了。

不过白川静的这个推断似乎有些太过浪漫。阳虎用韵语和孔子对话,说话的理念偶尔与孔子相似,并不能证明他"以儒为重",只能说明他修养很高、聪明机智,甚至有"以其人之道还治其人之身"的本事在。擅长卜筮,熟悉《周易》,也不过是当时公务员业务能力的体现。

阳虎"见人说人话,见鬼说鬼话"的投机主义,似乎更符合法家的评判标准和功利追求。《韩非子》记载阳虎投奔赵简子之后,被任命为其副手:

> 走而之赵。赵简主迎而相之。左右曰:"虎善窃人国政,何故相也?"简主曰:"阳虎务取之,我务守之。"遂执术而御之。阳虎不敢为非,以善事简主,兴主之强,几至于霸也。
>
> ——《韩非子·外储说左下》

赵简子认为阳虎为乱实际是因为主子不善驾驭,自己只要守好分寸,就能够利用他成就大事。果然,最终阳虎使赵氏几近于霸。这也似乎证明了阳虎"主贤明,则悉心以事之"的理念是有现实依据的。法家以法、术、势的协调利用为施政基础,如果以术增势,驭人得法,奸雄也不会胡作非为。

但是在法家看来,阳虎的诸多做法,是奸臣所为,是要坚决拒绝制止的。比如他联络齐国来对付鲁国的政敌,这叫"召敌兵以内除,举外事以眩主,苟成其私利,不顾国患。"(《韩非子·内储说下》)人主明察,这样的奸人必须铲除或者进行敲打。赵简子所采用的方法,其实是敲打之法。有一次赵简子问阳虎:"听说你善于栽培人。"阳虎惭愧地说:"哎呀我当年在鲁国培养过三个人,后来都做了县令一级的官,鲁国人搜捕我的时候,这哥仨都想抓我。我跑到齐国去又推荐了三个人,一个成了近臣,一个成了县令,一个成了候吏,我得罪齐国之后,近臣连见都不愿意见我,县令拿着枷锁来见我,候吏追捕我一直追到边境,到追不上了才作罢。你看我哪里会栽培人。"赵简子笑笑说:"种橘子柚子之类的水果,闻起来香,吃起来甜,但是如果种的是枳木棘木之类的恶木,就会弄伤手。培养自己人,得格外小心。"这段话记载也出自《韩非子》。它绝不是在告诉人们培养人才的重要性,而是一番权力关系的试探。赵简子所说的种树,即栽培自己人,其实是指自己想要把阳虎当自己人用,但又担心伤了手,怕阳虎不老实,这是在警告阳虎。这番话还有第二层意思:你阳虎可别背着我去培养自己人跟我分庭抗礼,到时候让你吃不了兜着走。这是在威胁阳虎。阳虎当然听明白了,他回答的意思是:我当初培养势力,结果引火烧身,现在跟着你,自然会珍惜机会,保全自己,哪里会重蹈覆辙呢?这种敲打,再加上赵简子的权势和晋国的特殊环境,让阳虎改头换面。

阳虎既不为儒家所接受,也不被法家所喜爱,他的谋略和他所受到的非议,倒是隐约让人想到了意大利著名的政治家、思想家马基雅维利。马基雅维利主义是权术、谋略、实用、高效的政治行为的代名词。他主张为了达到目的可以不择手段。"卓越的政治家不仅在采取行动时必须毫无顾忌,而且还能够瞒天过海、背信弃义。""在政治上,用真实可靠的伦理道德规则证明自己不仅毫无用处,而且简直就起着适得其反的作用。"(赖因哈特《权力艺术——马基雅维利评传》)阳虎在奔晋前后判若两人,不是因道德感增强,忠诚心被唤醒,而是因为政治目标的改变。

在《左传》中,这样的人物是圣人孔子极好的陪衬。在孔子的事迹中,比如"夹谷之盟",道德决然不是政治效率的对立,相反,圣人的道德意识和礼义智勇,使得鲁国以极小的代价取得了巨大的外交胜利。《左传》试图证明,阳虎功利式的成功不会长久,而政治与道德的统一依然是最具生命力的历史生态。

第四单元　王霸之辨

霸主政治作为春秋秩序的标志,它与时局的关系更像是一个悖论。一方面,春秋乱局,礼崩乐坏,争霸引出了多少纷争,霸是王的敌人。比如会盟诸侯的权力,这是周王室公卿才有的,春秋时期却下放给了诸侯霸主,这毫无疑问有损于王室的权威。另一方面,在王室势微的前提下,霸主也多少维护着王庭的权威,维系着旧时的秩序,匡扶着摇摇欲坠的中央。

孔子认为:"天下有道,则礼乐征伐自天子出;天下无道,则礼乐征伐自诸侯出。"作为霸主的诸侯,可以乱政夺权,亦可以顺治维权,而这二者间的分寸、取舍,取决于霸主的意愿,亦取决于当时诸多势力的制衡。这里就引申出王道与霸道两种思路。按照孔子的理解,如果礼乐征伐的命令从天子那里发出,由诸侯代为征讨,那就是王道;如果诸侯或假天子之名,或罔顾天子权威,凭借个人利益喜好来确定礼乐征伐,那就是霸道。

从实际的行动来判断霸主们是否尊王,恐怕会陷入教条主义。梁启超认为,齐桓公、晋文公这样的霸主是尊王道的,争霸只是他们的手段,而吴王阖闾、楚庄王这样的蛮夷之君,目无天子,争霸是为了自己。这样说法未必令人信服。晋文公虽然安抚周室有功,但他在庆功宴上提出要借用周王下葬礼仪来为自己准备陵寝,气得周王当场回绝,这哪里有尊王的影子!而齐桓公虽然比晋文公高尚许多,但他也有为私利而投机的功利心。当郑国的太子华提出以铲除政敌为条件与齐国秘密结盟时,桓公差点就答应了,多亏管仲及时阻止,桓公方才回绝。这样看来,"王道"更像是一种笼罩在舆论之上话语形态,遵守与否,更多取决于执政者的觉悟、参政者们的政治理想。如果没有管仲的理想主义、王孙满的巧妙周旋、楚庄王政治判断,它也就失去效力了。

在《左传》中,我们能看到"王道"以更灵活的形式出现。霸主似乎只要有"德",能够令人心服,都可以得到赞颂。楚成王这样评价后来的晋文公重耳:"晋公子广而俭,文而有礼。其从者肃而宽,忠而能力。晋侯无亲,外内恶之。吾闻姬姓唐叔之后,其后衰者也,其将晋公子乎!天将兴之,谁能废之?违天,必有大咎。"成王认为重耳因为有德,不但能够复兴晋室,还能够得到天命。这原本是属于天子的荣耀,在左氏笔下却可以被赋予诸侯霸主。姑且不论这是否符合《春秋》本义,至少我们能看到《左传》对时局的顺应、对民心向背的认可,它的笔法中寄托了对"王道"延续的殷切期盼。

第十六讲　召陵之盟

四年春,齐侯以诸侯之师侵蔡。蔡溃,遂伐楚。楚子使与师言曰:"君处北海,寡人处南海,唯是风马牛不相及⁽¹⁾也,不虞君之涉吾地也,何故?"管仲对曰:"昔召康公命我先君大公曰:'五侯九伯,女实征之,以夹辅周室!'赐我先君履,东至于海,西至于河,南至于穆陵,北至于无棣。尔贡苞茅⁽²⁾不入,王祭不共,无以缩酒⁽³⁾,寡人是征。昭王南征而不复,寡人是问。"对曰:"贡之不入,寡君之罪也,敢不共给?昭王之不复,君其问诸水滨!"师进,次于陉。

夏,楚子使屈完如师。师退,次于召陵。

齐侯陈诸侯之师,与屈完乘而观之。齐侯曰:"岂不谷是为?先君之好是继,与不谷同好如何?"对曰:"君惠徼福于敝邑之社稷,辱收寡君,寡君之愿也。"齐侯曰:"以此众战,谁能御之?以此攻城,何城不克?"对曰:"君若以德绥诸侯,谁敢不服?君若以力,楚国方城以为城,汉水以为池,虽众,无所用之。"

屈完及诸侯盟。

——僖公四年

注释

(1)风马牛不相及:这里指齐、楚两国相距遥远,平时没有交往和纠葛。具体解释众说纷纭。一种解释是马喜欢逆风跑,而牛喜欢顺风走,北风来,马就往北,牛则向南,南风来,马向南,而牛奔北,二者永远背道而驰。一种解释认为风是发情之意,纵使牛马发情时相逐千里,以齐、楚之远,也不至于相侵入边境。(2)苞茅:茅即菁茅,有毛刺的茅,用于祭祀滤酒。苞同"包",束,捆扎。(3)缩酒:古代祭祀时用捆扎的茅草过滤酒渣。

课堂检测

1. 解释下列加点的字词。

不虞君之涉吾地也（　　）　　　女实征之（　　）

次于陉（　　）　　　君惠徼福于敝邑之社稷（　　）

谁能御之（　　）　　　君若以德绥诸侯（　　）

2. 下列句中"之"字用法相同的两项是（　　）

　A. 不虞君之涉吾地也　　　B. 先君之好是继

　C. 无所用之　　　D. 昭王之不复

　E. 与屈完乘而观之

3. 下列句中与例句句式不同的一项是（　　）

　寡人是征

　A. 王祭不共　　　B. 先君之好是继

　C. 何城不克　　　D. 次于召陵

4. 把下面句子翻译成现代汉语。

　贡之不入，寡君之罪也，敢不共给？昭王之不复，君其问诸水滨！

　_____

　_____

阅读提示

1. 从管仲责问楚子的言辞中可以推断春秋霸主的职责是_____

　_____

2. 面对齐侯的警告，屈完如何针锋相对地回应？

　_____

3. 从"师进"与"师退"的转变对比中，推测齐桓伐楚的真实意图是_____

　_____

咬文嚼字

　　对曰："君惠徼福于敝邑之社稷，辱收寡君，寡君之愿也。"

　　对曰："君若以德绥诸侯，谁敢不服？君若以力，楚国方城以为城，汉水以为池，虽众，无所用之。"

毛庆藩著《古文学余》评屈完两"对曰":"前对为管仲后二节作近接,管仲意中语也。此对为管仲前二节作遥应,亦管仲意中语也。气合神回,变化无迹。"请据此加以赏析。

合作探究

1. 方宗诚评曰:"管仲提出召康公之命,典重严肃。管仲本应责其僭王猾夏。"为何管仲的质问要避重就轻?谈谈你的理解。

2. 周大璋《左传翼》评楚成王:"才实高于楚庄,而不能霸者,以所遇有齐桓、晋文也。"你是否认同他的观点?请说明理由。

解读经典

桓公的心思有多缜密

不打无准备之仗,这个道理大家都清楚,但是战前要做多少铺垫工作,设想多少困难对策,就要考验统帅的智谋了。《左传》里的战争戏都很出名,盖因名为谋兵,实为谋局。齐桓称霸,不是仅仅靠国内太平,或驱逐几个山戎小蛮就能完成的。要凝聚诸侯之心、坐稳大哥的位置,先要得到周天子的承认,然后各国要有依靠的意愿,最后还要在道义上立牌坊,至少得做出替天行道的样子。伐楚一石三鸟,可以解决三个难题。周都就在楚国扩张的前线,形势危急,伐楚能让周天子感恩。郑国刚刚遭遇楚国入侵,狼奔豕突,茫然无措,伐楚能让诸侯相信齐国靠得住。而楚人自称为王,俨然以蛮夷自居,和中原华夏决裂,挑衅正统,伐楚能表现桓公捍卫道义的决心。这一仗如果打好了,齐桓公霸业也就成就一半了。退一步说,阵仗摆出来吓一吓楚国也不错,只要楚人听话,愿意和谈,表现出恭敬的样子,桓公也就有号令诸侯的资本了。

桓公的第一步是敲山震虎,也就是攻打蔡国。蔡国是楚国的附属国,所以势必攻蔡打开屏障,为深入楚境铺平道路。攻蔡后还可以看看楚国的反映,是强硬对抗,还是和谈。可是蔡国怎么打?毕竟是楚国在惹事,而蔡国比较乖巧,且和齐国又是姻亲,不能无故去教训它。桓公来了一招公事私办,他利用宠妃蔡姬玩了一招引蛇出洞。

蔡姬的调皮给了桓公机会。两个人在宫中划船玩,小姑娘一时兴起恶作剧,故意把船晃得厉害,桓公狼狈不堪又非常害怕,厉声阻止她,蔡姬不听,桓公大怒,就把蔡姬送回娘家了。桓公不是心眼小,而是心眼多。他故意不休妻也不迎妻,把人家晾在老家。就这样时日久了,蔡穆侯想妹妹的青春耽误不起,就让蔡姬另嫁他人。桓公等的就是这样一个机会,他立刻以此为借口侵蔡。"归即归耳,何以弗绝?盖欲因是求蔡人之隙,以为侵伐之由也。"(王系)桓公的第一步目标就这样达成了。

第二步,他联合"八国联军"讨伐蔡国。伐蔡,大家肯定是愿意的,毕竟软柿子好捏;伐楚,大家伙恐怕就没那么勇往直前了。楚蛮强大,如日中天,伐楚给齐国当炮灰可不值得。可是,正当诸侯们在蔡国一路势如破竹时,才发现已经逼近楚国家门口了,现在回去那样子太难看,向前才顺理成章。桓公这第二步,以"蔡溃"为契机,把盟友们架上与楚国对抗的前线。李文渊云:"(诸侯)虽欲不从之伐楚,不可得也,故曰'蔡溃,遂伐楚'。"桓公善用兵,攻蔡是幌子,攻楚才是目的。

第三步是看楚国人的反应。楚国此时有点胆怯,他们派使者来,口吻是比较谦恭的。意思是我们楚国和贵国,根本就是风马牛不相及的两个国家,你们兴师动众,有必要么?楚人的辞令是非常巧妙的,故意说得没啥事儿,显得齐国大惊小怪,这其实是对自身畏惧的掩饰。回避矛盾,比直面矛盾,更容易缓和局势。仔细想来,楚国毕竟没有强大到与中原诸国抗衡的地步。作为南方的蛮夷,楚国能够震慑蔡、许,威胁郑国,自然是有实力的,但一次面对八国诸侯,任何一个国家恐怕都没有胜算。这不得不说是桓公的智谋,大家怕楚国,楚国怕大家,一顿操作,两军对峙,仓促中你看我我看你,最后都得看齐国小白的眼色。楚国的回应巧妙,倒过来反衬出齐国计谋的缜密高超。

第四步就是问责了。这里齐国特别注意问话的方式。管仲问责的楚国罪名,其实可大可小:楚国没有按时上供滤酒用的苞茅,周昭王南渡死在汉水上,死因不明,楚国人不能随意推卸责任。这话的语气是很重的:"寡人是问""寡人是征"。但是问责的罪名,用宋心炯《古文评注便览》里的话说就是"易承受,好推脱。"不进贡贡品,这罪名不大,承受得来。周昭王南渡而死,这都是什么时候的陈芝麻事儿了,老百姓做的手脚也好,诸侯的阴谋也罢,和现在的楚国有何关系?虽然罪过听上去很大,但是推脱起来也容易。所以屈完说:"苞茅不入,补上就行了,这又算什么事儿?但害死周天子,跟我没关系。昭王南渡之时,汉江还不是楚国的领土呢!你们去找当地土著,别来冤枉我。"

楚国人的大罪,明眼人不是不知道,而桓公和管仲就是不问。中原和楚国最敏感的政治话题,就是楚国僭天子王号。桓公不是傻子,管仲绝非笨伯,他们是揣着明白装糊涂。桓公为何不问责这件事呢?

一半是漫不经心,一半是步步为营

现在当然会有人觉得称王不是什么大问题,周朝称王的又不只他一个。但在古人(尤其是秉持大一统观念的注经者)看来,这简直是大逆不道。桓公不问僭王,就是因为忌惮楚国的势力,此次出征不是为了吞灭楚国,而只是要让对方敬畏自己。僭王一旦进入议题,楚国势必反唇相讥、针锋相对,那么齐国的面子要不要争?要争,双方必然大打出手,一旦战争相持不下,诸侯自然离心,齐桓公的威信也就难保了。真德秀云:"唯舍其大而责其小,庶几楚不尽力以抗我,则师不劳而有功。"苏辙这样评价:"桓公知战之未必胜,而战胜之后,不过服楚,故全师之功,大于克敌。"李渔说得更直接:楚国称王已经不是一天两天了,要讨伐这个罪责,除非灭其国,否则不足以申明大义,问题是灭国谈何容易。还不如务实一点,不劳师而获得楚人口头的屈服,进而取得霸主无敌的名声,有何不可呢?真德秀还毫不客气地设想,如果楚国人恼羞成怒了,干脆指责起齐桓公的污点来,当着这么多诸侯的面,恐怕也是够难堪的。他认为齐桓公争霸天下,以力服人者多,未必每一件都让人心悦诚服,比如灭谭、遂、鄣这些国家都有争议。桓公好色好内,私生活问题一大堆,名声也不是太好。所谓"无诸己而后可非诸人",考虑到自己的形象,也没法撕破脸皮。

但是管仲的问责,却也绵里藏针。看似无足轻重,却也有密不透风的陷阱在。楚人的贡品虽不起眼，却是涉及祭祀的大事。菁茅是江淮盛产的一种茅草，有洁净的象征意味。包是束的意思，包茅就是把茅束起来。祭祀的时候把包茅竖起来，酒从上往下灌，这就是缩酒，一则是过滤酒渣，二则酒汁逐渐渗透，象征神灵享用了美酒。"礼，祭束茅加于裸圭，而灌鬯酒，是为茜。象神饮之也。"(《说文解字》)而这种祭祀用的茅草，历来是楚人负责上交的贡品。管仲所指责的不贡包茅，也可以理解为楚国人阻挠了周天子祭祀祖宗神灵。这个罪过其实也就相当于对周王的冒犯，这不正是僭王号的隐晦说法么？"包茅不入以致王祭不共，忠孝两失，岂可谓之小罪乎？僭王由于不贡，贡入则知有王矣。"(《左传翼》)

除了绵力藏针的话语，齐国还在楚国周边布置了一个更大的陷阱。一旦楚人把客气和克制当成了软弱，略有造次，威胁就会显现。看到楚人没有回应，诸侯之师进军驻扎在了陉地。齐国人敢于深入楚国腹地，其实是一个信号：我们不怕你从背后伏击。楚人最有效的谋划，就是联络黄、江这两个小国，从背后断齐国的后路，腹背夹击，将其拖入持久战。联军能够深入，就是告诉楚国：两个小国我已经摆平，他们按兵不动，说明我们已有同盟，你原先的盟友现在正在替我们镇守楚国的东方，与我们形成掎角之势，对你进行封锁。"江人黄人各守其境，按兵不动，以为八国之援，此克敌制胜之谋也。"(魏禧)如果开战，在双方都精疲力竭的情形下，黄、江可能作为奇兵突然袭击，那么楚国就很难招架了。从后面齐国攻陈的过程看，两个国家确实是很愿意听从桓公号令的。

楚国人似乎在现实面前明白了自己的处境，于是矜持的时间被大大缩短了，屈完大夫带着楚王的求和之意来见齐桓。接下来这一番辞令堪称春秋风流！

《左传》偏袒楚国么？

桓公看到屈完来了，马上就让军队退到召陵去了。这种诚意在很多人看来简直有软弱之嫌，给楚国人的面子也太大了。但是桓公的厉害就在于刚柔并济，他刚做出退兵的举动，马上就给屈完一个下马威，带着他去检阅军队，并且撂下了一句狠话："有这样的军队，什么国家不能征服？"屈完回答得很巧妙："如果您是以德服人，那我们肯定是愿意服从的。如果是以武力来挑衅，那我们楚国有方城，有多年的战备，恐怕抵抗起来，结果也不是你们所愿意看到的。"这话可以理解为齐国的退兵，楚国人是领情的，这是"德绥"，会盟不是空谈，也不是讨价还价,我们就是来请和的。但是你们要想让我们完全屈服,恐怕还没有这个能力,诸国之所以占上风,盖因人多势众,但是要说防守,这可不是人多就能取胜的,关键在于地利人和,这里可是楚国的地盘。说完了这番话,屈完这才放心地与各国签订了盟约。

但是我们看《春秋》的另外两部传书《公羊》和《穀梁》对此事的记载与《左传》不同。《公羊》说是"师在召陵",而《穀梁》讲的是"得志乎桓公也。得志者,不得志也,以桓公得志为仅矣。"是说双方一直在召陵对峙,齐师并未前进到陉;而且屈完还有一定的优势,桓公被其所限制。《左传》写的是桓公强势,后来又主动谦退,行为逻辑变化莫测,令人感慨。从《春秋》的经文中,我们很难明确判断当时的情形到底是怎样的。李恕谷认为,《公》《穀》是道听途说,经不起推敲;而《左传》史料比较翔实,既采用了鲁史,也兼采众材。但是因为左丘明在这一篇中也采用了楚史,所以这里呈现出对屈完的溢美——"此传盖采楚史之文也,故掩丑弄美如此。"后世学者也有人因为左丘明祖上曾为楚国史官,认为其有不自觉亲楚的嫌疑。如果这段记载真的是有对楚人的偏袒在,那我们不妨这样理解,或许桓公的强势与示弱,并非其谋略的体现,而是不同史料拼接之后导致的历史误会。

第十七讲　"仁义之师"的困惑

楚人伐宋以救郑。宋公将战,大司马固谏曰:"天之弃商久矣,君将兴之,弗可赦也已。"弗听。

冬十一月己巳朔,宋公及楚人战于泓。宋人既成列,楚人未既济。司马曰:"彼众我寡,及其未既济也,请击之。"公曰:"不可。"既济而未成列,又以告。公曰:"未可。"既陈而后击之,宋师败绩。公伤股。门官[1]歼焉。

国人皆咎公。公曰:"君子不重伤,不禽二毛[2]。古之为军也,不以阻隘也。寡人虽亡国之余[3],不鼓不成列。"子鱼曰:"君未知战。勍[4]敌之人,隘而不列,天赞我也;阻而鼓之,不亦可乎?犹有惧焉。且今之勍者,皆吾敌也。虽及胡耇[5],获则取之,何有于二毛?明耻、教战,求杀敌也。伤未及死,如何勿重?若爱重伤,则如勿伤;爱其二毛,则如服焉。三军以利用也,金鼓以声气也。利而用之,阻隘可也;声盛致志,鼓儳可也。"

——僖公二十二年

注释

(1)门官:春秋时宋国负责护卫国君的官兵。国君出征时护卫左右。(2)二毛:头发花白的人。(3)亡国之余:指宋国为灭亡的商朝的后裔。(4)勍(qíng):强劲。(5)胡耇(gǒu):老头子。

课堂检测

1. 解释下列加点的字词。

　　大司马固谏曰(　　)　　　　楚人未既济(　　)
　　不禽二毛(　　)　　　　　　天赞我也(　　)
　　爱其二毛(　　)　　　　　　利而用之(　　)

2. 下列句中"而"字与例句相同的一项是(　　)

第十七讲 "仁义之师"的困惑

既陈而后击之
- A. 既济而未成列
- B. 隘而不列
- C. 吾尝跂而望矣(《荀子·劝学》)
- D. 阻而鼓之

3. 下列句子与例句句式相同的一项是（　　）

门官歼焉
- A. 函谷举(《阿房宫赋》)
- B. 未云何龙(《阿房宫赋》)
- C. 快哉此风(《黄州快哉亭记》)
- D. 宋公及楚人战于泓

4. 把下面句子翻译成现代汉语。

且今之勍者，皆吾敌也。虽及胡耇，获则取之，何有于二毛？

_____

_____

阅读提示

1. 宋公伐郑的真正意图是：_____

_____

2. 战后国人为什么都责怪宋襄公？

_____

_____

3. 子鱼说襄公"未知战"，具体体现在哪里？

_____

_____

咬文嚼字

林纾评价众人与宋襄公的对话，认为"君臣对答之言，针锋极准。"其奥妙在于"通篇用五'可'字"。请赏析这几个"可"字的表达效果。

_____

_____

1. 请评价子鱼驳难的思路。

2. 齐桓公成为霸主,而宋襄公却为天下笑,二者的差异何在?

真假仁义宋襄公

宋襄公一生争议颇多,人们普遍认为他志大才疏,虚伪造作,也有人为他翻案,认为他虽能力不足,却能恪守仁义之道,算是乱世中的一股清流。如果梳理一下对襄公的观点,可粗将其分为四派。

第一派认为其人"大伪似仁"。这种观点是比较苛刻的。因为襄公的"仁义"比较做作,而且很愚蠢,所以古人会用"最坏的恶意"来揣测他,说他的善是装出来的。何以见得?当年宋桓公重病,还是太子的襄公主动要求立更加贤明的兄长子鱼为君。理由是对方年长且仁慈。子鱼拒绝说:"能够把国家让出来的人,难道不是最仁义的么?"对此,明代魏禧一口咬定襄公是装出来的,此举是为了沽名钓誉;还说如果子鱼不推辞的话,襄公就会杀了他:"若子鱼不辞,便当发杀机矣。"把他的让国比作西汉末年王莽辞劝进。王元美也是这个意思,觉得襄公心胸狭隘,"虽仁义亦不成其为假也。"还有人质疑,为什么父亲在世时让位,即位后没有继续让给子鱼,是不是为了做给父亲看、别人看,大权在握就露出本性了?

另一派则还是认为襄公是真仁义。周大璋认为,襄公作为嫡长子能够让国,一般人是做不到的,更何况是在"春秋时兄弟争国者多"的大背景下。他理解为何襄公即位后不再让位,因为大统已定,此时再让反而有沽名之嫌。"疑其初让之为伪",这种说法太苛刻。

第三派似乎更客观。襄公的争议大,主要是因为他的仁善和能力不匹配,属于窝囊无能的老实人。襄公曾召集诸侯会盟,想接替齐桓公霸主的位置,初衷是想作为大哥,安抚天下、讨伐不义。但是他却不懂得审时度势,把狼子野心的楚国也招来了。楚成王假装谦虚,甘愿排在陈、蔡等小国后面来朝见,其实是因为不知道宋国实力虚实,故意来窥测试探。襄公被蒙蔽,在盂这个地方被楚王绑架,挟持之后伐宋,后来又在薄这个地方把他放了。王系恨他无能,骂他被楚国蛮夷玩得团团转:"懵然而见执,懵然而见释。匹夫之辱,莫此为甚。"

而第四派则认为,襄公是大处不善,小处仁义。他去攻伐郑国,想要称霸四方,难道不是野心么?本质上是豺狼,细节上要名声,失败不值得同情。宋襄公逼迫邾文公杀死鄫子,又按照东夷人的礼俗来献祭,用这样的方式来招降东夷。这种残忍的行径暴露了他本性的恶:"宋襄公忍于鄫子,而不忍于二毛,谓之曰仁,吾不信也。"(《左传渊鉴》)

一个人身上这么多的争议,确实令人感叹。或许我们不能探究他的内心和价值观到底如何,但是我们可以评价他的悲剧因何所致。宋襄公的悲剧,简而言之,就是不懂得"权变",更进一步说,就是不会审时度势。这一点在本篇显露无遗。

宋襄公的"短视"

襄公非要等楚人渡河以后摆开阵势再攻击,他认为这属于战场礼仪。一口一个"君子""古之为军",简直就是食古不化。更可笑的是,他的敌人楚国恰恰就是不守规矩的蛮夷。最后自己吃了苦头,还不肯吸取教训。通过子鱼的反驳,能看到他更多不善权变的地方,如不会利用天时地利。"隘而不列,天赞我也";又如自相矛盾,既然不能第二次伤敌人,为何要伤其第一次,战争需要杀戮,何必自欺欺人,又如在生活中老弱病残值得同情,但是在战场上,这些都是要来杀你的寇仇,庇护他们,未免太迂腐。

而襄公最大的错误,则是来源于三个"短视"。其一是没有看清时代大势。宋国的国力,还没有强大到能与楚、晋等大国抗衡的地步,怎能去效仿齐桓公?当宋国伐郑的时候,子鱼就说这会引来灾祸。因为宋国刚刚被楚国打败,还没有调整休养，就去侵略楚国盟友，硬和楚国对着干，是自不量力。

其二是没看懂"霸主"的意义和资质。齐桓公会盟诸侯有个原则，就是维护中原华夏，意识形态工作做得好，所以大家伙都听他的。桓公对付的是像楚国这样的蛮夷，可以说深得中原之国的认可。而襄公居然想要联合楚人，完全搞错了霸主的职责。

其三是看不清争霸的前提。齐桓公是修德立业之后再去争霸。而襄公德不修，国未治，就急于争霸，可以说是本末倒置。

有人认为襄公错在不知权变，礼制和瞬息万变的战场形势之间是可以协调的。正统儒家看来，"礼"不是僵化的教条，而要服务于生动鲜活、贴近实际的"仁"。"仁义"也不是写在书本上的一二三四，而要有利弊轻重的理性衡量。

孟子与淳于髡有过一番对话：

曰："男女授受不亲，礼与？"

孟子曰："礼也。"

曰："嫂溺，则援之以手乎？"

曰："嫂溺不援，是豺狼也。男女授受不亲，礼也；嫂溺，援之以手者，权也。"

曰："今天下溺矣，夫子之不援，何也？"

曰："天下溺，援之以道；嫂溺，援之以手——子欲手援天下乎？"

——《孟子·离娄上》

虽然男女授受不亲是礼，但嫂子掉水里不去伸手拉，那就是没有感情的禽兽。同样，践行礼不是闷着头往前冲，而要用合适的方法，就好比要用"道"拯救苍生而不是用"手"。襄公不趁乱攻击敌人，看似仁义守礼，实际导致的是本国的士兵被伤害，自己狼狈失去尊严，这也不能不说是一种失礼缺德。与其如此，不如把损失留给敌人。这个理性判断的能力，叫做"权"。

贵族意志的尊严

在遍布生死考验的战场上，礼义的坚持往往是贵族气质的体现。从这一点看，宋襄公也有他的道理。新兴大国楚国在称霸过程中曾与老牌盟主晋国在黄河边上的邲地打了一仗。这一仗被视为蛮夷的楚人竟在"礼"字上大做文章。晋

第十七讲 "仁义之师"的困惑

国败逃,一会儿车轮陷在泥里,一会儿战马盘旋不进,丢盔弃甲的战士们乱做了一团,楚人却停止了追击,甚至喊话教晋人如何抽身。让敌人帮忙逃走,未免太没面子,晋人只能给自己找了个台阶,说不如楚国人逃跑经验丰富,所以要楚人来教。这件事上,楚人赢仗又赢人,这次他们博弈的筹码是礼,可见礼在当时的社会舆论中有多么重要。

到了春秋后期,当国与国、贵族集团间的礼仪变得无足轻重时,个体的坚持有时也能产生强烈的道德震慑。同样也是在战场上,华豹和公子城有过这样一番决定生死的较量:

> 豹射,出其间。将注,则又关矣。曰:"不狎,鄙。"抽矢,城射之,殪。张匄抽殳而下,射之,折股。扶伏而击之,折轸。又射之,死。干犨请一矢,城曰:"余言汝于君。"对曰:"不死伍乘,军之大刑也。干刑而从子,君焉用之?子速诸!"乃射之,殪。

——《左传·昭公二十一年》

华豹射向公子城,没有射中。紧接着搭箭准备再射时,公子城斥责他不等还手,不合战场礼仪。华豹听了以后,竟然乖乖地放下手中弓箭,等对方还手。公子城一箭封喉。公子城又射伤了准备报仇的车右张匄,但公子城没有马上杀死他,而是允许对方"还手",等他爬到战车前敲碎了车轸,他才心安理得地将第二箭射向张匄。驾车的干犨看到同车两人都牺牲了,便主动要求公子城射死自己。公子城也许被他的义气感动了,不愿意杀他,甚至愿意为他在国君面前美言几句。干犨却拒绝了:"不和同车的人同生共死,是犯军法的啊!"求仁得仁,于是公子城一箭射死了他。华豹、张匄、干犨,他们都是宋国的叛逆,却在战场上严守军礼,不惜身死。在"礼"的准则被践行的时刻,所有人仿佛都被强有力的律法感召着,纷纷舍弃生命来换取贵族的尊严。

在礼崩乐坏的功利时代,旧贵族团体的道德蜕变其实在个人身上也能明显体现出来。晋国先轸是典型的尚武好利之人。秦晋崤之战,晋国大胜,俘虏了秦国的几位大将。晋侯的嫡母文嬴是秦国人,她劝新即位的国君放跑了这几位战俘。功臣们发现妇人的一句话让自己的战功打了水漂,都怒不可遏。先轸是急脾气,他当国君的面啐了一口唾沫,指责国君听信妇人的话,全然不顾战士们的辛苦。这个行为大逆不道却又情有可原。虽然襄公没有处罚这位劳苦功高的老

臣,但是先轸却对自己的无礼行为耿耿于怀。《左传》记载:

> 狄伐晋,及箕。八月戊子,晋侯败狄于箕。郤缺获白狄子。
>
> 先轸曰:"匹夫逞志于君,而无讨,敢不自讨乎?"免胄入狄师,死焉。狄人归其元,面如生。

——《左传·僖公三十三年》

在与白狄的交战中,他主动脱下头盔冲入敌阵,充当敢死先锋,其实就是用自己的死来自惩罚先前的无礼。先轸是无礼的,也是守礼的,从他身上我们恰能看出时代的矛盾。最后白狄感佩于他的勇敢忘死,郑重归还其首级。

礼没有被蔑视,但是却是可以被牺牲的,春秋时期众多英雄狗熊们的事迹,恰恰证明了这一点,宋襄公的行为及招来的非议也是难免的。

第十八讲　何为"王"、何为"霸"

秋,盟于宁母,谋郑故也。

管仲言于齐侯曰:"臣闻之:招携以礼,怀远以德。德、礼不易,无人不怀。"齐侯修礼于诸侯,诸侯官受方物(1)。

郑伯使大子华听命于会,言于齐侯曰:"泄氏、孔氏、子人氏三族,实违君命。君若去之以为成(2),我以郑为内臣,君亦无所不利焉。"齐侯将许之。管仲曰:"君以礼与信属诸侯,而以奸终之,无乃不可乎？子父不奸之谓礼,守命共时之谓信,违此二者,奸莫大焉。"公曰:"诸侯有讨于郑,未捷;今苟有衅,从之,不亦可乎？"对曰:"君若绥之以德,加之以训,辞,而帅诸侯以讨郑。郑将覆亡之不暇,岂敢不惧？若总其罪人以临之,郑有辞矣,何惧？<u>且夫合诸侯,以崇德也。会而列奸,何以示后嗣？</u>夫诸侯之会,其德、刑、礼、义,无国不记(3)。记奸之位,君盟替矣。作而不记,非盛德也。君其勿许！郑必受盟。夫子华既为大子,而求介于大国以弱其国,亦必不免。郑有叔詹、堵叔、师叔三良(4)为政,未可间也。"齐侯辞焉。子华由是得罪于郑。

——僖公七年

注释

(1)方物:各地应进贡的土产。(2)成:讲和。(3)记:记载。(4)三良:三位贤良的大夫。

课堂检测

1. 解释下列加点字词。

谋郑故也(　　)　　　怀远以德(　　)

今苟有衅(　　)　　　郑有辞矣(　　)

君其勿许(　　)　　　以弱其国(　　)

2. 下列句中"间"字意义与例句相同的一项是（　　）

   未可间也

   A. 又何间焉（《左传·庄公十年》）

   B. 中间力拉崩倒之声（《口技》）

   C. 谗人间之（《史记·屈原贾生列传》）

   D. 莫然有间（《庄子·大宗师》）

3. 下列句子语气与例句相同的一项是（　　）

   无乃不可乎

   A. 得无教我猎虫所耶（《聊斋志异·促织》）

   B. 然则又何以兵为（《荀子·议兵》）

   C. 不亦说乎（《论语·学而》）

   D. 庸知其年之先后生于吾乎（《师说》）

4. 把下面句子翻译成现代汉语。

   且夫合诸侯，以崇德也。会而列奸，何以示后嗣？

   _____

   _____

阅读提示

1. 郑国太子华向齐桓公提出的请求是：_____

   _____

2. 管仲为何主张拒绝这一请求：_____

   _____

3. 概括管仲与桓公的分歧所在：_____

   _____

咬文嚼字

冯李骅、陆浩《春秋左绣》评此篇以"德礼"为主，"德礼"二字是一篇枢纽，而开篇却以"谋郑"为起笔，请赏析其思路的妙处。

合作探究

1. 孙琮评管仲"其术则专在图霸,其义固已进于王",请依据本篇分析"王""霸"事业的异同之处。

2. 林纾认为,管仲之言,"镇子华之奸心""息桓公之欲念",请结合文章分别加以解释。

解读经典

小聪明骗不过大君子

齐桓伐郑,不是以强凌弱,而是君子和小人的一场斗争。郑国背信弃义,与楚国眉来眼去,公然和蛮夷串通,二十多年不朝见齐国,以匡扶华夏正统自期的齐人自然看不惯。两年前,由于周惠王有废太子立少子的意图,桓公在首止会盟,以定太子之位;经周惠王授意,郑文公没有参与盟誓就逃回了郑国。以这两件事为导火索,引发桓公的强势出击。齐国说打就打,郑文逃盟后的第二年就带着联军包围了郑国新城,楚国人围点打援,包围许国。为了援救许国,齐人放弃了对郑的战争。齐国为了救助盟友而放弃讨叛,算是仁义之至,使它更得人心。这一次算是复伐郑,大家都很支持。齐国出兵后,郑国还是有所行动的,希望能与齐国讲和。他们杀掉了自己的重臣申侯,以此来讨好齐国。申侯以前一直是楚文王宠臣,后来逃到了郑国,杀他就可以嫁祸于他,把亲楚的罪名安在他头上。齐桓公不是傻子,申侯是因为贪婪的性格得罪了郑人,和楚国没任何关系,借一个死人来开脱,这点小心思未免卑琐。于是齐桓并没有罢兵,反而召集各诸侯到宁母来"谋郑",也就有了上文所说的事情。齐桓伐郑还有个目的,是震慑那些自私自利的小国,让他们不要太过分。蔡国和楚国很熟络,此外,许国在被诸侯救围之后,又在蔡的引荐下向楚称臣。许国国君作为男爵,见到了楚王这么一个子爵,两手反绑在背上,口里衔着璧,让大夫披麻戴孝、士人抬着棺材来见。楚臣可是得意,告诉楚成王当年武王伐商,微子启就是面缚衔璧投降的,大王有周王盛德,应当宽恕降者。这一下可是气坏了齐侯和诸盟友。许国在被齐桓解救之后还这样做,是怕楚国秋后算账。确实,天堂很远,楚国很近,楚国人来侵扰,分分钟的事情。就算齐侯组织大家兴师来救,搞不好还是远水不解近渴。但是许国的行为,确实没有信义,让亲者痛仇者快。所以齐桓伐郑,是有其战略眼光的。

管仲有"三代"气象

刘继庄《左传快评》认为《左传》对晋国记述多,而对齐国叙述简略,管仲霸齐这么重大的历史事件,文字也不多。不过,浓缩未必不是精华,对比一下《史记》,《左传》中的管仲格局似乎更大,气象更了不得。《史记》中的管仲有治国强邦之具:"桓公既得管仲,与鲍叔、隰朋、高傒修齐国政,连五家之兵,设轻重鱼盐之利,以赡贫穷,禄贤能,齐人皆说。"还写了他以信义归还鲁国地等大手笔,可谓是佐霸之才。但史迁写管仲伦理纲常、凝聚人心的政化,未若《左传》之慧眼。《快评》认为,孟子指责管仲专政如此久,得君王信任如此深刻,齐国霸业和功劳也就那样,其实是委屈管仲了。认为齐桓有诸多失误,若非管仲及时救切,"则虽欲霸必不能矣。"吕成公评管仲此篇之言,犹有(夏商周)三代气象,但是又可惜他"急功近利,俯首以就桓公,自小之尔"。宗尧替管仲鸣不平,认为《左传》以儒家价值观来评价他,只看到管子学问中近儒家道义的地方,不足以概括其学问的博大精深。这些言论都在叹其屈才,虽然未必公允,但反映出管仲此处言行格局之大。

管仲的气象体现在他对德、礼的一份坚持。作为实力强大的霸主,桓公对德、礼是无可无不可的。但是管仲提醒他:对待诸侯,我们得靠这两样思想武器去维系。他对待同一战线的诸侯,用的是礼。会盟商讨,师出有名,这就是礼。而面对郑国,他的一番话体现的是德。

郑国太子华恨透了郑国的三个大族,想以铲除他们为条件,和齐国讲和。桓公苦于战争上没有能占便宜,再加上郑国反复无常,不可依赖,心想答应了子华,自己不受损失,还能削弱郑国,何乐不为?管仲的反对理由是,如果扶持子华,铲除三族,那么郑国执政将是子华那样的小人。助纣为虐,把一件光明正大的好事办成了不义之事,霸主的威信会丧失,历史的记载也会不光彩。另外,如果郑国以齐桓包庇子华为罪名,奋起反击,原本齐国的道德优势也没有了。毕竟子华所为,是背叛祖国,蒙蔽君父,结党营私之举。本来郑国也没什么优势,要是齐国因为子华而失去信义和团结,郑国就可以理直气壮和齐国抗衡了。再者,子华这样的心胸,怕是在郑国不会长久,一旦被清算,即位者势必加速郑国向楚国靠拢。相反,如果齐国有以郑为内臣的机会而不用,秉持一片是非公心,郑国执政势必会尊重齐国,反思自己先前的背信弃义,归附之意也会油然而生。

管仲之"德""礼"不是空洞的假仁假义,而是他为齐桓规划的政治蓝图。换句话说,他以恢复三代之德为契机,有意借助三代的政治生态来制衡天下。齐桓、管仲的目光早已经投向了周天子,把周王室当成了平衡政局的重要棋子。郑国投靠楚国、不与齐盟,这本身也有周惠王的授意。周都地处楚国北上的要道,名义上是诸侯拱卫的中心,实际上是楚人与中原人交锋的前线,让周人苦不堪言。楚、周又各有所需,前者需要后者给予其正统地位,后者则需要对方给自己安全感。楚人是蛮夷,又和齐国作对,周王室怎么敢随随便便给他们名位?于是周惠王偷偷使了一招权谋,让和齐国有过节的郑国逃盟,向楚国示好。管仲把"礼"和"德"的大义夺回来,就是让周天子不要有非分之想:你的权威未必能控制正统的话语权,话语权在礼义上,礼义在我这里,你也得听我的。除此以外,齐桓早已经联合好周太子郑,要利用他与惠王的矛盾,为自己将来影响周室进一步做好准备。没过多久,惠王崩,太子秘不发丧,请求齐桓为他撑腰,并最终顺利登上王位。

霸主是怎样的境界

孟子见梁王,后者见面就问齐桓晋文之事。商鞅见秦孝公,讲王道孝公昏昏欲睡,一说霸道就来精神。列国纷争,君主们对霸道趋之若鹜,但是能真正践行霸道之旨,拿捏分寸、游刃有余的,却只有几人而已。霸道的内涵,在这些英雄奸雄的演绎中也不断被改写。霸道究竟是什么?王道与霸道又有何不同?

春秋的"霸",通"伯",即诸侯之长。周王室分封诸侯,诸侯之长的任务是代表王室征讨异己,巩固四方,维护秩序。霸开始的含义,其实是政治秩序的巩固和捍卫者,是王室权威的守门人。这样的角色,贪图私利、用强权掠夺是不行的,这么做只能造成局面的混乱。武力只是一种以暴制暴的手段,不能确立霸主地位的合法性。德和礼、信与义,还有周王室赋予的权威和名位,才能决定霸主的威慑。强人可以有一群,霸主却只能有一个。

韩范认为,霸道与王道不同之处在于,"(霸者)其大旨皆规利而动也。然而不可有贪利之形,予人以辞。故无择利之心者王,择利而能禁奸者霸,贪利不止,就奸如鹜,则后世之师。"圣王很崇高,不在乎利益,而霸者是要获利的。但是霸者求利而不贪,懂得维护利与义的统一。后来的霸主逐渐蜕变成了利益至上的强权者,那是霸者的堕落,也造成了后代人的狭隘误解。这样看来,管仲的主张,其实还比较符合霸的原义,属于霸道接近于王道的部分,"其义固已进于王"。(孙琮)桓公的有图利之心,但不贪利,至少能够克制欲望,也已经达到了霸者原旨。这一对君臣,一个崇高而务实,一个庸凡却进取,成为了霸道的楷模。

更难能可贵的是,桓公在日后的行动中能够自觉践行霸者的礼义,这一点超过忍辱负重的晋文、宽仁多恕的秦穆、谦逊进取的楚庄,更比好战好杀的吴王阖闾、把迂腐当仁义的宋襄高出不止一个层次。此事两年后,周襄王感激齐桓公拥立之功,在葵丘之会上派宰孔送来祭祀文王武王后的胙肉。分胙之礼仪,相当于承认了齐桓的霸主地位。襄王还让宰孔转达,允许他不下拜。桓公谦虚地说:"小白我不敢贪天子之命,逾越等级不下拜。"下阶,拜赐,登堂,再拜稽首,最后恭敬地接过了胙肉。桓公没有一句大话、一丝傲慢,却借天子之威风让天下英雄折服,确实是霸之大者。

陈大士对桓公远胜后来者的霸主气概评价得最为到位:"桓自北杏起葵丘,衣裳之会十一,而未尝歃血,以信结也。自于洮起于淮,兵车之会四,而未尝大战,以义胜也。故其气象略近王者。若晋文则一战而霸矣。王降为霸,桓降为文,世变矣。"言外之意是后人再也没有这样能够维系人心的纯粹的道德气场了,时代不允许,人物的境界和经历也难以复制桓管的模式。晋文公靠残酷的战争称霸天下,而他对待天子的做法,更是颠覆了桓公制胜的法宝——礼、德。葵丘之会十六年后,晋文公平定周王室内乱,在天子犒劳的宴席上,他拒绝了土地的回报,提出死后以安葬天子的隧礼来办后事的无礼请求,被周襄王一口回绝。在

《国语》中,襄王的回答虽然委婉克制,但蕴含着愤怒,对年高德劭的文公来说,也颇具震慑力。大致意思是:您如果能够发扬德行,统一天下,灭了周,把我给流放了,您做天子,那这个礼当然属于您,也不需要来问我了。如果您还把自己当周的臣子,就应该以恢复臣子职分为目标,自然也不可能更改祖宗的礼制。您还是回去修德吧。由此可见,到晋文公时"霸道"的含义已经变了味。难怪后来孔子回顾历史,评价道"晋文公谲而不正,齐桓公正而不谲"!

第十九讲　庄王你想多了

楚子伐陆浑之戎(1)，遂至于雒，观兵于周疆。定王使王孙满劳楚子。楚子问鼎之大小、轻重焉。对曰："在德不在鼎。昔夏之方有德也，远方图物，贡金九牧，铸鼎象物，百物而为之备，使民知神、奸。故民入川泽、山林，不逢不若。螭魅罔两(2)，莫能逢之。用能协于上下，以承天休(3)。桀有昏德，鼎迁于商，载祀六百。商纣暴虐，鼎迁于周。德之休明，虽小，重也。其奸回昏乱，虽大，轻也。天祚明德，有所底止。成王定鼎于郏鄏，卜世三十，卜年七百，天所命也。周德虽衰，天命未改。鼎之轻重，未可问也。"

——宣公三年

注释

（1）陆浑之戎：陆浑这个地方的戎人。（2）螭魅罔两：指各种鬼怪。（3）天休：天赐。

课堂检测

1. 解释下列加点的字词。

遂至于雒（　　）　　　　观兵于周疆（　　）

定王使王孙满劳楚子（　　）　用能协于上下（　　）

有所底止（　　）　　　　　卜世三十（　　）

2. 下列句中"其"字意义用法相同的两项是（　　）

　A. 其孰能讥之乎（《游褒禅山记》）

　B. 其真不知马也（《马说》）

　C. 其奸回昏乱

　D. 其如土石何（《列子·汤问》）

　E. 使其中不自得（《黄州快哉亭记》）

3. 下列句子与例句句式相同的一项是（　　）

第十九讲　庄王你想多了

卜世三十,卜年七百,天所命也

　　A. 周瑜陆逊之所骋骛(《黄州快哉亭记》)

　　B. 此物故非西产(《聊斋志异·促织》)

　　C. 我何渡为(《史记·项羽本纪》)

　　D. 为巡船所物色(《指南录后续》)

4. 下列句中"故"字用法与例句相同的一项是(　　)

故民入川泽、山林

　　A. 此物故非西产(《聊斋志异·促织》)

　　B. 大人故嫌迟(《孔雀东南飞》)

　　C. 暮去朝来颜色故(《琵琶行》)

　　D. 故不积小流,无以成江海(《荀子·劝学》)

5. 把下面句子翻译成现代汉语。

在德不在鼎。昔夏之方有德也,远方图物,贡金九牧,铸鼎象物,百物而为之备,使民知神、奸。

_____

_____

阅读提示

1. 楚王向周臣问鼎大小轻重的真实意图是什么?

_____

_____

2. 王孙满为什么要回顾鼎的历史?

_____

_____

3. 王孙满的回答,其主旨可用□□二字来概括。学者昆崖评论道:"前截以□字为主,带出□字;后截以□字为主,带定□字,结构各殊,针线隙密"。□中应填入什么内容?

"楚子伐陆浑之戎,遂至于雒"中的"遂"字颇为精妙,请加以赏析。

后人批评王孙满"天祚明德,有所底止"一句有灭自己威风之谬,你是否认同?说说理由。

解读经典

政治圣器的诱惑

"鼎"属于中国古代的"圣器"。它原本用于煮肉,后来又用来祭祀,因为它的坚固、华丽,遂又被用于象征国家权力。华夏先祖使用最先进的铸铜技术铸造它——"黄帝采首山铜,铸鼎于荆山下。"(《史记·封禅书》)大禹铸造九鼎,代表九州,其上雕刻有各地风物,俨然是中央对于天下主权的物质载体。一个政权从文化和道义上能否取得合法性,"鼎"的获取极为重要。

同样,争夺宝鼎,意味着对旧有秩序的挑战,势必将引起众多诸侯的干预,这一点也是对觊觎者政治魄力的巨大考验。据《战国策》记载:秦向东周进军要夺鼎,周君请颜率去向齐搬救兵,条件是向齐国献上宝鼎。齐王一听可以得鼎,二话不说就发兵攻秦。秦撤兵而去,齐王就来要鼎了。颜率又到齐国去问齐王:"宝鼎我们早就准备好给您送过去了,请问大王,我们该从哪条路运?"齐王说从魏国走。颜率说:"恐怕不行,魏国早就想要得到鼎了。"齐王说那就从楚国借路。颜说:"不行不行,楚王在叶庭,天天想着就是夺鼎。进楚国就是肉包子打狗。"齐王无奈地问:"那可怎么办呢?"颜率说:"运鼎不是打酱油买醋,怀里揣着瓶瓶罐罐,鸟飞兔奔就能赶到目的地。当年周朝征伐殷商得到了九个宝鼎,每一个要九万人来拉,一共动用了九九八十一万人,把所有士兵器具都用上了。大王您有那么多人么?就算有,我们从哪条路走?"齐王知道自己被耍了,但是也无可奈何,只得作罢。从这件事上可以看出,东周时期,周礼衰微,但是宝鼎的价值还是被人看得很重的。

所以当楚庄王问鼎中原时,他的野心已经昭然若揭。他攻打陆浑的戎人,其根本目的是接近周疆,向周朝示威。如果我们上溯楚国历史,会看到庄王问鼎代表的是先祖之问。楚国最初只是江汉一带的小国,仅有弹丸之地。始封君熊绎去周朝赴会时,受到鄙视,只能去看守祭天的火堆。楚武王想用武力给自己博得周王室封号,却被轻蔑拒绝。愤怒难平的武王干脆自立为王,与中原分庭抗礼。楚成王时,面对来势汹汹的中原霸主齐国,楚国全身而退,保全体面,也在积蓄力量。到了庄王时,中原大国齐、晋势力衰弱,楚国的机会来了。但是楚国有没有做好争霸的准备呢?此时各国的牵制和影响,是不是可以全然不顾及?和宋襄公不同的是,庄王更善于审时度势,在此基础上进行胆大而心细的试探。

庄王棋逢对手

楚庄王第一步是大兵压境,迫使定王来慰问,这是示强。第二步就是问鼎的轻重大小,暗示迁鼎回朝的野心和威胁,这是耀武。而以闲问来试探,则体现了他的克制和谨慎。这种克制的背后,隐含着对中原文明的神秘、权威的敬畏。敬畏的背后更是对自己文化野蛮、不成熟的清醒认识。庄王的清醒恰恰使得他能够领会王孙满的意思,继而修德政,为其日后从舆论和实力上号令诸侯、称霸中原埋下伏笔。这正是其智慧之处。可以说王孙满所说的"天",庄王把它理解为对时机的等待;其所谓"德"被理解为对正义功德的担当。若干年后,楚晋邲之战,楚没有趁晋军阵仗大乱去袭击他们,反而指示和帮助晋人逃跑;庄王没有答应用晋人的尸首作"京观",拒绝野蛮习俗,避免仇恨延续。这是眼界决定心胸。

这场对手戏离不开另一个角色王孙满。他对于时局的判断,也不逊于庄王,甚至可以说他更有大局观。王孙满年幼的时候,秦国攻打郑国途中,经过周都城北门。按照规矩,士兵们应当脱下头盔、铠甲步行,以示对周王室的尊重。但是骄狂的秦人为了图省事,只摘下头盔,走了没几步,就纷纷跳上战车,扬长而去。

小王孙满讲了一句大人都未必能做出的预言:此行秦军必败!"秦师轻而无礼,必败。轻则寡谋,无礼则脱。入险而脱,又不能谋,能无败乎?"意思是轻狂的人谋略会失算,没有礼貌的军队军纪不严,入了战场险地却纪律不严、谋略无当,怎能不败?后面的事实证明了他的远见。

此时面对强敌楚国,王孙满再次展现了他敏锐的观察力。首先是读心。庄王此行,并非一意要灭周,未来霸主心里的犹豫被他读到了。秦晋尚强,楚吞并天下的实力还不够,庄王自己心里也清楚。周弱,所以用闲聊的口吻来试探一下,但这一层窗户纸是不能捅破的。庄王用委婉的方式来示威,王孙满竟然上来就回答"在德不在鼎",意思是你称霸的"德"还不够,"明明说破","能令楚人索然意尽"。一个下马威,让楚王在心虚中认同他后面的慷慨陈词,"有单刀直入之势,以下遂势如破竹。"(王源)不仅如此,他的回答策略还不断调整变化。说到"德",怕蛮夷楚国不服,就引申出"天"字来震慑。知道楚人迷信,就扯到占卜上面来,真是用心良苦。

另外,在读心的基础上,他善于转移矛盾。鼎的重要性不言而喻,但是王孙满却拼命把它说得很轻,将其描述为治理国家的附属品。"铸鼎象物,百物而为之备,使民知神、奸",说白了,鼎其实是民用的,为的是让百姓安定。若硬要和政治扯上关系,也是先有国家和权力,才有鼎这样的权力标志。实力强大,诸侯信服,无鼎也重,德衰势微,有鼎也轻。

其次在读势。王孙满非常聪明地把楚王的兴趣转移了。他讲了半天夏商周的历史,其实这些都不是楚王爱听的东西。楚王更看重的是在当今称霸。那么,区区一鼎,累黍之周,能给他什么霸业?他讲了半天老百姓靠鼎来明是非,求安定,"全无关于王业……但能使楚庄扫兴而去"(林纾)。另外,"德"与"天"的提醒触到了庄王的软肋。桀纣之所以保不住鼎,是因为失德。商汤周武能够得鼎,是因为德盛。参照之下,周现在未必出了桀纣,还蒙受上天眷顾,而楚国现在以德自居,是不是早了一点?

而最巧妙的,在于"读己"。王孙满最聪明的地方,就是始终把周当作弱者来看待。定王慰问楚王,本来就是迫于形势,有点低三下四。作为臣子的他了解形势,所以他的措辞非常实在。他承认周朝"德衰",现在是靠天命来存续。看似客套谦虚,却是道出了历史规律,反而更能让庄王相信。如果你强调德,而自己本身无德,凭什么让人信你?索性承认自己无德,反而更增添了"命"的意义。王系说得好:"周德之衰,人所共见,何可掩饰?德虽衰而命未改,其积德之厚可知矣。"

王孙满引发的争议

王孙满的一番陈词,对后世的影响很大。首先,他引领了一种文化,即纵横恢辩之风。弱国在危难之际,凭借谋士三寸之舌力挽狂澜,这是典范。"所谓一言强于十万兵,庶几近之。"(《左传菁华录》)但他所引领的文化,连同他本人的事迹,却总陷入非议。吕东莱批评说,战国时国家危亡之时,人们迷信王孙满式的英雄,通过口舌进行战略忽悠,只要遇到秦国这样的虎狼之国,就只有死路一条了。放弃了自强的决心,依赖几个人的小聪明,是六国败亡的原因之一。"下逮战国吞噬之际,犹用满之余策,虚张九九八十一万之数,一旦秦兵东出,辩不能屈,稽首归罪,甘为俘虏。"对这一点,有人提出不同意见。《左传菁华录》引阎生夹批:"然战国之士竞尚诡谲,此文浑穆而严毅,固自不同。"意思是吕东莱等人批评的战国诡辩家和王孙满不是一回事,他的言论义正词严,还是充满君子的道德力量和政治家的责任感的。也有人批评他说的"天祚明德,有所底止"灭周威严,不符合臣子的职责。但是仔细想想,周天子自己吓得要命,让王孙满前去郊迎慰劳楚国人,这本身难道不是掉价的行为么?作为臣子,领了这样丧气的使命,又何必自个掩耳盗铃呢?

第五单元　春秋大义

《左传》作为《春秋》的传,自然要明礼义、讲教化,通过对《春秋》笔法的诠释、对圣人言的阐述,让君子明其"义"。

人们时常称"《春秋》大义"。无论是《春秋三传》,还是其余各家对《春秋》的注解,评价它们的一个重要指标就是能否令人信服地阐释这些"义"。如果只看到了"小旨",而忽略了"大义",就是本末倒置。朱熹赞扬胡安国的《春秋传》"大义正",这就是极高的评价了。所以元代以后,《春秋胡氏传》成了科举考试的官方参考版本,甚至有人视其为"春秋四传"之一。这反映了"大义"的重要。

有人认为《春秋》亦包含"小义","《春秋》大义兼小义,正义兼余义者多矣"(程端学)。《春秋》大义主要涉及礼秩纲常,如尊王攘夷、尊君抑臣、贵王贱霸、防微慎始、忠孝仁义等等,而"小义"则是其他方面的道义,比如讥讽权贵、遵循外交礼节等等。

《左传》明大义的意图非常明确,也兼顾了"小义"。比如弃疾在忠孝不能两全的夹缝中痛苦挣扎,间接促成父亲的死亡后以死明志,这自然符合尊君抑臣的宗旨。但是相比较于申叔豫对蘍子冯的讽谏,他的做法是否不够灵活聪明呢?对自己的父亲是否也不够公平呢?在后世学者看来,《左传》这里似乎也有微讽之义。一场宴席,一个玩笑,结果惹来君臣矛盾,子家纵容子公弑郑灵公,最后尸戮名败,这是告诫君子要防微慎始,但其中也探讨了"仁"与"勇"的关系,表明光做一个唯唯诺诺的老好人,面对奸邪不敢挺身而出,这不是真正的"仁"。

《左传》中更多展现的是"大义"在危难时局中经受的考验,以及君子在困境中维护"大义"的做法。比如陈国内乱,楚庄王派兵平叛,这是尊王之道,但他又有私心想要吞并陈国,这又是霸主的思维。最后,庄王还是在良臣的劝谏下复立陈国,存亡继绝,这就体现了"贵王贱霸"的逻辑。因为诸侯即便再弱小,也是天子所封,别的诸侯不能灭国,只能复立,这是尊王道。当然,《左传》中的"大义"也有争议的地方。弑晋灵公的主谋赵盾,妄图推卸责任,这样的障眼法自然骗不过太史董狐,他秉笔直书"赵盾弑其君",《左传》却将孔子对赵盾的态度解读为同情和惋惜,又引来后世无数的批评,不少人认为其曲解圣人意、为叛臣说话。这就是"大义"不明。

　　文以明道,"明"的方法、"明"的程度,需要我们理性判别、合理阐释,需要我们求实、求真、不放过一个细节,需要博采众长的阅读方法和思辨态度。

第二十讲　吃饭的时候别乱开玩笑

　　楚人献鼋于郑灵公。公子宋与子家将见。子公之食指动,以示子家,曰:"他日我如此,必尝异味。"及入,宰夫将解鼋,相视而笑。公问之,子家以告。及食大夫鼋,召子公而弗与也。子公怒,染指于鼎,尝之而出。公怒,欲杀子公。子公与子家谋先。子家曰:"畜⁽¹⁾老,犹惮杀之,而况君乎?"反谮子家。子家惧而从之。夏,弑灵公。

　　<u>书曰"郑公子归生弑其君夷"</u>,权不足也。君子曰:"仁而不武,无能达也。"凡弑君,称君,君无道也;称臣,臣之罪也。

　　郑人立子良。辞曰:"以贤,则去疾不足;以顺,则公子坚长。"乃立襄公。

　　襄公将去穆氏⁽²⁾,而舍子良。子良不可,曰:"穆氏宜存,则固愿也。若将亡之,则亦皆亡,去疾何为?"乃舍之,皆为大夫。

——宣公四年

　　郑子家卒。郑人讨幽公之乱,斫子家之棺,而逐其族。改葬幽公,谥之曰"灵"。

——宣公十年

注释

（1）畜:牲畜。（2）穆氏:穆公之诸子,襄公之众兄弟。

课堂检测

1. 解释下列加点字词。

宰夫将解鼋（　　　）　　及食大夫鼋（　　　）

染指于鼎（　　　）　　　反谮子家（　　　）

则固愿也（　　　）　　　若将亡之（　　　）

2. 下列句中的"相"与例句意义相同的一项是（　　　）

相视而笑

A. 苟富贵,无相忘(《史记·陈涉世家》)

B. 相与枕藉乎舟中(《前赤壁赋》)

C. 好自相扶将(《孔雀东南飞》)

D. 儿已薄禄相(《孔雀东南飞》)

3. 下列句中画线字词与例句中"去"字用法相同的一项是(　　)

襄公将去穆氏

A. 传其事以为官戒(《种树郭橐驼传》)

B. 亦足以称快世俗(《黄州快哉亭记》)

C. 名我固当(《种树郭橐驼传》)

D. 稍稍宾客其父(《伤仲永》)

4. 把下面句子翻译成现代汉语。

书曰"郑公子归生弑其君夷",权不足也。

阅读提示

1. 子家为什么在弑君这件事情上左右摇摆?从中能看出他是怎样的一个人?

2. 子公是弑君主谋,但《春秋》为何指责子家弑杀君王?

咬文嚼字

及食大夫鼋,召子公而弗与也。子公怒,染指于鼎,尝之而出。公怒,欲杀子公。子公与子家谋先。子家曰:"畜老,犹惮杀之,而况君乎?"反谮子家。子家惧而从之。

两个"怒"字、一个"惧"字的妙处何在?

合作探究

1. 子良劝阻襄公驱逐穆氏体现了他怎样的品质？

2. "仁"和"勇"之间的关系怎样，古人是如何探讨二者关系的，结合所学加以解释。

解读经典

食指大动与杀身之祸

吃饭的时候玩笑开过头会怎样？弑君亡家，恶名昭昭。这一事件的当事人郑国公子宋(子公)和当权宰执公子归生(子家)恐怕怎么也不会想到，事情会演变到这样的地步。楚国人献了一只甲鱼，郑灵公好意请大家来尝鲜。子公来的时候食指颤动，他开玩笑地对子家说："往日要尝美味的时候，食指都会预先动起来，估计这次有好东西给我们打打牙祭。"上了朝果然看到厨师在切甲鱼，两人相视对笑。国君很好奇，自然要询问。得知缘故以后，郑灵公故意不给调皮的子公美味吃，这下子惹毛了心高气傲、个性轻浮的子公。他直接上前用手蘸了甲鱼汤吃，然后扬长而去。

这件事情上，我们看到了《左传》的讥讽。吴闿生《左传微》云："君臣之义，其时之人不知久矣，记此所以伤之也。"玩笑不是不能开，但是在国君面前这样嘻嘻哈哈，轻浮调笑，这是违背礼节的。作为权臣，两人对国君毫无敬畏，国君怎么能不愤怒。面对国君的愤怒，子公竟然用手指去沾汤汁，行动粗鲁，无视君王，更是火上浇油。反过来，灵公召子公来却不给他吃，这种行为与其说是惩罚不如说是挑衅和赌气，失去了君王的恩德和威严，也不符合道义。《诗经·小雅·伐木》中有这样一句话:"民之失德,乾糇以愆",意思是请别人来吃饭,一定要酒菜管饱,如果用粗薄的干粮来招待亲友,这就有点缺德了。《诗经》中的诗句往往被古人用来表达政治伦理和规则。君王与群臣合宴分食,这不是吃饭的小事,而是君臣道德、家国秩序的微观呈现。这一点都做不好,子公的愤怒也不是完全不可理解。

所以《左传》认为,《春秋》直呼臣子和君主的姓名,是在说郑国君臣都是无道之人,都应当批评。

为什么弑君者成了子家

《左传》专门引了《春秋》里的一句话:"郑公子归生弑其君夷",意思是弑杀国君的是郑国公子子家。又解释这么写的原因是"权不足也"。这里的"权"有两种理解。其一是权力,则此句意为权力干涉不够,通俗说就是该管的时候不管,放任局势恶化。其二是"通权达变"(《左传菁华》),那么《左传》是说要有审时度势、随机应变的谋略。无论从哪个意思看,老好人子家作为执政卿都不够格。子公胁迫他参与弑君,他开始是不同意的,但小人一亮阴谋,他就怕了。子公在国君面前诬告他,就是这么一吓,子家就不淡定了,马上依从子公。这一方面说明国君的昏昧无道:本来就鄙夷子公轻浮,居然还信他的谗言。另一方面更体现出了子家为人臣的不堪,子公就是抓着他胆小怕事、自私自利的把柄,狠狠地牵制他。

但是,毕竟是子公主谋操纵了整件事情,说子家是弑君首恶,合适么?

答案是肯定的。子家的"恶",在于他的权力。子公之所以能够弑君,靠自己是不行的,一定要借助子家的权力。子家作为权臣,他应该有勇气、有决断,一旦子家有所作为,子公绝对是不可阻止的。魏禧认为,当子公来谋的时候,子家可以表面答应他,再图谋杀子公、清君侧,有何不可呢?而魏祥说得更清楚:"灵公非真欲杀子公也。观其至夏而犹不杀,且子公尚可以潛子家,则子公之逆谋,亦可劝谕而止矣。"灵公和子公两人的关系显然没有子公想得那么差,他还能听信子公的谗言,说明灵公没有想杀子公。那么子家为什么不劝子公收手?

赖韦还提出了一种方法:"吾与之盟,使子公定其书,就盟所诛之,以其书见于君,而自请专杀之罪,其可矣。"意思是子家不妨与子公盟誓,让子公立下弑君的契书,再于盟誓时借机杀死子公,将子公罪状呈现给国君,向国君请罪先斩后奏。可惜子家没有这样的智慧。

但是《左传》毕竟还是同情子家的,说他是"仁而不武"。这下子惹怒了一大批道德卫士。朱申认为:用年老的牺牲来比喻君王,绝对不是仁,这种"同情"是大逆不道。他认为《左传》判定是非多谬于圣人本意,不能迷信。魏禧《左传经世钞》认为仁者能爱人,能恶人,子家对国君不够爱,对小人不够恨,哪里称得上是仁。子家和子公两个人形影相随,或相视而笑,或依赖互助,近朱者赤近墨者黑,子家的人品堪忧啊!俞桐川一针见血地指出,弑君这样的事情,可以和什么人商量?当然是对君主不敬的人。子公找子家,一定是看出了子家有对国君的不满。子公先是窥破子家的伪善,再利用他的胆小胁迫他,这叫作苍蝇不叮无缝的蛋。

"仁"与"勇"的辩证

退一步说,就算子家真的本性善良,做一个仁者也是需要勇气的。所谓"仁而不武,无能达也"。当孔子感慨"道不行,乘桴浮于海"时,也认为只有勇敢甚至莽撞的子路会跟着自己。他还说"刚、毅、木、讷,近仁",也就是说,仁者的基础是刚强果决质朴寡言,而绝不是懦弱摇摆之人所能为。君子看似木讷不会变通,其实是处变不惊,有定力、有原则,这样的人是能够舍生取义的。文天祥《指南录后序》中写道:"会使辙交驰,北邀当国者相见,众谓予一行为可以纾祸。国事至此,予不得爱身;意北亦尚可以口舌动也。"他"不得爱身"的勇气证明了他是真正的大仁者。不过,当一个国家所有的臣子都指望一介书生去舍命救国时,这个国家也离灭亡不远了。

这样看来,春秋不只是礼崩乐坏的乱世,更是人心丧乱的开始。作为正卿的子家比子公地位高,却被子公牵制,犯下大恶,可以说,他的"仁"其实是懦弱和利己的精致伪装。子家最终的结局令人唏嘘。他弑君的恶名在郑国人心中扎了根。他死后,"郑人讨幽公之乱,斫子家之棺,而逐其族。"郑国人把他的棺木砍破,还驱逐了其族人。

在子家弑君一事之后,《左传》对子良的叙述耐人寻味。郑国人要立之为君,子良推辞说:"从贤明和继承顺位来看,去疾我都不够格。"于是郑国人推举了襄公即位。襄公害怕兄弟势力过大,要尽逐其宗族,只留下子良。可是子良却说:"自己愿意与兄弟们同生共死,共同进退。"襄公深受感动,于是收回成命。子良的表现与子家形成鲜明对比。他的"仁"是有"勇"与"权"作为支撑的。他利用襄公对他的感激和信任,据理力争,保住了穆族。只有这样的大仁之人,才会被拥戴、被歌颂。

第二十一讲　请不要"顺手牵牛"

陈灵公与孔宁、仪行父通于夏姬,皆衷其衵服(1),以戏于朝。泄冶谏曰:"公卿宣淫,民无效(2)焉,且闻(3)不令(4)。君其纳之!"公曰:"吾能改矣。"公告二子。二子请杀之,公弗禁,遂杀泄冶。

孔子曰:"《诗》云:'民之多辟,无自立辟(5)。'其泄冶之谓乎!"

——宣公九年

陈灵公与孔宁、仪行父饮酒于夏氏。公谓行父曰:"征舒似女(6)。"对曰:"亦似君。"征舒病之。公出,自其厩射而杀之。二子奔楚。

——宣公十年

冬,楚子为陈夏氏乱故,伐陈。谓陈人"无动!将讨于少西氏"。遂入陈,杀夏征舒,轘(7)诸栗门。因县陈。陈侯在晋。

申叔时使于齐,反,复命而退。王使让之,曰:"夏征舒为不道,弑其君,寡人以诸侯讨而戮之,诸侯、县公皆庆寡人,女独不庆寡人,何故?"对曰:"犹可辞乎?"王曰:"可哉!"曰:"夏征舒弑其君,其罪大矣;讨而戮之,君之义也。抑人亦有言曰:'牵牛以蹊人之田,而夺之牛。'牵牛以蹊者,信有罪矣;而夺之牛,罚已重矣。诸侯之从也,曰讨有罪也。今县陈,贪其富也。以讨召诸侯,而以贪归(8)之,无乃不可乎?"王曰:"善哉!吾未之闻也。反之,可乎?"对曰:"吾侪小人所谓'取诸其怀而与之'也。"乃复封陈。乡取一人焉以归,谓之夏州。故书曰"楚子入陈。纳公孙宁、仪行父于陈",书有礼也(9)。

——宣公十一年

▶ **注释**

(1)衵(rì)服:贴身的内衣。(2)无效:无法效法。(3)闻:名声。(4)令:美好。(5)民之多辟,无身立辟:百姓多做恶事,就不要自立法则。(6)征舒似女:夏征舒长得像你。意为是你的私生子。(7)轘(huàn):车裂分尸。(8)归:告终。

(9)书有礼也:《春秋》表扬这一举动合乎礼。

课堂检测

1. 解释下列加点的字词。

征舒病之(　　)　　　　犹可辞乎(　　)

抑人亦有言曰(　　)　　信有罪矣(　　)

今县陈(　　)　　　　　无乃不可乎(　　)

2. 下列句中"以"字意义用法相同的两项是(　　)

A. 寡人以诸侯讨而戮之

B. 宁许以负秦曲(《史记·廉颇蔺相如列传》)

C. 若潜师以来,国可得也(《左传·僖公三十二年》)

D. 而以贪归之

E. 乡取一个焉以归

F. 君何以知燕王(《史记·廉颇蔺相如列传》)

3. 下列句中不含词类活用的一项是(　　)

A. 因县陈　　　　　　　B. 犹可辞乎

C. 诸侯之从也　　　　　D. 牵牛以蹊人之田

4. 把下面句子翻译成现代汉语。

王曰:"善哉!吾未之闻也。反之,可乎?"对曰:"吾侪小人所谓'取诸其怀而与之'也。"

阅读提示

1. 孔子援引《诗经》"民之多辟,无自立辟"的用意是:

2. 夏征舒为什么要射杀陈灵公?

3. 王樵认为，夏征舒"其贼易知"，而孔宁、仪行父"之为贼难见"，请谈谈你的看法。

咬文嚼字

遂入陈，杀夏征舒，辕诸栗门。因县陈。

请赏析"因"字的表达效果。

合作探究

1. 楚庄王宽恕孔宁、仪行父，这一举动引来巨大争议。王樵从这一点看出，庄王的霸业不及齐桓公、晋文公："此霸业所以不敢望桓、文哉！"你同意其说法吗？请说明理由。

2. 臣正治认为，"蹊田之罚，最为妙喻"。申叔的这一比喻妙在何处？

解读经典

儿子不是随便叫的

《诗经·陈风·株林》影射了一桩贵族绯闻：

胡为乎株林？从夏南！匪适株林，从夏南！

驾我乘马，说于株野。乘我乘驹，朝食于株！

翻译过来就是，国君您骑马到株林去有何公干啊？寡人去找夏南公子！我可不是去株林玩的。扬起手中鞭，到了株林咱们好歇息，马儿快快跑，到了株林吃早饭。这首诗被看作是讽刺陈灵公,也有人说这里的乘马者是陈国两位大夫孔宁、仪行父。他们要去的株林是陈国大夫夏氏的封地,夏南就是本篇所提及的夏征舒(字子南)。夏家有什么宝贝,为何君臣都迫不及待要去?因为那里有夏南的母亲,夏姬。夏姬是中国历史上的绝世美女,而且风流成性。她原本是郑穆公的女儿,先嫁给了子蛮,子蛮死后,父母又将其嫁给了陈国大夫夏御叔。二人结婚后没有多久,御叔又死了,只留下个儿子夏征舒。他成了夏氏的唯一继承人,母亲也成了寡妇。声名狼藉的母子、暧昧神秘的家族,加上绝世贵妇的美艳,就像一朵诱人的鲜花,招蜂引蝶自是不在话下。陈灵公一趟趟往夏家跑,吃住都在那里,自然不是去给夏南讲解政策的。两个无耻的大夫孔宁、仪行父也去,君臣共享美色,任由他人讽刺指点,毫无戒惧之心,夏征舒内心的愤怒可想而知。不久,夏氏这朵奇葩就成了狰狞危险的食人花,让灵公殒命于此。

夏姬的三个情人一起畅饮,酒酣耳热之际开始乱开玩笑。灵公指着夏征舒说:"这孩子长得像你老仪。"意思是征舒是仪行父的私生子。仪行父不甘示弱,说"这孩子怎么看怎么像你的。"这让小伙子怒不可遏,加上自己有一身高强武艺,心口愤怒的岩浆不住地翻滚。当灵公出外时,他从马厩里拿出弓箭,一箭把灵公射翻在马粪堆里。两个大夫明白过来怎么回事,吓得夺路而逃。篡权的夏征舒掌控了陈国的局势,却偏偏放走了两个死敌。放虎归山,遗患无穷。

陈灵公当初作死,不是没有人警告过他。大夫泄冶看见他们哥仨与夏姬卿卿我我,甚至于三人都穿着夏姬的汗衣在朝堂上嬉笑打闹,直言批评道:"你们贵人宣扬淫乱,百姓就不会听从你们,国家要大乱了。"泄冶激烈的言辞惹怒了孔、仪二人,他们怂恿灵公杀了泄冶。对泄冶的死孔子引用《诗经》中的句子来评价:"民之多辟,无自立辟。"意思是一个邪僻的国度,不值得自立法度以危身。一般理解为孔子在感慨泄冶应该弃暗投明,不值得为此献身。方宗岷则认为孔子对泄冶有所批评,意思是应当早作规劝、改变世风,先前没有尽到责任。还有学者以为是激切之语,圣人感慨举世混浊、独为君子的痛苦,有反语意。宗尧云:"泄冶忠谏而反讥之,乃痛世变。"

征舒弑君,此时又面对着一个经典的春秋命题:小国道义沦丧,政局混乱,老大哥就要站出来主持公道。于是,晋、楚两个大国的较量又不得不摆上台面了。陈国的嗣君去了晋国,楚国当然不能让复国的利益旁落敌手,再加上两个逃亡臣子孔宁、仪行父的怂恿，于是楚庄王出兵陈国。

乱世妙喻

县是春秋时期的新制度，楚国最早设县，意味着君王对地方的直接管辖。楚灭陈，名义上是夏征舒叛乱弑君，要诛贼臣、正道义，实际的考虑则是针对晋国接纳陈国嗣君，要抢先于晋国控制陈国。这一段对征服过程的描写非常有意思："谓陈人'无动！将讨于少西氏'。遂入陈。"楚国人让陈国人不要惊扰，他们此行的目的只有夏征舒，于是陈国人毫不抵抗，欢迎楚国。陈国人太天真了，以为楚国来军队的目的真的仅仅是惩治弑君之贼，而对陈国没有野心。楚王一看畅通无阻，就长驱直入陈国都城，不仅仅车裂了夏征舒，还顺便把陈设为楚国的一个县。这就显出他的假仁假义了。此时，申叔时要劝谏楚王，自然不能只在真仁义上做文章，他既要动之以情晓之以理，同时也要构建利义间的平衡。

申叔时的讽谏第一步是复命即退。不道贺，是不符合臣子礼节的，这样楚王自然会起疑心，会来质询。也是暗讽其行为不合礼节。第二步则是精彩的比喻：牛践踏田地，你可以惩罚牵牛者，但是夺走人家的牛，这到底是正义还是贪婪？占领陈国名不正言不顺。第三步引出关键词——号令诸侯。名不正言不顺怎么号令诸侯呢？申叔时对时局的判断非常准确。楚王吞并小国不难，但是晋国若以此为名义号令诸侯伐楚，楚国自然会遭遇危机，大好形势会瞬间沦丧，那些原本投靠楚国伐陈的诸侯会因为被欺骗的愤怒而投奔晋国。这是贪小利而失大利。如果恢复陈国，这就等于将了晋国一军；我维持陈国秩序，你也别再想插手陈国事务，而诸侯们都会被我感召，听命于我。

申叔时所说的其实正是楚庄王的顾虑，我们从庄王的反应来看，他几乎是毫不犹豫地赞同了对方的异见。这不完全是出于仁义之君的道德感，更像是听到一个合理的建议让他重新审视当下。然而，很多人都把庄王的行为看作是假仁假义之后的自我纠正，是蛮夷之君的道德进化，这样想其实是把政治问题庸俗化伦理化了。难怪很多人会指责楚庄王在维护礼义道德上不彻底。魏禧义愤填膺地说，孔宁、仪行父这两人伤天害理、罪行累累，先是引诱陈灵公淫乱，又害死了泄冶，然后还跑到楚国，利用花言巧语，让楚人领兵车裂了敌人夏征舒，这样的贼人应当诛杀。可庄王却偏偏送这两个人回国安顿，这不是徇私是什么？"楚庄若正天讨,所当杀不待时,而反纳之于陈,此霸业所以不敢望桓、文哉?"感慨其霸业不及齐桓晋文是因为没有彻底占据道德制高点。吴曾祺《左传菁华录》认为庄王祸于二子之说而归罪于夏征舒,甚至连这两个人与夏姬通奸的丑恶都"不得而知之",善待二人是被蒙蔽的结果。这个说法更经不起推敲,对于二人的所作所为,庄王不可能一无所知,他也不会如此偏听偏信。我们只能回到之前的话题来看,留下这两个人,是有政治考量的。

二人当诛而弗诛,出于利益和感恩,他们自然会对楚王死心塌地,做好看门狗。另外,纳故臣是一种姿态,楚国愿意安抚陈国旧部,连两个贼人都可以庇护,显然其他人也能得到宽容,势必能够在舆论和情势上与晋国一较高下了。《左传》对此的评价是"书有礼也"。意思是《春秋》在赞扬楚庄王送亡臣归国,这一行为合乎礼。这个讲法也同样被很多人诟病,认为《左传》帮乱臣贼子说话。其实回过头来看,《左传》恐怕只是就事论事。在道义上看,未必是完美的,但就稳定秩序、遵循传统、安抚诸侯来看,这个做法利大于弊。换句话说,从道德功利主义角度看,保护小人如果能够安抚更多的君子百姓,避免战乱,挽救一个独立主权的国家,这样的做法也不失为一种理性,这也体现了儒家的原则与权变互通的思想。或许楚庄王只是出于利益的考量,但是结果来看,他确实客观上促进了天下形势的安定。

"存亡继绝"的道德神位

中国古代政治伦理学中有"存亡继绝"的观念,这也是春秋时期大国争霸的核心价值观。让一个已经灭亡的国家复国,延续祖先的祭祀,这是对天道的尊重,也是展示自身软实力的契机。春秋大国如果能够做到"存亡继绝",那它的霸主地位毫无疑问会非常有说服力。卫懿公被狄人杀死,国家被灭,面对这样一个烂摊子,齐桓公还是帮它重建了国家。晋文公当年流亡曹国,洗澡时候被曹共公偷看,这样的奇耻大辱引来了文公的报复,但是在攻破曹国、执拿曹共公之后,晋国也没有吞灭曹国。战国时期齐国破燕国,赵武灵王迎接流亡的燕君,帮助其复国,可见这种价值理念生命力之强。庄王有霸主雄心,道德牌坊当然也要不逊于前辈,复陈之举已足以垂范后世。

有趣的事,历史上的陈国曾经先后两次灭国复国,每一次的参与者都是楚国。公元前534年,陈公子招杀死太子,逼死国君,立傀儡新君,这次又是楚王派兵灭了陈国。后来,楚公子弃疾弑君篡权,他为了博得美名,缓和矛盾,于是又拿出"存亡继绝"这个老祖宗的法宝,把已故陈太子的儿子抬出来立为君王,重新建立陈国。这块道德神位一直立在那里,直到楚国第三次灭陈……

第二十二讲　拿什么拯救你，我的父亲

楚观起有宠于令尹⁽¹⁾子南，未益禄而有马数十乘。楚人患之，王将讨焉。子南之子弃疾为王御士，王每见之，必泣。弃疾曰："君三泣臣矣，敢问谁之罪也？"王曰："令尹之不能，尔所知也。国将讨焉，尔其居乎⁽²⁾？"对曰："父戮子居，君焉用之？泄命重刑，臣亦不为。"王遂杀子南于朝，辕观起于四竟。

子南之臣谓弃疾："请徙子尸于朝。"曰："君臣有礼，唯二三子。"三日，弃疾请尸。王许之。既葬，其徒曰："行乎？"曰："吾与杀吾父，行将焉入？"曰："然则臣王乎？"曰："弃父事仇，吾弗忍也。"遂缢而死。

复使薳子冯为令尹，公子齮为司马，屈建为莫敖⁽³⁾。有宠于薳子者八人，皆无禄而多马。他日朝，与申叔豫言，弗应而退。从之，入于人中。又从之，遂归。退朝，见之，曰："子三困我于朝，吾惧，不敢不见。吾过，子姑告我，何疾我也？"对曰："吾不免是惧，何敢告子？"曰："何故？"对曰："昔观起有宠于子南，子南得罪，观起车裂，何故不惧？"自御而归，不能当道。至，谓八人者曰："吾见申叔，夫子所谓生死而肉骨也。知我者如夫子则可；不然，请止。"辞八人者，而后王安之。

——襄公二十二年

▶ 注释

（1）令尹：楚国官名。是当时楚国最高官职，集军政大权于一身。（2）尔其居乎：你还会（继续）呆在朝堂么？居，处。（3）莫敖：楚国官名。

课堂检测

1. 解释下列加点的字词。

　　弃疾请尸（　　）　　　　吾与杀吾父（　　）
　　弗应而退（　　）　　　　子姑告我（　　）

自御而归(　　)　　　　　　而后王安之(　　)

2. 下列句中"焉"字用法与例句相同的一项是(　　)

君焉用之

　A. 青麻头伏焉(《聊斋志异·促织》)

　B. 焉用亡郑以陪邻(《左传·僖公三十年》)

　C. 或师焉,或否焉(《师说》)

　D. 三人行必有我师焉(《论语·述而》)

3. 下列句子与例句句式相同的一项是(　　)

君三泣臣矣

　A. 臣知欺大王之罪当诛(《史记·廉颇蔺相如列传》)

　B. 凡长安豪家富人为观游及卖果者(《种树郭橐驼传》)

　C. 以为莫己若(《庄子·秋水》)

　D. 三而竭(《左传·庄公十年》)

4. 把下面句子翻译成现代汉语。

王遂杀子南于朝,轘观起于四竟。

_____

_____

阅读提示

1. 楚王在令尹子南的儿子弃疾面前三次哭泣,其目的是:_____

_____

2. 弃疾自杀的原因是:_____

3. 申叔豫上朝为何要躲着薳子冯?

_____

_____

4. 薳子冯"自御而归,不能当道"的原因是:_____

_____

咬文嚼字

本文善用衬托之法。王源评价说:"以子冯衬子南,以八人衬观起,明也。章法易见。以申叔豫衬弃疾,暗也,不易见。"请结合这一段话,加以解释。

合作探究

1. 申叔豫劝说蔿子冯的时机、方法都非常合适,所以取得了极好的效果。请分析其成功之处。

2. 弃疾拒绝泄露君王要杀父亲子南的意图,又为父亲自杀而死,有人认为是忠孝两全,也有人指责其为"不忠不孝":"弃疾之为臣子过矣。"你赞同哪一种观点?请说说理由。

解读经典

你看懂楚王的暗示了么?

《论语》中记载:"叶公语孔子曰:'吾党有直躬者,其父攘羊,而子证之。'孔子曰:'吾党之直者异于是:父为子隐,子为父隐,直在其中矣。'"叶公说自己家乡有个正直的人,父亲偷羊,他去检举。孔子反驳说自己家乡的人也很正直,父亲为儿子隐瞒罪责,儿子为父亲包庇,这才是正直。亲人之间相互庇护的行为和检举揭发大义灭亲的举动,哪一个更合乎正义?这是中国古代最为经典的两难命题之一。对于这样的道德困境,圣人孔子的立场很坚决,他站在亲亲相隐这一边。其实,纵观中国历史,大义灭亲,以牺牲亲情为代价换取道义的做法,大部分情况下是得不到支持的。

可是我们故事的主人公,他好像更愿意站在叶公的立场上看问题。观起仗着自己的靠山是当朝令尹子南,为非作歹,引得天怒人怨。"楚人患之,王将讨焉。"观起为什么这么得意,背后的人是谁,有没有可能对君王的权力和威信构成威胁,楚王心理不会没有数,于是楚王就对子南起了杀心。那么问题来了,如果楚王真想杀子南,那么最重要的就是三个字:忍准狠。保密工作做到位,再来个斩立决,事情就可以很轻松地解决。他为什么要在我们年轻无知的主人公,子南的儿子,他的车夫弃疾面前,哭哭啼啼,让对方猜哑谜呢?

这明摆着是一种暗示:你老爹犯事儿了,你赶紧想办法劝劝他,收敛收敛,主动谢罪,争取免死。或者想办法自己躲一躲。也保不准是在劝这孩子,向他老爹透个信儿,让一大家子人赶紧出国自保。从这个举动看,其实楚王对子南还是有感情的。毕竟是老臣,又是股肱,何必要赶尽杀绝呢?他之所以要警告对方,实在是因为子南管束手下不力,平日行为不检点,最主要是老百姓和宗亲们都怨恨不已,必须得采取措施才行。他似乎把命运的骰子交给了弃疾来投掷。然而,弃疾让所有人都失望了。

弃疾没看懂楚王的警告。他只看懂了楚王恨自己的父亲,父亲离死不远了,却不知道帮父亲想办法免祸的。"父戮子居,君焉用之?泄命重刑,臣亦不为。"他的意思是,如果我把消息透露给父亲,我就不是好臣子;如果我不告诉父亲,父亲被大王杀死,作为儿子,也没有脸面再呆在朝堂上。他的表态没有任何实际效果,只是陈述了自己的道德困境。楚王一看,算了,暗示到这个份上你都没应对,只能痛下杀手了。于是就将罪魁祸首观起车裂,带着分裂的尸体巡视四境,以平民愤。子南也被杀死于朝堂上。这个时候,迂腐的弃疾才站出来采取措施,三天后给父亲收尸。他说自己是不孝子,逃到别的国家去,也不会有人要,于是就自杀而死了。

面对道德困境,弃疾真的没有别的办法了么?

谁来给弃疾支个招?

凌稚隆《左传测义》提出了这样的观点:"弃疾之为臣子过矣。夫父果无罪,而君欲杀之,则号泣而请,不得则奉父而逃,孝也,亦不害为忠。父果有罪,而君已杀之,则敬共其职,以盖父愆,而中实隐痛焉,忠也,亦不失为孝。"大意是弃疾可以先向楚王求情,不成再带着父亲跑,前者算是尽忠,后者也是尽孝。哪怕君王杀了父亲,自己也不应寻死,而是要通过努力工作,恪尽职守,为父亲赎罪,这也是尽忠,心里强忍痛楚,这也算是尽孝。他现在倒好,没有救父亲,一死了之也没有尽臣子职责,可谓不忠不孝。一句话,弃疾是事后作为,结果很被动,不如事前干预,能够先发制人。

对比之下,申叔豫就是一个非常聪明的人。他看到蒍子冯做得比前任子南还要过分,一下子宠幸了八个恶人,真是作死到了极致。申叔豫就用躲避他,不和他说话的方式来讽谏。蒍子冯可能比子南更嚣张,也更危险,但是他却非常聪明。他看懂了对方的警告:你现在大祸临头了还不自知,我要和你保持距离,赶紧省悟吧。进而抓住对方询问后恍然大悟。于是就"自御而归,不能当道",连车夫也不等了,自己夺路而逃,往家里赶,因为心里害怕,驾车都没法保持在正道上。到了家里,赶紧辞退了那八个惹是生非的小人。楚王这下安心了。

后任的处理给前任作了很好的示范。一个聪明的朋友,救了一个聪明的权臣。而一个迂腐的儿子,也间接害了一位昏聩的父亲。可惜弃疾是看不到这教科书般的危机处理了。

古人为什么大都反感大义灭亲

像弃疾这样为了忠而牺牲孝、大义灭亲的人,在古代往往正面评价不多。开头的话中,叶公眼中看到的只是法律的尊严,所以主张大义灭亲。而孔子思考的则是如果法律的执行破坏了亲情,这样的法可能会破坏人情伦理的和谐稳定。运用现代的正义理论看,他似乎更倾向于协调程序正义与结果正义的关系。大义灭亲短期的效果更明显,但从长远角度看,对基本伦理、对社会风气的破坏是不可估量的。在古代礼法社会中,在修齐治平的道德体系中,大义灭亲不符合身、家两个基本道德维度,还有可能动摇国与社会的根本。所以统治者也并不提倡。

汉宣帝曾经颁布法令:"自今子匿父母,妻匿夫,孙匿大父母,皆勿坐。其父母匿子,夫匿妻,大父母匿孙,罪殊死,皆上请廷尉以闻。"意思是父母子孙夫妻相互包庇,是可以免罪的。这显然是不提倡大义灭亲。在《左传》中有个非常著名的大义灭亲的故事:叔向灭亲。雍子和邢侯争地,雍子把女儿嫁给本案法官叔鱼,以此来贿赂对方,后者因此包庇前者。邢侯气不过,就当堂杀死了两人。作为叔鱼的哥哥,叔向建议将徇私舞弊的叔鱼暴尸于闹市,可谓是大义灭亲的极致了。对于叔向的做法,杜预、孔颖达等人都提出了反对。杜云:"于义未安,直则有之。"意思是这样做或许合乎原则,但是不符合道义。孔颖达干脆说:"人皆曰叔向是'义',妄也。"《左传》记载孔子对这件事的评价是"杀亲益荣,犹义也夫?"这句话的理解,历来有不同说法。有人认为这是贬义,意思是杀死亲人,增加自己的荣耀,这还能算得上义吗?

相反,在古代宗法社会,为亲人把事情做过了头,倒还算是可以原谅的。《后汉书》记载了一个著名的酷吏叫阳球,他的母亲曾被一个官员侮辱,他竟然伙同自己几十个朋友杀了对方一家老小。他非但没有被通缉治罪,竟然还因此名声大噪,举了孝廉,做了国家干部。真可谓是大千世界,无奇不有。这就体现出在古代社会以血亲为宗旨的道德正确。

第二十三讲　帽子与面子

齐棠公之妻,东郭偃之姊也。东郭偃臣崔武子。棠公死,偃御武子以吊焉。见棠姜而美之,使偃取之。……

庄公通焉,骤如崔氏(1),以崔子之冠赐人。侍者曰:"不可。"公曰:"不为崔子(2),其无冠乎?"崔子因是,又以其间伐晋也,曰:"晋必将报。"欲弑公以说于晋,而不获间。公鞭侍人贾举,而又近之,乃为崔子间公。

夏五月,莒为且于之役故,莒子朝于齐。甲戌,飨诸北郭。崔子称疾,不视事。乙亥,公问崔子,遂从姜氏。姜入于室,与崔子自侧户出。公拊楹(3)而歌。侍人贾举止众从者而入,闭门。甲兴,公登台而请,弗许;请盟,弗许;请自刃于庙,勿许。皆曰:"君之臣杼疾病,不能听命。近于公宫,陪臣干掫(4)有淫者,不知二命。"公逾墙,又射之,中股,反队,遂弑之。贾举、州绰、邴师、公孙敖、封具、铎父、襄伊、偻堙皆死。祝佗父祭于高唐,至,复命,不说弁(5)而死于崔氏。申蒯,侍渔者,退,谓其宰曰:"尔以帑(6)免,我将死。"其宰曰:"免,是反子之义也。"与之皆死。崔氏杀鬷蔑于平阴。

晏子立于崔氏之门外,其人曰:"死乎?"曰:"独吾君也乎哉,吾死也?"曰:"行乎?"曰:"吾罪也乎哉,吾亡也?"曰:"归乎?"曰:"君死,安归?君民者,岂以陵民?社稷是主。臣君者,岂为其口实(7),社稷是养。故君为社稷死,则死之;为社稷亡,则亡之。<u>若为己死,而为己亡,非其私昵,谁敢任之?</u>且人有君而弑之,吾焉得死之?而焉得亡之?将庸何归?"门启而入,枕尸股而哭。兴,三踊而出。人谓崔子:"必杀之!"崔子曰:"民之望也,舍之,得民。"

——襄公二十五年

注释

(1)崔氏:崔武子家。(2)不为崔子:不用崔家的帽子。(3)楹:堂前的柱子。(4)干掫:巡逻搜查。(5)弁:皮帽。(6)帑:通"孥",妻子儿女。(7)口实:用来填饱肚子的俸禄。

课堂检测

1. 解释下列加点字词。

   庄公通焉（　　）　　　　不视事（　　）

   不说弁而死于崔氏（　　）　　岂以陵民（　　）

   谁敢任之（　　）　　　　三踊而出（　　）

2. 下列句中不含词类活用的一项是（　　）

   A. 请自刃于庙　　　　B. 非其私昵

   C. 又以其间伐晋也　　D. 枕尸股而哭

3. 下列句中"是"字意义用法相同的两项是（　　）

   A. 崔子因是

   B. 觉今是而昨非（《归去来兮辞》）

   C. 社稷是养

   D. 是谓伐德（《诗经·小雅·宾之初筵》）

4. 把下面句子翻译成现代汉语。

   若为己死，而为己亡，非其私昵，谁敢任之？

   _____

   _____

阅读提示

1. 崔武子为何有弑君的意图？

   _____

   _____

2. 晏子拒绝为君赴死的理由是_____

   _____

咬文嚼字

公拊楹而歌。侍人贾举止众从者而入，闭门。甲兴，公登台而请，弗许；

请盟,弗许;请自刃于庙,勿许。

"拊"字有何妙处?联系上下文,两处"弗许"和一处"勿许"有何作用?

日本学者竹添光鸿说:"齐庄之淫、崔杼之逆、诸人之死亡,皆隐定评于晏氏口中。"请依据晏子的话,对此予以解释。

帽子与面子

齐国棠公的遗孀棠姜有个弟弟叫郭偃,有一次,他驾车载着自己的主子,权倾朝野的崔武子去吊唁棠公。在这个送别死者的场合,崔杼却被爱神的金箭给射中了。崔杼看到遗孀貌美,就娶了她。而崔杼拥立的齐庄公竟然也看上棠姜,不过被崔杼抢了先,就背地里与她私通。

俗话说"色字当头一把刀",故事中的两位"刀锋战士"崔杼和庄公都是色胆包天的勇士。崔杼要娶棠姜时,郭偃告诉崔杼,姐姐和他是同姓,不能通婚的。而且占卜的结果不吉利,得到了走进屋子不见妻子的凶卦:"入于其宫,不见其妻,凶。"崔杼说:"哪有这么夸张,你姐姐是寡妇,就算和她结婚不吉利,死去的丈夫不是已经冲过灾了么?要克夫也是克前面死了的那个。"后来庆封灭崔氏,棠姜上吊,崔杼回家后看到家族的破败和妻子的尸体,就自杀了,可谓预言成谶。这是后话。

庄公更是"死了都要爱"的典范。他不仅在崔宅私通棠姜,还把崔杼的帽子赐给下人。下人也看不过去了,说不可以,他倒是幽了一默,说"天底下难道就这一顶帽子了么?"崔氏平时与庄公矛盾重重,帽子事件成为压倒骆驼的最后一根稻草,崔氏动了杀心,才有了后面假托生病,诱使庄公来邸,让家臣将其弑杀。可怜的庄公，平时来崔宅次数太多，熟门熟路了，等棠姜的时候，忍不住哼起小曲："公衬槛而歌"。这下子杀人都不需要暗号了，崔杼手下关上门，直接拿庄公当人肉箭靶。庄公登台、求情、求盟、翻墙，甚至连请求回祖庙自杀这种无脑策略都用上了，还是难逃一死。只可惜这个荒淫昏君牵连了一干义士，祝佗父等人纷纷为其死难。只有聪明的晏子觉得为其死不值得，哭完以后就回家了。

齐国女人的能量

一女克死三男，棠姜确实非等闲之辈。她到底有多漂亮，没人见过，但她的来者不拒，左右逢源，确实超越了后世封建时代女性的想象。一介女流，为何有这样的风采？一方面，春秋时期贵族风气之开放，非后世所及。更重要的是，棠姜是齐国人。当时，齐国女子的能量之大，能让列国男儿都把头埋到尘埃里。例如齐国公主文姜，她与哥哥齐襄公私通。文姜嫁给鲁桓公以后，和襄公仍然藕断丝连。鲁桓公出使齐国，二人鸳梦重温被他发现。襄公恼羞成怒，就派公子彭生暗地里把桓公杀死了。

有人做过统计，在《左传》记载的私通事件中，发生在齐国和鲁国的有十二次。其中多数都有齐国女子的身影，而且被戴绿帽子的往往是鲁国男人。这是什么原因？有这样几点推断。首先，和鲁国比，齐国东临大海，地界蛮夷，礼俗浅薄，经济发达。根深蒂固的"海派"文化，让姜子牙的后代们看重挣钱创业。齐国女性的"就业率"也较高，她们不只是待在家里看孩子，也参与养蚕、防治，甚至渔盐等活动。富裕的生活、独立的经济地位，让女子比较有想法，让民间的风气比较开放。其次，齐国的独特习俗"巫儿"助长了私通风气。齐国很多地方都有长女不嫁、留家主持祭祀的风俗，汉代尚有此风俗流传。《汉书·地理志》记载："襄公淫乱，姑姊妹不嫁，于是令国中民家长女不得嫁，名曰巫儿，为家主祠。"说的是当年齐襄公与妹妹私通，为了掩人耳目，下令民间长女不嫁。这些女孩留在家中主持祭祀。后来蔚然成风成为迷信风俗，这些人被称为巫儿。长女没有婚姻束缚，则与他人私通的可能性大大增加，这就形成了风气。第三，齐国公主大多嫁到鲁国，鲁国公主嫁到齐国的却很少。齐鲁两国是政治联姻，即便公主私通，两国一般也不会撕破脸皮。这样就让很多人有恃无恐。

男女关系中看到的礼崩乐坏

君王看上臣下的妻妾并不是个案,李商隐的咏史诗《龙池》"夜半宴归宫漏永,薛王沉醉寿王醒。"就是讥讽唐明皇抢了儿媳妇杨玉环,寿王李瑁痛苦得夜不能寐却也无可奈何。礼法制度使得父子君臣的权力极不平等,君要臣死,臣都不得不死,何况要的只是一个美人。但是这里的崔杼就没那么好说话了,虽然他是个臣子,但是手握重权,能够废立君主,所以庄公作死,他也就毫不手软。

春秋时期也有奇葩君臣,竟然能够共享妻妾,且和平共处,其乐融融。"齐庆封好田而耆酒,与庆舍政,则以其内实迁于卢蒲嫳氏,易内而饮酒。数日,国迁朝焉。"(《左传·襄公二十八年》)齐国的庆封贪恋酒色田猎,他把政事交给儿子,自己把老婆带到了权臣卢蒲氏家里。"易内"的意思是交换妻子。过了没多久,臣子们都不到朝堂上来上朝了,而是直接去卢蒲氏家里面来汇报工作。最终的后果当然很严重,庆封在叛乱中出逃,最后被楚王杀死于吴国。

通过这些例子,我们发现,贵族利用权力维系道德秩序的职能,在春秋时期濒临瓦解。西周初年,周公旦分封长子伯禽到鲁国去,曾劝导他只要正身敬人,自会有人来朝贡。五百年过去了,贵族已经不知身正为何物,连共妻同室这样的事情都做得出来。在欲望和阴谋面前,起码的自尊都不要了,何谈敬人?权力已经演变成了私欲的游戏。列国的公子公主们不怕玩火自焚,他们用无耻和快乐,构筑人生的速度与激情。更重要的是,在这些情欲游戏的终点,有更刺激的目标在等着他们,那就是政治。

春秋的石榴裙政治

春秋政治史如果开辟一个叫作"私通政治"的章节,一定不会让人惊讶。私通带来的混乱和杀戮,有时只是冰山一角,其背后有着重重的家国和宗族矛盾。特别是给国君戴绿帽子的贵族妇女,如果她身具利害关系、权势不可小觑,那她的一颦一笑都将成为试探国际关系、刺激地缘政治的试金石。卫灵公娶了年轻貌美的宋国公主南子,而南子很早就和本国的宋朝有染。到了卫国后,灵公为了讨好她,竟然创造条件,让二人在洮地相会。如果把这个事情仔细捋一捋,倒还有那么点逻辑。宋公愿意把年轻貌美的女儿嫁给灵公,首先是宋卫联姻的需求决定的。其次,南子私通的对象又是宋国公子,代表着国家的权势和地位。如果没有国家关系制衡,这个游戏也就玩不起来了。更何况灵公本身又是个双性恋,他宠爱弥子瑕,分桃而食的丑闻人尽皆知,南子的出轨也更令人同情。

灵公的大度和南子的开放,至少还有一些温情。但有的人就没那么善良了,特别是在清除政敌的时候,香巾罗裙就是伸向敌人的砍刀。晋国的栾氏和范氏都是世卿,是冤家,却又结成姻亲。范宣子的女儿栾祁嫁给了栾桓子。这种婚姻一看就是掩人耳目的政治讲和,是个随时可以撕毁的互不侵犯条约。果不其然,栾祁在丈夫死后就和家臣私通,两人合谋霸占栾氏家产。因为惹怒了儿子栾盈,栾祁恶人先告状,联合父亲告栾盈造反。栾盈被迫出逃。栾氏就这样毁在了这个女人手里。栾祁私通不仅是为了情欲,这朵恶海中的花朵,长在家族阴谋的土壤里,照耀它的阳光本就是血色的,它的浪漫是皮,功利是骨。

其实放眼西方历史,贵族社会中私通的政治意义也同样非同寻常。在这一方面,春秋的故事精彩有余,硕果却不足。中世纪的拜占庭帝国,情夫继承王位不是什么稀奇的事情。在帝国最强盛的时期,马其顿王朝君士坦丁八世死后,掌握实权的公主佐伊不能生育,于是她先后把自己的三个丈夫送上了王位,其中不乏情夫转正的。在务实的政治家看来,当权者的情欲并不重要,重要的是他们所爱的人有没有足够的执政素质。当权的男人女人们信赖自己的荷尔蒙,他们的感官本能所挑中的对象,更安全,更亲切,更好操控。

第二十四讲　谁在同情赵盾

晋灵公不君:厚敛以雕墙(1);从台上弹人,而观其辟丸也;宰夫胹熊蹯不熟,杀之,置诸畚,使妇人载以过朝。赵盾、士季见其手,问其故,而患之。将谏,士季曰:"谏而不入,则莫之继也。会请先,不入,则子继之。"三进,及溜,而后视之,曰:"吾知所过矣,将改之。"稽首而对曰:"人谁无过,过而能改,善莫大焉。《诗》曰:'靡不有初,鲜克有终。'夫如是,则能补过者鲜矣。君能有终,则社稷之固也,岂惟群臣赖之。又曰'衮职有阙,惟仲山甫补之(2)',能补过也。君能补过,衮不废矣。"

犹不改。宣子骤谏,公患之,使锄麑贼之。晨往,寝门辟矣,盛服将朝。尚早,坐而假寐。麑退,叹而言曰:"不忘恭敬,民之主也。贼民之主,不忠;弃君之命,不信。有一于此,不如死也。"触槐而死。

秋九月,晋侯饮赵盾酒,伏甲,将攻之。其右提弥明知之,趋登,曰:"臣侍君宴,过三爵,非礼也。"遂扶以下。公嗾夫獒焉,明搏而杀之。盾曰:"弃人用犬,虽猛何为!"斗且出。提弥明死之。

初,宣子田于首山,舍于翳桑,见灵辄饿,问其病。曰:"不食三日矣。"食之,舍其半。问之。曰:"宦三年矣,未知母之存否,今近焉,请以遗之。"使尽之,而为之箪食与肉,置诸橐以与之。既而与为公介,倒戟以御公徒而免之。问何故。对曰:"翳桑之饿人也。"问其名居,不告而退,遂自亡也。

乙丑,赵穿杀灵公于桃园。宣子未出山而复。大史书曰"赵盾弑其君",以示于朝。宣子曰:"不然。"对曰:"子为正卿,亡不越竟,反不讨贼,非子而谁?"宣子曰:"呜呼!《诗》曰'我之怀矣,自诒伊戚(3)。'其我之谓矣。"孔子曰:"董狐,古之良史也,书法不隐。赵宣子,古之良大夫也,为法受恶。惜也,越竟乃免。"

——宣公二年

注释

(1)雕墙:为墙壁涂彩作画。(2)衮职有阙,惟仲山甫补之:取自《诗经·大雅·蒸民》。意思是周王有过失,仲山甫能匡救。衮,古代天子、上公所穿的礼服。(3)我之怀矣,自诒伊戚:取自《诗经·邶风·雄雉》。意思是我怀恋祖国,因此给自己带来了忧伤。

课堂检测

1. 解释下列加点字词。

　　而观其辟丸也(　　)　　　　使锄麑贼之(　　)

　　趋登(　　)　　　　　　　　提弥明死之(　　)

　　置诸橐以与之(　　)　　　　亡不越竟(　　)

2. 下列句子中与例句中"乃"意义用法相同的一项是(　　)

越竟乃免

　　A. 今乃得玩之几席之上(《黄州快哉亭记》)

　　B. 今其智乃反不能及(《师说》)

　　C. 乃知尔丑(《庄子·秋水》)

　　D. 乃重建岳阳楼(《岳阳楼记》)

3. 下列句子中与例句句式相同的一项是(　　)

其我之谓矣

　　A. 求人可使报秦者(《史记·廉颇蔺相如列传》)

　　B. 慈父见背(《陈情表》)

　　C. 相与枕藉乎舟中(《前赤壁赋》)

　　D. 又试之鸡(《聊斋志异·促织》)

4. 把下面句子翻译成现代汉语。

夫如是,则能补过者鲜矣。君能有终,则社稷之固也,岂惟群臣赖之。

_____

_____

阅读提示

1. 士季与赵盾进谏灵公的方式有何不同?

_____

2. 鉏麑刺赵盾时面临的两难处境是：_____

3. 赵盾引用《诗经》"我之怀矣，自诒伊戚"一句的目的是：_____

咬文嚼字

　　初，宣子田于首山，舍于翳桑，见灵辄饿，问其病。曰："不食三日矣。"食之，舍其半。问之。曰："宦三年矣，未知母之存否，今近焉，请以遗之。"使尽之，而为之箪食与肉，置诸橐以与之。

请从叙述手法角度鉴赏本段文字。

合作探究

1. 苏本洁《左传杜注补义》云："灵辄之为公介，必非无心。"你是否认同这一观点？请说明理由。

2. 金履祥认为《左传》中所记述的孔子对赵盾的评价来历可疑，"此非夫子之言也"，是《左传》的误用。是否有道理？请你予以解释。

解读经典

不安好心的谏臣

　　齐宣王有一次问孟子："卿的职责是什么？"孟子反问："有贵戚之卿，也有异姓之卿，您问哪一种？"宣王先问前者，孟子说："君王如果犯了严重过错，贵戚之卿就要反复劝谏,如果不听,就把他推下王位!"宣王一听脸色都变了。孟子淡定地接着讲:"如果是异姓之卿遇到君王犯错,也要反复进谏,如果不听,就另投他主。"在孟子的眼里,君臣不是人身依附式的主仆关系,而是遵从无形的精神契约。从谏改过,才是臣服从君的前提。隋朝的王通有一次和贾琼对话,后者感慨汉武帝暴虐刚愎,从来不听劝谏。王通不赞同,他说汉武帝听了不做,但是"虽不从,未尝不悦而容之"(《中说》),能够容纳别人提意见,还是有志于道的君王。王通或许把武帝看得太高,但他把纳谏与否视作是人君是否丧志的标准,是与儒家思想一脉相承的。然而,在孔子的时代,进谏也是权谋的一种手段,能制造出意想不到的政治效果。权臣之谏,可能非但不是为了让君王改过,还是为了激化矛盾、引诱国君进入圈套。

"晋灵公不君",左氏一句话指出了灵公的过错。君主犯错,臣子当然要劝谏。但是针对劝谏的方法和时机,大家伙犯了难。这是由灵公错误的性质决定的。灵公在台上用弹弓弹人,看人出洋相,这是君主的恶趣味,最多算长不大的孩童的丑戏,也没什么大不了的。但因为熊掌没蒸熟就杀死厨师,这个性质就很严重了。但是君主杀死奴仆,春秋时代也不是个案,更何况灵公后面的做法也体现了其愧惧。他让下人把尸体放在畚箕里,头顶着送出去,这其实也是一种掩饰,大概知道自己闯祸了,不想让大夫们看见。魏禧《左传经世钞》评其"并无大过,非不可谏诲。"但是妇人载尸过朝,赵盾和士季正好看到畚箕里露了一只手出来,知道了此君的恶行,就想要进谏。士季对赵盾说:"我先试试,如果不听,再劳您大驾。"班固《白虎通》中将进谏分为了"五谏",依据效果的好坏,依次为"讽谏、顺谏、窥谏、指谏、陷谏(犯颜直谏)",这里士季采用的方法是"窥谏",看君王心情顺,愿意搭理人的时候才凑上去,入门,入庭,升阶,都到了屋檐底下了,没有得到召见也不说话,直到灵公敢于面对他了,他方进言。见了面,士季又用"指谏"法,就事论事:"您的过错就是这一件,知错能改就行了。问题不大,但是怕您现在承认,后面不能坚持。"士季可谓用心良苦,灵公知道自己的行为不上台面,现在一群人冲上去揭他的短,他肯定有会逆反心理,给他点时间,有助于让他接受。但是士季的另一句话,可不属于"五谏"中的任何一种了:"衮职有阙,惟仲山甫补之"。这句话有典故,当年周宣王犯错,由手下的仲山甫来进言以弥补缺陷。衮职指的是君王的职责。后面一句是关键:"衮不废矣"!什么意思?你要不改过,君王的职责就可能荒废。这句话换一个角度理解,什么叫作"荒废"?是不是也可以理解为罢黜、废除?你若是不改过,怕有人会来废黜了你的君位!"玩'衮不废'三字,明明以不改必废告灵。"(《左传杜注补义》)士季这一句是警告,恐怕算是"警谏""吓谏"了。谁有这么大权力让君主"易位"呢?当然是士季的上级赵盾了。赵宣子就是孟子口中那个能够废立君王的谏臣——贵戚之卿。

熟悉赵宣子与灵公恩怨的读者一定会猜出来,赵盾对灵公厌恶透顶。当初襄公去世,他想剥夺年幼灵公的君位继承权,遂召寄居秦国的公子雍来即位,事情都快办成了,灵公的母亲、襄公的夫人穆嬴跑到大殿上抱着孩子大哭大闹,下了朝又抱着孩子去赵家给赵盾磕头,连着几个月天天如此,硬是把君位给"哭"回来了。赵盾在秦国人那里背信弃义,狼狈不堪。有什么办法,势力再强,强不过朝中局势。灵公就这样在恶虎面前度过了一年又一年,两个人你看我我看你,怎么看对方都像扫帚星,晦气得不得了。灵公担心赵盾随时找茬废了自己,赵盾也知道这小子早晚要想办法拿自己开刀,只是羽翼未丰。灵公自己发了次脾气杀了人,怎么这么巧,又给赵盾看见了!这下子有得好兴风作浪了,不是冤家不聚头!

回过头来看,士季的角色就很微妙了。他之所以拦着赵盾,自己先去进谏,就是怕二者矛盾激化。士季说的话异常婉转,就是想安抚这个长不大的国君,免得他落入赵盾的陷阱。他又不得不警告灵公:你可得当心头上的达摩克利斯之剑。但可惜,灵公朽木不可雕,结果没有听从,正中赵盾下怀。宣子"骤谏"!频繁、屡屡进谏,赵盾的目的很清楚,就是惹毛你,看你什么反应。高嵣评其为"无君之根""逼君之象"。灵公此时心里会有两种想法:第一,你这么不给我面子,逼我骂我,这是要废我的预兆,我不能坐以待毙;第二,你这样无君无上,要是不能杀你,我活着还有什么尊严?于是乎,就有了派出刺客的行动。

赵盾的人品大爆发

从《左传》记载来看,赵盾积攒的人品简直可以当武器用,一不小心爆发,就可以铲除所有的政敌。灵公派了鉏麑去杀他,结果鉏麑翻墙进了院子,看见老先生穿着朝服在书房里"假寐",一看就是昨天熬夜批公文累的。鉏麑当场泪目,心想这么勤政奉公的好公仆、百姓的主心骨,怎么能杀呢?又不能对国君背信弃义,怎么办?两难之下,头触槐树自杀。

晋侯一计不成又施一计,请赵盾喝酒,埋伏士兵伺机行刺。车右提弥明看出情势不对,赶紧把赵盾从宴席上带走,灵公见状放狗咬他,士兵一拥而上,提弥明且战且退,最后殉难。就在千钧一发之际,灵公侍卫中有个叫灵辄的猛人站了出来,倒戈一击,护卫赵盾撤走。原来灵辄是当年赵盾救济过的一个饥民。人家隐姓埋名那么多年,现在恰好在现场,报恩的机会来了。灵辄救了恩公以后,就溜得不知去向了。

这段历史太过于神奇了。《左传》的小说笔法借这个题材得到了淋漓尽致的展现。但这里面太多的巧合和惊喜,让人不得不怀疑这些细节的真实性。锄麑杀赵盾,赵盾在睡觉,谁能证明锄麑丰富的内心戏?自杀的动机,左丘明怎么知道?宴会埋伏兵,灵辄怎么这么巧,正好在现场?他和赵盾认识以后多年不见,偏偏这个时候碰上,而且之后就永远消失了。赵盾人品再好,也不至于老天处处保佑他。柳宗元感慨,赵盾这么好的一个官,"为政之良,谏君之直,其为社稷之卫也久矣,麑胡不闻之?"现在看到了他打瞌睡,才发现这是个好官,"是宣子大德不见赦,而以小敬免",又指责锄麑见识浅害赵盾差点陷入危险。但是回过头想,柳宗元也能看出锄麑的做法矛盾:他既然是个好人,你之前怎么会没有察觉,察觉了也就不会来执行刺杀,早就逃跑了。

也许历史的真相是,锄麑的刺杀失败了,他的死并不是自尽的悲壮,而是因罪伏诛的悲惨。作为最后的胜利者,赵盾散布的传言充满了各种自我贴金式的段落,演绎出勤政自救的美妙故事。这一点纪昀等人也有过怀疑。吴曾祺《左传菁华录》云:"锄麑之言,孰从而听之?或赵盾自以计杀麑,而托言其自杀,以逭其罪。又谬为麑言,以明己之忠。然其弑君之机,已伏于此。"这是一种怀疑。而灵辄其人,或许正是赵盾笼络的一个门客。此人领特殊使命,被安插在灵公身边,伺机内应,帮助赵盾;之后逃亡,了无踪迹,亡无对证。正如苏本洁《左传杜注补义》所云:"灵辄之为公介,必非无心,皆赵氏豫为安顿;不告自亡,亦盾之文饰其辞乎!"

到底谁在同情赵宣子

赵盾大难不死,自然要秋后算账。《左传》记载,赵穿在桃园弑杀灵公。赵宣子没有离开晋国国境（未出逃避嫌），而是直接回国都，迎立新君。太史董狐就记录了"赵盾弑其君"一句，还公示于朝。赵盾很不满意："我堂弟杀的人，我不知情啊，你怎么能说是我干的。"董狐反驳说："您是正卿啊，一人之下万人之上，弑君者还是您堂弟。您如果不知情，应该出亡，表示与赵穿撇清关系。您如果知情，就应该讨贼，大义灭亲。可是您现在回来了，准备迎接新君，好像啥事儿也没发生，这不正是包庇赵穿么？"董狐的言外之意，包庇赵穿就是知情，并且暗中参与谋划，这个嫌疑怕是很难洗清了。赵宣子无奈地说："我其实是因留恋家园，走得慢了点，故而没有离开故国，这却成了我的罪状了。"

《左传》记载了孔子对这件事情的看法，意思是董狐说得没错，赵盾有弑君之罪，但是赵盾不是真心弑君，他是因为触动了史家的书法规则，所以承受了恶名，挺可惜的。要是出逃时离开国境，就能免除罪名了。左丘明的一番记载，引起了轩然大波。后世文人纷纷站出来质疑左氏对孔子言论的记述。参照《春秋》来看，孔子并没有同情赵宣子，更无意为他开脱。似乎左氏是在为赵宣子背书，他曲解了孔子的意思，以为赵宣子无罪。金履祥反驳曰："此非夫子之言也。赵穿攻灵公于后，穿何怨于公而为此？是必有所受命矣。盾非果奔也，故未出山。实使穿也，故不讨贼。夫子书法因董之旧，岂又为是言乎？"程颐认为，赵穿弑君，无人不知，要不是《春秋》引用董狐的写法，说是赵盾弑君，后世人谁会想到这事可能是赵盾指使的。孔子这就是在宣示，赵盾不是善茬。李渔也认为这绝非夫子本意，他认为，赵盾不越境、不逃贼，就是因为自己是主谋。孔子《春秋》里"晋赵盾弑其君夷皋"一句肯定取材自董狐的记载，他既然采纳认同董狐的话，就不应该还为赵宣子说话了。昆崖认为孔子"惜也，越竟乃免"的说法未必是假的，但是孔子的意思不是真的惋惜，而是为了反衬其逗留的可疑。

按照这样的说法，左氏未必是在替赵盾开脱，而是以开脱之言，欲盖弥彰，激发读者的重视。在叙述完赵穿弑君、赵盾未越境返国之后，《左传》下一句就是："宣子使赵穿逆公子黑臀于周而立之"。赵盾让赵穿去迎接新君，这一行为无疑坐实了他与赵穿的串通，左氏如此笔法，无疑是在暴露赵盾的狼子野心。左氏的叙述，制造了一种近似于反讽的效果，字面上越是替赵盾开脱，实际上越是暴露其罪恶和心机。"后引孔子之言，看去似为出脱，实则老吏断狱，愈松愈紧，令他摆脱不开……司马昭之心路人皆知，左氏未尝被他瞒过，读是文者，正当会其微意所在。"这样看,孔子的那一番话就有另一种理解:张隧认为,所谓"惜也,越竟乃免"不是在惋惜赵盾,而是可惜董狐"亡不越竟"这番话不该说、不得体,弑君者越境了,还是罪无可恕,董狐的话太软了,"惜也者,惜董狐之言也。"林纾云:"'越境乃免',是惜董狐立言之失体,不是为宣子宽其罪名。"董狐开了个"越境"(似乎可以免罪)的口子,让赵盾有一番辩解,这是不应该的,更会扰乱人心。所以孔子是在委婉批评董狐。再回看整个故事,赵盾得人心也好,那么多人为其卖命也罢,这正是其弑君的舆论基础和心理准备,左氏文字庶几全在明褒实贬,暗讽赵盾之奸恶。

以这一点看,欧阳修等人认为左氏曲解孔子、替赵宣子开脱的说法怕是不准确的。无论有没有人真正同情赵盾,其行为必须依照"弑君者诛其心"的《春秋》铁律来惩办。一部《春秋》经文,定义弑君者,"虽不必其人自为,皆以祸所从发为主,所以诛其意也。"只要你有动机,甚至是对弑君行为有所宽容,都属于犯罪,而且若是主谋的话,最后列举杀人犯,只写你的名字。正因为如此,《春秋》才能让"乱臣贼子惧"(《孟子》)。

第六单元　文有奇气

　　《左传》笔法有浪漫飘逸、诡谲绚丽的一面。其取材"广采当时文籍,故兼与子产、晏子及诸国卿佐家传,并卜书、梦书及杂占书、纵横家、小说、讽谏等杂在其中。"(《春秋集传纂例》)既然杂有梦书、卜书及小说的内容,其情节生动、叙事驳杂、想象富丽、预言层出也就不难理解了。韩愈在《进学解》中评论道:"春秋谨严,左氏浮夸。"林纾认为《左传》类小说家言,对后世史书如《南史》等造成不利影响,容易导致失实。这些说法或有一定道理,多是从"史求信"的角度对其提出质疑,体现出宗史尊道的精神。但我们不能忘记中国史学文化的特点,特别是巫史职能的同源关系。史官是由巫师演化分流而来的,春秋时期的史官,除了记载历史,还有掌管祭祀天地、祝祷、预言灾祸等诸多职责。沟通天人,重视鬼神,这也是当时史职的题中之义。另外,左丘明虽为鲁国史官,但有一种说法说其先祖为楚史,楚地巫风盛行,有浪漫神逸的地域氛围,再加上左氏大量借鉴采集了当地史料,其文自然具备了"奇"的基因。

　　要贯通"奇文"血脉,还是要靠成熟老练的笔法。比如虚实的结合,你中有我,我中有你:晋景公病死是实情,但写病的中间插叙他梦见病魔两小人入"膏肓"的对话,推动其病情的发展,由实入虚,天衣无缝,兴味盎然;而两小人的来历,又不免让人想到之前被景公害死的两位大夫,可谓梦由心生,心由行致,以虚见实,梦境映射现实,一针见血。再比如变化多端的插叙,看似突兀,实则大有深意:写子文预言子越椒的狼子野心时,突然插入一段子文出生的奇闻,原来他是被老虎喂养大的弃儿。这段叙述看似莫名其妙,实则大有深意。作为促成斗氏兴盛的圣贤,子文为虎子却造福万民;而作为斗氏灭亡的罪魁,子越椒狼子相貌、豺豹性格,果然荼毒楚国。二者呼应对照,有宿命之感。再比如情节的陡转变化,出人意料,让人大跌眼镜:齐襄公鞭打侍从费,后者出宫遇反贼,主动请求入宫带路,读者都以为他会抓住机会报复襄公,没想到他竟然会用自己被鞭打的伤痕迷惑对方，回宫向襄公通风报信，不惜身死也要掩护襄公。

最后还要说一说奇文之"筋骨"。无论叙述如何天女散花，迷雾重重，严谨的章法、环环相扣的细节，才是令人欲罢不能的根本。齐襄公遇弑事件，开始只是狩猎时伤足丢鞋，却因此引出无数的阴谋，最后襄公因为门下露出伤足，被反贼发现并杀死，可谓是字字有来历，句句有落实，章章有回应。

第二十五讲　一个印刻为成语的噩梦

晋侯梦大厉(1),被发及地,搏膺而踊(2),曰:"杀余孙,不义。余得请于帝矣!"坏大门及寝门而入。公惧,入于室。又坏户。公觉,召桑田巫。巫言如梦。公曰:"何如?"曰:"不食新矣(3)。"公疾病,求医于秦。秦伯使医缓为之。未至,公梦疾为二竖子,曰:"彼,良医也,惧伤我,焉逃之?"其一曰:"居肓之上,膏之下(4),若我何?"医至,曰:"疾不可为也,在肓之上,膏之下,攻之不可,达之不及,药不至□,不可为也。"公曰:"良医也。"厚为之礼而归之。六月丙午,晋侯欲麦,使甸人献麦,馈人为之。召桑田巫,示而杀之。将食,张,如厕,陷而卒。小臣有晨梦负公以登天,及日中,负晋侯出诸厕,遂以为殉。

——成公十年

注释

（1）厉：厉鬼。（2）搏膺而踊：捶胸跳跃。（3）不食新矣：来不及吃新的麦子了。意思是对方很快就要病死。（4）居肓之上,膏之下：居,处。膏是心尖脂,肓是心脏和膈膜之间。

课堂检测

1. 解释下列加点的字词。

　　被发及地（　　）　　　又坏户（　　）

　　焉逃之（　　）　　　　疾不可为也（　　）

　　厚为之礼而归之（　　）　　将食,张（　　）

2. 下列句中画线句与例句用法相同的一项是（　　）

　晋侯欲麦

　　A. 召桑田巫　　　　　　B. 负晋侯出诸厕

　　C. 示而杀之　　　　　　D. 厚为之礼而归之

3. 为下面空格处填入合适的词(　　)

　　药不至□

　　A. 也　　　　　B. 焉　　　　　C. 矣　　　　　D. 哉

4. 把下面句子翻译成现代汉语。

　　小臣有晨梦负公以登天，及日中，负晋侯出诸厕，遂以为殉。

_____

_____

阅读提示

1. 在晋侯梦中，厉鬼做了什么？

_____

_____

2. 晋侯认为医缓是良医的理由是_____

_____

3. 概括晋侯的性格特点：_____

_____

咬文嚼字

　　冯李骅、陆浩《春秋左绣》评此篇"首尾呼应成章法，如花之有菡萏也"。请据此赏析本文的结构特点。

_____

_____

合作探究

1. 周大璋《左传翼》评晋景公"大鬼在屋内，小鬼在腹内。屋内不可避，而腹内更难除也"。请据此分析文中梦与病的关系。

_____

_____

2. 本篇写的是梦，实际反映的是人心。文中三梦分别反映了人物怎样的心态？

噩梦:复仇者的面具

《春秋》简要,《左传》内容详细丰富,有些细节读起来,与其说是史料,倒更像是小说家言,特别是那些绘声绘色、云谲波诡的梦境。

林纾认为,《左传》有些章节,通篇都是梦话,后世的史书如《南史》《北史》也沿袭模仿,只是《左传》用笔简古。《左传》到底写了多少个梦?有人统计是27个。27个梦逐一看下来,噩梦的比重真是不少。左丘明不是在散播恐怖,人们常说"日有所思,夜有所梦",在凄风惨雨、杀戮横行的春秋时期,君臣上下在这一片"黑暗森林"里时刻紧绷神经,噩梦做得多也不稀奇。只是这些梦基本都应验了,这一点细思恐极。

文中的这个故事后来被归纳为一个成语——"病入膏肓"。倒霉的晋景公临死前一连做了两个噩梦。景公首先梦见的是厉鬼拍门。恶鬼说景公杀了他的子孙,他要来复仇,并且已经通过天帝许可,拿到了杀人执照。这个梦不得不说很诡异,一般来说都是子孙为父兄复仇,但这个恶鬼确实感觉自己的孩子们受了欺负,自己要以天之名除恶。

景公梦见的这个厉鬼是有来历的。晋国大宗赵氏的族长赵朔死后,其妻子庄姬与其叔父赵婴齐私通,另外两位叔叔赵括和赵同看不过去,将婴齐流放了。怀恨在心的庄姬就联合赵氏的政敌诬告赵括、赵同造反。景公听信谗言,灭了赵家。这个事件被称为"下宫之难",后来被演绎为"赵氏孤儿"的传说。景公也是一代雄主,这个梦似乎暗示着他临死前的醒悟和愧疚。向天帝投诉,意味着上天要惩罚他的罪责。子孙就是被杀的赵家人,而这个厉鬼似乎是赵氏的先祖,也曾辅佐晋侯,立过大功。毁拆宫门暗喻着晋侯毁赵家,忘恩负义,屠戮功臣。这个梦似乎在警告他:报应不爽,死期将至!

晋侯接着做了第二个梦。这次,两个小人出场了(或许是被杀的赵同和赵括的化身),他们以疾病的身份来索命。预料到晋侯要对症下药,于是就提前告诉仇人:"我们躲在膏肓之间这个位置,药力是达不到的。"这下麻烦了,大鬼在屋子里面捣乱,小鬼已经跑到他身体里了,无论内外,晋侯似乎都已经无处可逃,他的病越来越重了。

验梦:命运的昭示

《左传》可以说是有梦必应的。这个故事中梦的应验过程比梦本身还要传奇。这正是左氏文章"奇气"所在,作者的想象力和叙事才华此处尽显无遗。晋侯做完第一个梦后马上就请巫师来解梦,后者预言他寿命捱不到新生的麦子成熟之时。这是"浅验",但还留有悬念。接下来的病入膏肓之梦是"梦验"。再后来晋侯即将吃到新麦,杀巫师,否定之前的预言,这是"无验"。而刚刚杀完人,麦子还没享用,他竟然倒毙在厕中,这是"猝验"。一个验梦的过程,左氏展现了四个阶段,变化多端,环环相扣,让人看得欲罢不能。"不是不报,时候未到",叙事延宕的艺术,在《左传》的梦境描写中不是孤立的。

> 初,声伯梦涉洹,或与己琼瑰食之,泣而为琼瑰盈其怀,……惧不敢占也。还自郑,壬申,至于狸脤而占之,曰:"余恐死,故不敢占也。今众繁而从余三年矣,无伤也。"言之,之莫而卒。
>
> ——《左传·成公十七年》

鲁国大夫声伯梦见有人给自己吃珠玉,声伯痛哭流涕,泪水化为珠玉落满怀抱。按春秋风俗,死者下葬,口里含珠玉。声伯醒来担心自己要死了,不敢占梦。后来经过狸脤这个地方,他想想做完梦三年过去了,自己还活蹦乱跳的,怕什么呢?于是就占了一卦,没想到"之莫而卒",这天晚上就猝然去世。这里又能看到曲折的验证过程,先是醒后惧验,再是不信邪,再是果报不爽。

验梦并不仅仅是为了增强奇诡的文气,或是简单反映当时的迷信风俗,更多的还是要传递道义,彰显史心。在梦的验证过程中,"天命"开始渐露峥嵘。命运的安排神秘莫测,连晋侯、声伯自己都已经觉得死亡预言不会实现了。可达摩克利斯之剑却总在出人意料的时候骤然落下。一切善恶报应,冥冥中自有天定,给你预兆,是让你做好准备,不是让你妄想逃避的。

这一篇中一个小插曲,或者说"梦外梦",则更鲜明地展现出宿命的可怕。小臣早晨梦见自己背着国君登天,一般人都会以为是大好事。没想到,背着国君不是辅佐国君,而是进厕所搬尸体;登天不是升官,而是为景公殉葬。看样子梦都是反的,所以曰"奇";但梦境照进现实又总会成真,所以曰"命"。一奇一命,虚中有实,幻中有理,贯穿左氏的春秋"大梦"。

解梦:欲望的后果

这一篇最精彩之处,恐怕还不在于宿命。噩梦只是人物内心的活动,可以等闲视之,也可以惶恐忧惧。而借噩梦的由头所产生的所作所为,却反映了不可等闲视之、令人不得不惶恐忧惧的罪恶。景公因为巫师的预言而杀巫师,他明明知道自己确实大限将至,却还是要借可食新麦的理由,先杀了这个让他不爽的人。这是任性,还是脾气,还是性格的缺陷呢? 他的梦固然凄惨,却也不正反映了他曾经犯下的暴行么?! 后人评价他"以好杀致梦,以多梦行杀,心已死矣,欲不得死乎?"晚年的景公不再是那个心怀天下的雄主。他拘捕来朝拜的郑成公,已经闹得天怒人怨。昏庸的他又残忍好杀,弄得晋国人人自危。这件事中,他对能看出他病入膏肓的外国医生如此礼敬,却把作为内臣的巫师当可以随意处置的工具,可谓"有乖伦理"(孙矿)。噩梦背后的心灵之恶,有时候比梦本身更让人不寒而栗。

《左传》中几乎每一个噩梦背后都有一个狰狞的故事。《左传·哀公十五年》中,卫庄公在浑良夫的帮助下登上了君位,他答应给浑良夫三次免死的机会。但是不久在太子的逼迫下,卫侯居然在一件事上找了三个茬,杀死了浑良夫。有一天,卫侯做了个梦,梦见一个人披头散发登上高处,说自己是浑良夫,要向上天呼诉。他说"绵绵生之瓜",意思是大瓜小瓜绵延无尽。醒来后,卫侯占了一卦,看卦的臣子说"没事",随后就逃跑了。狐疑的卫庄又占了一次,繇辞这样说:"如鱼窥尾,衡流而方羊。裔焉大国,灭之,将亡。阖门塞窦,乃自后逾。"意思是一条红尾巴的鱼儿穿过水流逃窜,靠近大国,它就要灭亡;要是关上门堵上洞,它就会从后墙翻过去。这段没头没脑的预言不久就应验了。没过几个月,晋国攻打卫国,攻进了外城,呼应了"裔焉大国,灭之将亡"。内忧外患中,卫国人赶走了庄公,与晋国讲和。庄公逃亡途中,因为曾触怒石圃和匠人而被驱杀,翻过后墙逃跑时跌伤了腿,呼应了"阖门塞窦,乃自后逾"。拖着残腿逃到戎州己氏那里,由于他曾逼着己氏的妻子把秀发剪下来给自己老婆当假发,愤怒的己氏杀死了庄公。在卫侯的梦中,绵延的瓜藤暗示着自己将永远被自己的罪行纠缠,他潜意识中的罪恶感被投射于梦境。后面的卜辞也验证了他孤家寡人、众叛亲离、无处可逃的境遇。

更离奇的是还有两个人做同一个噩梦的,根本不需要占卜,同梦之人确认个眼神,就可以确定是凶兆。《左传·襄公十八年》记载,晋国大族中行氏的族长荀偃梦见自己和冤家晋厉公争吵,后者用戈割下了自己的头。荀偃手捧自己头颅,按上以后向前逃跑,结果遇到了巫皋。醒来后没几天,他果然遇见了巫皋,后者告诉他自己也做了一个相同的梦。巫皋说:"主公您怕是活不过今年了。"果然,荀偃几个月后头上长恶疮,不久就死了。当年三郤之难,厉公可以杀荀偃,但心中不忍,便手下留了情,没想到狠心的荀偃竟然斩草除根,弑杀了厉公。这个梦也在流露荀偃的心虚与负疚。

有这样一种说法:"鹅做梦会梦见什么?玉米。"梦境是欲望的展现,是真实需求和潜意识不设防的流露。我们看《红楼梦》里宝玉梦里的呼唤,就知道他真心喜欢的是林黛玉,不是薛宝钗,虽然平时压抑着不好说:"和尚道士的话如何信得?什么是金玉姻缘,我偏说是木石姻缘!"

不过我们看《左传》中晋景公、卫庄公们所做的梦,也不仅仅是心里头魑魅作祟,还隐含着上天对恶行的揭露,显示着公道昭彰。命运虽然神秘,却也有不可动摇的严肃道义。这种带有审判色彩的梦在西方文学史上也有呼应。例如充斥着浓重道德焦虑感的托尔斯泰,在《安娜·卡列尼娜》中让男女主人公做了相同的梦:安娜和情夫沃伦斯基都梦见了一个胡须蓬乱、身材矮小的老农夫,带着麻袋,俯身搜索,用法语嘀咕着"打铁、捣碎、搓捏……"。按照梅列日科夫斯基的说法,这个农夫的原型是锻造之神、火神赫淮斯托斯,他的出现暗示着地狱之火的惩罚与审判。或许这正预示主人公的欲望之火将给他们带来毁灭的报应。

作为噩梦讲述人,或许左氏也在宣谕着"伸冤在我,我必报应"的教训。

第二十六讲　狼子野心子越椒

初，楚司马子良生子越椒。子文曰："必杀之！是子也，熊虎之状而豺狼之声；弗杀，必灭若敖氏矣。谚曰：'狼子野心。'是乃狼也，其可畜乎？"子良不可。子文以为大戚(1)。及将死，聚其族，曰："椒也知政，乃速行矣，无及于难。"且泣曰："鬼犹求食，若敖氏(2)之鬼不其馁而！"

及令尹子文卒，斗般为令尹，子越为司马。蒍贾为工正，谮子扬而杀之，子越为令尹，己为司马。子越又恶之，乃以若敖氏之族，圉伯嬴于轑阳而杀之，遂处烝野，将攻王。王以三王之子为质焉，弗受。师于漳澨。秋七月戊戌，楚子与若敖氏战于皋浒。伯棼射王，汰辀(3)，及鼓跗(4)，着于丁宁(5)。又射，汰辀，以贯笠毂。师惧，退。王使巡师曰："吾先君文王克息，获三矢焉，伯棼窃其二，尽于是矣。"鼓而进之，遂灭若敖氏。

初，若敖娶于䢵，生斗伯比。若敖卒，从其母畜于䢵，淫于䢵子(6)之女，生子文焉。䢵夫人使弃诸梦中。虎乳之。䢵子田，见之，惧而归。夫人以告，遂使收之。楚人谓乳榖，谓虎於菟(7)，故命之曰斗榖於菟。以其女妻伯比。实为令尹子文。

其孙箴尹克黄使于齐，还及宋，闻乱。其人曰："不可以入矣。"箴尹曰："弃君之命，独谁受之？君，天也，天可逃乎？"遂归，复命，而自拘于司败(8)。王思子文之治楚国也，曰："子文无后，何以劝善？"使复其所，改命曰生。

——宣公四年

▶ 注释

（1）戚：忧心。（2）若敖氏：楚国大族，出自楚国国君若敖熊仪，有斗氏、成氏两大支系。曾长期执掌楚国军政大权。（3）汰辀：掠过车辕。汰，掠过。（4）鼓跗：鼓架子。（5）丁宁：即铜钲，一种打击乐器，行军用。（6）䢵子：䢵国的国君。（7）楚人谓乳榖，谓虎於菟：楚国的语言，於菟意为老虎，榖意思是用乳喂养。斗縠於菟意思为斗家被老虎奶大的孩子。(8)司败：官名，主司法。这里泛指司法机关。

课堂检测

1. 解释下列加点的字词。

    其可畜乎（　　）　　　不其馁而（　　）

    以贯笠縠（　　）　　　虎乳之（　　）

    以其女妻伯比（　　）　使复其所（　　）

2. 下列句中不含宾语前置的一项是（　　）

    A. 而自拘于司败　　　B. 何以劝善？

    C. 将何适而非快《黄州快哉亭记》　D. 覆之以掌《聊斋志异·促织》

3. 下列句中"而"字意义用法相同的两项是（　　）

    A. 鼓而进之　　　B. 潘子扬而杀之

    C. 惑而不从师《师说》　D. 字而幼孩《种树郭橐驼传》

    E. 登高而招《荀子·劝学》

4. 把下面句子翻译成现代汉语。

    箴尹曰："弃君之命，独谁受之？君，天也，天可逃乎？"

    _____

    _____

阅读提示

1. 子文为什么一开始就主张杀掉子越？

    _____

2. 楚王是如何鼓励士兵与若敖氏作战的？

    _____

3. 楚王为何会赦免斗克黄，使其官复原职？

    _____

咬文嚼字

陈震《左传日知录》云:"灭若敖者越椒,存若敖者子文,顺序安有生气耶?"本篇没有采用从斗越椒灭若敖到子文存若敖的顺叙方法,而采用了独特的叙述方式,请对此加以评析。

合作探究

1. 本篇中叙述虎乳斗子文的故事,其用意何在?

2. 本篇如何刻画"狼子野心"的斗越椒这一形象?

解读经典

奇闻背后有奇史

《左传》好奇,辞有奇采,文亦有奇气,故奇文屡见。左丘明虽是鲁人,但相传为楚国史官倚相的后代,他又怎能忽略荆楚大地的奇闻逸事。好奇未必只着眼于奇谈本身,借助一支妙笔,左氏将一段云山雾绕的奇特历史展示出来,引来古今中外学者的无限遐想,将《春秋》大义的诠释鲜活化,使之有了纵深感。

本篇故事的主人公,表面上是斗氏家族的子越椒。这个被称为"狼子野心"的男人,几乎让自己高贵的家族彻底覆灭。但读完全篇我们会发现,他的恶行只是一个陪衬,用来衬托他的伯父令尹子文,左氏用他的毁灭来对比子文功绩的伟大。子越椒箭射楚庄王,必务杀之而后快,这样的暴行和叛逆,却不能抑制君王对其家族的怜悯和敬意,这全赖子文的影响力。后世学者普遍认为,这一篇实际是为子文立传,特别是为了引出虎乳子文的神奇故事。而左氏用灭族来倒叙族盛,用人面兽心的恶人来引出这位了不起的"兽乳人心"的贤人,笔法之奇诡,为他人所不能及。"乳于虎者,独以劝善留后,分明人面兽心、兽面人心之别,盖天生奇事,成此奇文者矣。左氏最是倒叙处见文法之变、文情之浓。"(《春秋左绣》)

  要了解此篇,先要大致辨清若敖氏一族的历史。楚国历史神秘莫测,众说纷纭,例如对诸"敖"的解释。若敖、莫敖、霄敖、堵敖、郏敖、訾敖,乍一看这些词很相像,但细考起来具体所指又不同。有人认为,敖最初就是官名,像莫敖相当于大司马,即统帅。有人认为敖是火崇拜的祭士,有点像巫师(岑仲勉)。有人将其解释为酋长(杨伯峻)。还有文献中将敖解释为"先君",即楚国历史上拥有王的权力,但没有正式王的名号的元首。这里我们不妨参照学者王廷洽和谷口满的观点。王廷洽认为,敖最开始相当于部落联盟的酋长。西周时期的楚首领熊仪在江汉流域诸侯间树立了霸权,能够影响诸国,相当于带头大哥。但是他没有胆子称王,害怕周王室的讨伐,所以姑且称敖,类似于于江汉部落联盟的盟主。敖是江汉地区共尊、中原人却不承认的尊称。若敖之后,还有霄敖、莫敖等。后来,敖的嫡系成为楚王,延续世袭下去,其他支脉就成为了王族。楚国完善君主制以后,这些王族的影响力还很大,以先祖为氏形成诸敖,可能也有了具体的职责分工。王族就以诸敖为宗族名字了,比如若敖氏,先祖即若敖之子。但这些宗族还有分裂,比如若敖氏分裂为了斗氏和成氏。像子文和子越,都属于斗氏家族。斗氏长期世袭令尹职位,对司马等要职也有晋升的特权,势力非常强大。日本学者谷口满认为,斗氏家族的族长还有一项更为神圣的权力,就是掌控云梦地区的祭祀权。云梦一词出自楚地语言,指大湖野泽,是水草随季节交替出现的地方。当时,湖北地区这样的地貌到处都有,未必专指某一区域。但是斗子文成长的云梦地区,应该在郧国,因为他的母亲是郧国公主。

  从本文中看,斗子文是被老虎喂养长大的。这个荒诞不经的故事背后,可能是一段鲜活的地方史。云梦水草丰美,野兽出没,历史上无数君王狩猎首选此地。汉高祖刘邦伐韩信,先伪装在云梦聚集诸侯狩猎,来麻痹韩信。后世还专门设有云梦官,管理此处。关于虎的传说,则折射出楚国的自然崇拜和浪漫民俗。楚文化崇拜凤鸟,对虎的崇敬来源于异族,谷口满等学者考证其来自巴族。在楚地出土的巫具文物中经常能看见虎座飞鸟形制，体现了楚族对巴族的征服和容纳。因为这些文物中，凤鸟时常表现出高傲和灵动，而其下方的老虎则是畏缩紧张的样子。这么看来，这里的斗氏子越与庄王的战斗，也反映出楚国内部不同文化权力的博弈，若敖、斗伯比父子均娶鄅女，其后代子越继承了这一血统。异族的加入让楚国强大，异族的反叛也给楚国带来了内乱，这是当时的历史局势。

神话背后的人性

子越椒小时候，形貌像熊虎，而声音若豺狼。从古人的相面之学上看，这样的人有非分的野心。史书中形容楚太子商臣蜂目豺声，由此判断其人残暴好杀，就是这个道理。当时担任令尹的斗子文是怎么看出这个孩子将来要惹祸的？或许未必全然是靠相面这么简单。三岁看老，或许这个孩子年龄不大，已露凶恶之迹。而子文的潜意识里对族人命运的忧虑通过这样一个细节暴露了出来。若敖氏势力太强大，得罪的人也太多。到子越这里，楚国的十二任令尹中有九位都出自若敖氏，而作为国家二把手的司马一职几乎也都被其族垄断了。"一鸣惊人"这个成语背后，反映的不是楚庄王思考人生的结果，而是被若敖氏凌制的屈辱和韬晦。或许在斗子文的设想中，自己族人终究会出现一个敢于直接和君王分庭抗礼的男子，此人若是智慧不足，品行不端，必然会让本族灭亡。他那一番若敖鬼馁的说法，就是对族人表达了自己对未来的担心。子越这样的人只要有一个，灭族就是终将到来的结局。子文维护楚国和平强盛的用心良苦世人皆晓，他当初把自己的家产拿出来填充国库，以缓和楚国的乱局，这就是"毁家纾难"这个成语的由来。正因有这样的国家意识，才会对家族的责任和隐患产生如此的担忧。

芳贾一直以来都被认为是智者。他小时候能够看出子玉刚愎自用，难成大器，又能在危难中立排众议，劝庄王不要急于迁都，并提出反攻的良策。这样有见识的人，却被子越利用，借他的手害死了继任令尹、同为若敖氏的斗般。这似乎是因为芳贾利欲熏心，被权力蒙蔽了双眼。孔尚典感慨，子越椒连族人斗般都能害，这样的人怎么会容忍芳贾？利用完他，肯定要杀他。"使人害之，其人他日必然害我。"但细究起来，芳贾并不是全无头脑。司马的职位一直都被若敖氏霸占,如果要让外族染指,一定得有若敖氏内部的分裂才行。芳贾正是自以为聪明地"利用"了子越椒要害斗般夺权的野心,给自己谋来了司马的职位。再者,楚庄王恨透了若敖氏的骄横和挟持,巴不得芳贾能够帮自己削弱若敖氏的实力。帮着害斗般,既能除去一个若敖氏的高官,还能为自己赢得权力,更有国君撑腰,何乐而不为?就是因为这样的小聪明,害他把问题看得太简单了,制人者正好落入被制者的圈套。子越椒怎么会不知道庄王和芳贾侵吞若敖氏的小算盘?只要时间成熟,他当然要杀芳贾。有狼子野心的人屡屡能够得手,在于利用了人性的贪婪与自私。

擅杀司马,自是重罪,子越椒撕掉了若敖氏与楚王之间最后一点体面,战争一触即发。楚庄王此时正式出场。有趣的是,他也利用了迷信诡怪的传说。这里,奇闻逸事成了他施展谋略的绝妙背景。庄王先故意示弱,说自己愿意把三代楚王的子孙都送给若敖氏作为人质,这是明摆着打不过的意思。子越椒心想:你这是缓兵之计,我们依然是你死我活的关系,此计不足信。子越椒错误判断庄王没有做好战争准备才出此狼狈之计,于是就加速进攻,这也正是庄王所期待的。战争中子越椒射了庄王两箭,都差点命中,庄王又利用楚人的迷信,宣称文王当年的三支神箭已用其二,自己毫发无损,这是上天庇佑,以此激励士气,击鼓进军。于是诛灭若敖氏。苏本洁《左传杜注补义》评其为:"非魑魅不足以制熊虎。"

若敖氏的"鬼魂"

斗克黄当时出使完齐国,准备复命,回国途中听说了自己的宗族谋逆被诛。别人劝他逃跑,但是他却选择复命,认为君命不可违。李渔把他的做法和晋国太子申生做比较,认为申生留在国内被害是不明智的,而克黄所为则是正确之选。克黄的判断是对的。第一,自己本身就是个小人物,不会兴起波澜,若敖的势力也已经根除,楚王不会深究。第二,自己展示顺从,秉承的是子文的遗风,重建若敖氏的家风形象,也会得到庄王的理解。子文在位那么多年,振兴楚国,国人感怀,若是能够让子文后代延续祭祀,足以安抚国人和宗室,有劝善之德。子文关于若敖鬼魂馁哭的预言并未全部实现,这是他本人积累的德行使然。

然而,楚王与若敖的争斗并没有完全结束,冥冥之中,宿命还在影响着这一对冤家。若干年后,子越椒的一个儿子苗贲皇在晋国站稳了脚跟,积极协助晋侯对付楚人。鄢陵之战,晋楚双方阵前对峙,晋厉公左右都感慨楚军军容整肃、人才济济,心生胆怯。苗贲皇则一针见血地指出楚师强大只在于中军,左右军是软肋可以先行击破,再集中出击中军,必能取胜。这种侧翼包抄的战法在晋楚城濮之战中曾被晋军采用过,但这次晋国人还未达成共识,倒是这个楚人的叛臣及时提醒,坚决贯彻,最终让原本实力占优的楚人在作战之初就受到重大打击,坐镇中军的楚共王被射瞎了一只眼睛。这场激战从白天到黄昏,共王受伤,楚人心生疲意,斗志顿减。苗贲皇下令让晋师严阵以待,检阅士兵,修整战车,等待明日再战,并下令放跑楚国俘虏,将这一情况透露给楚人。共王在多重压力之下,又看到手下大将子反宿醉离岗,于是决定连夜撤兵,而后逼迫子反自杀,以泄愤恨。在苗贲皇的一再坚持下,晋人居然大获全胜,伤敌主,间诛敌将。在敌人的大本营,原本反战的范文子看着楚国人丢掉的三天军粮,简直都不敢相信上天会如此庇佑晋人。

  楚材晋用的例子比比皆是,但是像苗贲皇这样高贵的王族,对楚国施以这样有力而致命的复仇还是十分鲜见。苗贲皇的父亲子越椒箭射楚庄王不中,为庄王所杀,这是一报。哪知若干年后,子越椒之子设计借晋人之手一箭射穿了楚共王的眼睛,还了一报。苗贲皇的复仇,直接导致了鄢陵之战楚人的失利,此后小国离心,吴国强大,楚国霸业自此不再,若敖氏"幽灵"的复仇,子文当初可曾想到呢?

第二十七讲　君使民慢乱将作

齐侯使连称、管至父戍葵丘，瓜时而往，曰："及瓜而代。"期戍，公问不至。请代，弗许。故谋作乱。

僖公之母弟曰夷仲年，生公孙无知，有宠于僖公，衣服礼秩如适[1]。襄公绌之。二人因之以作乱。

连称有从妹在公宫，无宠，使间公。曰："捷，吾以汝为夫人。"

冬十二月，齐侯游于姑棼，遂田于贝丘。见大豕。从者曰："公子彭生[2]也。"公怒，曰："彭生敢见！"射之。豕人立而啼。公惧，队于车。伤足，丧屦。反，诛屦于徒人费。弗得，鞭之，见血。走出，遇贼于门。劫而束之。费曰："我奚御哉？"袒而示之背。信之。费请先入。伏公而出，斗，死于门中。石之纷如死于阶下。遂入，杀孟阳于床。曰："非君也，不类。"见公之足于户下，遂弑之，而立无知。

——庄公八年

注释

(1)适：通"嫡"，嫡子。(2)公子彭生：齐国大夫。襄公指使他扶醉酒的鲁桓公上车，伺机杀之，后被顶罪处死。

课堂检测

1. 解释下列加点的字词。

瓜时而往（　　）　　期戍（　　）

襄公绌之（　　）　　使间公（　　）

劫而束之（　　）　　我奚御哉（　　）

2. 下列句中"因"字意义用法相同的两项是（　　）

A. 二人因之以作乱

B. 因遗策(《过秦论》)

C. 我欲因之梦吴越(《梦游天姥吟留别》)

D. 因为长句(《琵琶行并序》)

E. 加之以师旅,因之以饥馑(《论语·先进》)

3. 下列句子不属于倒装句的一项是(　　)

　A. 有宠于僖公　　　　　B. 遇贼于门

　C. 祖而示之背　　　　　D. 慈父见背(《陈情表》)

4. 把下面句子翻译成现代汉语。

射之。豕人立而啼。公惧,队于车。伤足,丧屦。反,诛屦于徒人费。

_____

_____

阅读提示

1. 连称、管至父作乱的原因是_____

　公子无知作乱的原因是_____

2. 徒人费劝说贼人释放自己的理由是_____

　而他的真实意图则是_____

3. 齐襄公躲避叛贼诛杀的方法是：_____

　最后失败的原因是：_____

咬文嚼字

费请先入。伏公而出,斗,死于门中。石之纷如死于阶下。遂入,杀孟阳于床。曰:"非君也,不类。"见公之足于户下,遂弑之,而立无知。

《左传》善用"留白"手法，请结合上述文字分析其效果。

1. 联系上下文看，齐襄公"伤足丧屦"这一情节有何作用？

2. 襄公激怒外臣，众叛亲离，危难时刻却有近臣为其赴死，这是否合理？谈谈你的理解。

宠错了人，得罪了神

神灵降祸于齐国，因为齐君的一个"宠"字。

其一是公孙无知"得宠"。无知是齐僖公的侄子，可能是因为兄弟情深，小孩子可爱，僖公特别宠爱无知。这本无可厚非，可非议的是僖公的做法，他居然让这个孩子享用嫡子的礼秩，穿嫡子的衣服。这就违背了礼法，礼法被挑战，国家的根本就会动摇。更要命的是这种做法触碰了继承人的敏感神经：这孩子难不成是要坐我的位置！所以襄公即位之后，一定是会报复无知的。没想到无知恃宠而骄，他不反省自己的过分举动，反而怨恨襄公，准备联系仇人的仇人——被襄公忽悠的连称、管至父作乱。

其二是连称的堂妹"无宠"。堂妹虽然不受宠，但是毕竟在宫中，可以通消息、做内应。而且因为此女长期被冷落，国君对她的警惕大大降低。这个叛乱者的从妹，不仅怨恨国君，还有利益诱惑。"捷，吾以汝为夫人。"无知说："事情成了，我立你为夫人。"这算是对盟友连称相助的一种政治回报，承诺的可信度还是比较高的。因此这个女人对襄公的威胁相当大。魏禧《左传经世钞》评此道："作乱必内外相比,至女子在宫,而其至亲握兵于外,有宠无宠,尤须留心。"他的意思是作乱的人往往里应外合,如果宫中之人不受宠,就可能生变乱,如果受宠,则可能擅权。

僖公、襄公父子的任性,最终导致了难以收拾的局面。

一只鞋子引发的血案

四年,鲁桓公与夫人如齐。齐襄公故尝私通鲁夫人。鲁夫人者,襄公女弟也,自釐公时嫁为鲁桓公妇,及桓公来而襄公复通焉。鲁桓公知之,怒夫人,夫人以告齐襄公。齐襄公与鲁君饮,醉之,使力士彭生抱上鲁君车,因拉杀鲁桓公,桓公下车则死矣。鲁人以为让,而齐襄公杀彭生以谢鲁。

——《史记·齐太公世家》

据《史记》记载,齐襄公与妹妹文姜私通,而文姜的丈夫是鲁桓公。在齐国宴会上,襄公命令彭生暗杀了情敌,然后嫁祸彭生,将其处死。回到本篇,后来襄公在贝丘狩猎,看到有野猪状如彭生,似是冤魂附体,张弓射之,野猪立而啼哭。惊吓中,襄公跌下马车伤了脚,丢掉了鞋子。早已对襄公出尔反尔、暴虐无道深感不满,又野心勃勃的恶人无知、连称、管至父等趁其养伤之机,发动兵变,入宫弑君。一个负责给主君穿鞋的小差役费因为先前襄公丢鞋,被其鞭打,出宫时见到杀机,回宫保护君王,将其藏在门后。最终,无知杀死了费,众人看到襄公门后露出的脚,将其杀死。紧跟着,无知自立,却不得民心。他的暴虐引来反抗,被雍廪人所杀。在这一段情节的叙述中,《左传》可谓尽显文章之跌宕,颇令后世小说家艳羡倾慕。从襄公跌伤脚、丢了鞋子引出管鞋子的费,再由管鞋者费的掩护引出无知对襄公的寻找,再从襄公藏在门后的脚牵出其被杀。由"伤足"而始,由"见足"而终,可谓一气呵成。

这一段文字中,虚实相生的艺术被展现得淋漓尽致。首先,怪诞处令人称奇,尤其是虚构出来的豕人形象。一个彭生的冤魂,看上去既像人又像猪,仆从看来是人,可是在高傲的襄公看来仍然是猪,这一情节讽刺意味浓厚,想象力极为丰富。用孙琮的话来说:"一鬼见两形,绝妙写法。"我们印象中历史写作更关注于真实。实际上,《左传》并不专注于琐碎的细节写实,而是更关注道理的寄托,所以经常会在书中看到一些荒幻之语。柳宗元就不是很认同此笔法,他视其言类"淫巫瞽史"。有的学者评价更为中肯,像宗尧就认为:"左氏采此等怪诞之谈,以寓己意之所欲诛伐也。"豕人之事是否真实非不重要,彭生的无辜、襄公的刚愎骄横才是作者要表达的重点。

其次是细节的留白,激发人们的想象。侍臣石之纷如如何英勇战死,为何战死于台阶下,这些都让人浮想联翩。另一位侍臣的死更惊心动魄:孟阳假装国君,被杀死在床上。他的伪装是怎样提出的?大家又是如何商量,如何安排的?敌人逼近时他心里做何感想?其间的凶险、危急到了怎样的程度?这些细节想比说要好,让人读得过瘾。

情节素材荒诞,但细节却真实得可怕。襄公正因为伤了脚,疼痛难忍,再加上仓皇疾驰,所以才会连丢了鞋子都不知道。也正因为脚有伤,所以藏身时未能掩盖,导致被人发现。在最关键的政变场景中,从台阶、门、床,到门户,背景的变化围绕战斗厮杀的残酷和襄公藏身的选择展开,令读者身临其境。徐扬贡评价说:"情景叙来,文中有画。"

更可怕的真实在于另一条隐含线索。连称派去做间谍的堂妹,是否发挥了作用?从文字上似乎是看不出来。但我们可以推断,贼人能够一路长驱直入,能够找到防备松懈的最佳时机,还能如此熟悉宫殿布局地形、找到襄公藏身之所,一定有暗中的侦查者接应。

这一段文字大开大合。前述襄公惹祸的起因,清晰从容,简洁无赘。后面襄公被杀的过程,写得细腻入微,变化多端,琐屑处都是变换,纵横缭乱、声光照耀。有了这一番铺垫,对君主的盖棺定论自然能够服人。

君使民慢,乱将作矣

襄公是自作自受。他的缺点《左传》写得很明白:"无常"。意思是行为无准则,反复无常。鲍叔牙说得更清楚:"君使民慢,乱将作矣。"意思是国君放纵,老百姓就会怠慢,失去敬畏心,国家离动乱就不远了。襄公恨无知,我们能理解,但是襄公对待连称等人的言而无信,却令人莫名其妙。答应明年瓜熟蒂落的时候找人来轮换戍守,在别人苦苦请求的情况下却食言,而且对方还是手握军权的重臣,这显然是在拿国家的安危开玩笑。对待自己的大夫毫无信用,而对待别国国君更是胡作非为,为了情妇,竟然在国宴上害死鲁公,而后又嫁祸彭生。看到彭生的鬼魂讨债,第一反应竟是射杀对方,良知和理智在哪里?仅仅因为丢了一只鞋子,就鞭打奴仆,殊不知对方竟然成了自己的救命恩人。当国君眼中只有自己的喜怒,就会丧失对国家的责任心,一个不把国家放在眼里的人,怎么能被敌人放在眼里呢?失去了国君的威严、国家的凭靠,君王只是一个权力符号而已。卫懿公好鹤,荒唐到了封赏宠物的地步。狄人来犯,老百姓都不愿意为他打仗,纷纷嘲讽他:"让仙鹤大夫上前线呀!"这样咎由自取的例子并不少。

鲁定公曾向孔子询问过君臣关系如何处理。定公问:"君使臣,臣事君,如之何?"孔子对曰:"君使臣以礼,臣事君以忠。"(《论语》)与鲍叔牙见解相似,孔子提倡君臣间相互尊重,形成良性互动。君主规范自身的言行,对待臣下注重礼节,臣下会在敬畏和感动中效忠君主。可惜襄公只知道滥用权力,不懂得权力的根基在于人心。

读到这里,大家可能会有一个疑问:襄公是这么一个不靠谱的国君,为何会有那么多人甘愿为他赴死?其实,为襄公死的,大多是近臣、小臣,这些人离了襄公,未必能有更好的前途。当然这样说不是以小人之心度君子之腹,我们不能否认这些人的忠贞令人感佩。但另一方面,大臣、重臣又有几人为他效忠?事实上襄公早已众叛亲离。也有人指责这些近臣忠诚的"错位"。韩范说:"费与孟阳诸人,皆忠臣也。而春秋不以死节与之,固知从君于邪,虽以身殉,犹鼠首也。故大臣先正其君。"意思很明确,作为臣子,首要的忠诚是匡正国君过失,而不是等对方犯了错再来收拾。小义不是大节,《春秋》是不会褒扬他们的。

父亲的错误、近臣的纵容、大臣的袖手旁观、公子的流离逃亡,最终导致了襄公一错再错,齐国深陷陆沉的危局。《春秋》写"齐无知弑其君诸儿",直接以"诸儿"之名来称呼襄公,就是对他最严厉的贬低。而《左传》进一步用"无常"二字,诠释阐发了《春秋》大义。

"无常"的背后,不只是一个人的喜怒放纵这么简单。它不只牵扯到个人的素质和行为,更指向一个时代的政治文化,即纲常崩溃,法度荒弛。"结末特标出'无常'云者,非特政令之无常,乃纲常渐灭之谓也。纲常渐灭则天理亡、人心死矣。"(《左传翼》)这两个字,字字千钧,揭示了《春秋》的分量,与《左传》自身的奇诡云谲相得益彰,这篇文字堪称文学史上的华彩!

第七单元　纵横筹谋

　　《左传》亦是一部"智书",但与其他类似的经典不同,它智而有义、谋而有节。在《左传》中,功利诡诈之术得不到推崇,而大义之道却能催生智慧。

　　春秋时期的智臣智将们,或以三寸不烂之舌存国保家,或运筹帷幄之中决胜千里之外。这些老谋深算之士,肩负重要的使命,以信义道德为宗旨,但其中又不乏狡诈和投机。班固说他们"当权事制宜,受命而不受辞,此其所长也"。也就是说,他们有选择言辞的自由,有随机应变的权力,只要能完成使命,可以冒风险,可以受委屈,可以直截了当,也可以退为进。另外,春秋智者的智慧往往体现在出使各国的时候,智者经常以往来诸国、纵横捭阖的形象示人。这些人的风采影响了战国时期的纵横家们。

　　时过境迁。战国时,国与国的较量无所不用其极,还出现了秦囚楚怀这样无礼贪虐的事件。要知道,春秋时代,贵族间的较量则要讲原则、重信义:秦穆公俘获晋惠公,并没有非要置之于死地的意思,而是教训的意味更多,于是乎惠公的臣子们以诚示敌,披头散发哀求宽恕,又果敢应对,以皇天后土为誓,告诫穆公不可背信,忠义和奇计相得益彰,取得了不错的效果。宋国华元神不知鬼不觉地闯入敌营,逼楚将子反与之盟誓,对方也不违誓言,为宋人向君王请命。晋人巧设计谋,让流亡在秦国的士会返回故国,秦康公心知肚明却不加阻拦,晋人计巧,秦人大度,成就了君子间的阳谋。面对晋国的指责,郑国子产一一应对,从"礼"字入手,有理有据,揭示了对方的强词夺理,以其人之道还治其人之身,像是一篇思路缜密的策论,连对手对不得不承认,如果违背这样的言辞,怕是要惹怒神灵了。

　　"纵横之学,本于古者行人之官。观春秋之辞命,列国大夫,聘问诸侯,出使专对,盖欲文其言以达旨而已。"(章学诚)"文其言"意味着行人之智必然要体现在辞令之巧上。细读本单元篇目时,需在"咬文嚼字"版块的提示下,品味《左传》对人物言语的刻画,理解其言外之旨,体会其铺张展开的方式和策略。读到精彩处不妨和身边的同学合作演绎一出课本剧。

第二十八讲　话术与朋友

十七年春,晋荀林父、卫孔达、陈公孙宁、郑石楚伐宋,讨曰:"何故弑君?"犹立文公而还。卿不书,失其所⁽¹⁾也。……

晋侯蒐于黄父,遂复合诸侯于扈,平宋也。公不与会,齐难故也。书曰"诸侯",无功也。

于是晋侯不见郑伯,以为贰于楚也。郑子家使执讯而与之书,以告赵宣子,曰:

"寡君即位三年,召蔡侯而与之事君。九月,蔡侯入于敝邑以行。敝邑以侯宣多之难,寡君是以不得与蔡侯偕。十一月,克减侯宣多,而随蔡侯以朝于执事。十二年六月,归生佐寡君之嫡夷,以请陈侯于楚,而朝诸君。十四年七月,寡君又朝以蒇⁽²⁾陈事。十五年五月,陈侯自敝邑往朝于君。往年正月,烛之武往,朝夷也。八月,寡君又往朝。以陈、蔡之密迩于楚,而不敢贰焉,则敝邑之故也。虽敝邑之事君,何以不免?在位之中,一朝于襄,而再见于君。夷与孤之二三臣相及于绛。虽我小国,则蔑以过之矣。今大国曰:'尔未逞吾志。'敝邑有亡,无以加焉。

"古人有言曰:'畏首畏尾,身其余几?'又曰:'鹿死不择音⁽³⁾。'小国之事大国也,德,则其人也;不德,则其鹿也,铤而走险,急何能择?命之罔极,亦知亡矣,将悉敝赋⁽⁴⁾以待于鯈,唯执事命之。

"文公二年六月壬申,朝于齐。四年二月壬戌,为齐侵蔡,亦获成于楚。居大国之间,而从于强令,□其罪也?大国若弗图,无所逃命。"

晋巩朔行成于郑,赵穿、公婿池为质焉。

——文公十七年

注释

(1)失其所:失去其初衷。(2)蒇(chǎn):完成、解决。(3)鹿死不择音:鹿面对威胁会发恶声,与敌人同归于尽。(4)敝赋:对自己国家军队的谦称。

课堂检测

1. 解释下列加点的字词。

以为贰于楚也(　　)　　寡君是以不得与蔡侯偕(　　)

何以不免(　　)　　尔未逞吾志(　　)

大国若弗图(　　)　　晋巩朔行成于郑(　　)

2. 下列句中"于"字用法与例句相同的一项是(　　)

乃捐金于野(《后汉书·列女传》)

　A. 蔡侯入于敝邑以行　　B. 将悉敝赋以待于鯈

　C. 而再见于君　　D. 而从于强令

3. 在方框处填入合适的一项(　　)

　□其罪也

　A. 皆　　B. 岂　　C. 则　　D. 乃

4. 把下面句子翻译成现代汉语。

以陈、蔡之密迩于楚,而不敢贰焉,则敝邑之故也。

_____

_____

阅读提示

1. 子家的书信中为何屡屡提及蔡侯?

_____

_____

2. 为何子家认为郑国对晋国最有诚意?

_____

_____

3. 子家称引"鹿死不择音"的意图是_____

_____

_____

咬文嚼字

俞宁世评子家之言"以叙事为议论,以议论为辞命,历历落落,极淡极古"。请据此赏析子家言论的精妙之处。

合作探究

晋国指责郑国投靠楚国,面对大国的斥责,子家的回信有"不尽之威"(穆文熙)。试分析其底气何在。

解读经典

大哥让小弟看不起了

宋襄公的夫人和公子鲍串通,杀死宋昭公,立鲍为君,是为宋文公。但是鲍一向善于作秀,因而深得人心,再加上他做事周密隐蔽,看上去恶人只有襄公夫人王姬,弑君一事与他关系不大。其实明眼人一看就都知道他在其中扮演的角色。晋国是中原盟主,和宋国的关系不一般,当然要来主持公道。于是就联合了老牌盟友们一起来兴师问罪。这次出兵闹了笑话,非但没有替昭公鸣冤,反倒是承认了文公的合法地位,两手空空回去了。"犹立文公而还",这个"犹"字真是莫大讽刺,到底发生了什么,我们不得而知,千言无语都被这个虚字给盖过去了。据说晋国是被文公收买了。《春秋》对此是满含讥讽的。"卿不书,失其所也",这次会盟有哪些公卿参与,《春秋》一个字不写,意思就是这事根本没意义、不作数,因为晋国言而无信,自己打自己的脸。

没过几个月,晋灵公又在黄父阅兵,在扈地联合诸侯,安定宋国,结果又是无功而返。这次《春秋》连与会的有哪些国家都不写了,直接一个"诸侯"了事,可见其讽刺与轻蔑。不过,晋国功劳不大,威风倒是不小,晋灵公以郑国背叛晋国、示好楚国为由，拒绝接见郑穆公。我们能理解郑伯"贰于楚"的缘故：你这样出尔反尔，我们的脸面都丢尽了，大哥让小弟没面子，小弟就不听大哥的话。晋侯的态度是：我丢人可以，但是你不能不给我面子，因为我是大哥。所以晋国准备教训郑国一顿。

于是，郑国的执政卿子家派通讯官给晋国的执政卿赵宣子送来书信，对晋国进行了反驳，他的一番话被人评价是"宛而有理，中有不尽之威"。先不看这个"理"字，只说说这里的"威"字——子家的威严底气从何而来？郑国虽然是小国，在楚、晋夹缝中求生，但身处夹缝也有其优越性：投靠晋，则楚为所慑；投靠楚，晋国也不敢造次。再一个，晋灵公人品那么差，政治上是出了名的无节操。早在两年前的冬天，晋侯也在扈地会合诸国；因为齐国出兵攻鲁，晋国准备伐齐救鲁。结果也是因为收了齐国的贿赂，晋国违背诺言，不克而还。这次会合，鲁侯就没有来，原因是齐国还在骚扰，边情紧急。再加上今年晋国伐宋的闹剧，郑国就有胆量好好出一口恶气。子家派出使者对晋国解释，这本身就是在给对方面子，说明我们还是认你这个大哥的，否则我们直接去找楚国人了。但是来解释不是来求饶，曲在人不在己，说话如果不硬气一点，晋国人还不明白这个道理。在这件事情上，子家的话术非常高明。他的底气、威严让灵公和赵盾没了脾气。这一风采也深深影响了后世，后来郑国子产的外交辞令，就承袭了此风。

当然，晋国的质问是欲加之罪，但是也反映出郑国战略立场的暧昧。在春秋那个盟约满天飞的时代，加载晋楚之间的郑国是著名的"墙头草"，晋来则与晋，楚来则服楚。这回，郑穆公见晋国两次收受贿赂闹大笑话，说了一句"晋不足与也"就又去找楚国靠山了。晋国的威严早就不放在眼里了，郑国君臣上下哪还会有打落牙齿往肚里咽的隐忍呢？

话术大师子家

子家搞政治有一塌糊涂的时候，子公弑杀郑灵公一事上，老好人子家助纣为虐，被人骂死，下场也不怎么好。但是《左传》公允地展现了他作为外交天才、话术大师的雄辩的一面。

此君第一招，是打蛇七寸。他知道晋国怕什么。灵公是个色厉内荏的主，别看他耀武扬威，大家前呼后拥，一旦诸侯离心离德，他马上就会不淡定得上蹿下跳。那么我就扣住你的命门,告诉你:不光是我们可能投靠楚国,而且陈、蔡都可能与你为敌,陈、蔡的动向也取决于我们。子家把话反着说:那两个小国家离楚国那么近,怎么没有事事都与你作对啊,因为我们郑国在替你撑着场面。明明自己也和楚国眉来眼去,被他说成是自己在晋楚中间调停,好像是晋国的盟友一样。

第二招叫借力打力,用楚国的地位来震慑晋国。如果晋灵公不至于太愚鲁,应该能听出来,子家在暗示楚国的宽大和包容:我参加你的会盟,一次次来朝见你,为了陈、蔡在两霸间周旋,楚国也没有兴师问罪。甚至于为了齐国攻打楚国的附庸蔡国,楚人居然也容忍了。我们和大国如此默契,也就你们晋国这么不把我们放在眼里,一点点小疏漏你就急了,这更显得你们没有做大哥的样子。

第三招叫做揣着明白装糊涂。蔡国、陈国历来在楚国的势力范围内,凭什么你郑国能够带着他们来晋国朝觐?这明摆着是楚国默许的。楚国的默许是有政治目的的,意在与晋国周旋。郑国参与其间,谁能说与楚国没有合谋?子家处处在暗示郑国的暧昧身份,让晋人不能"指实其罪状",将"楚字隐隐叙出","似贰非贰"(林纾)。晋国一下子就对郑国刮目相看了。

子家用这三招不断在大国关系上做文章,更是在情理公道上面逼迫晋人反省。开头列举事实,一桩接一桩,说好听是诚恳辩解,说难听点就是在数落晋国的不是。后面"鹿死不择音"的比喻,配合逐渐提高的嗓音,相得益彰:你如果对我好,我就用人的体面来对待;你如果把我看成畜生,那我也就不要什么体面了,铤而走险,保命要紧。鹿的声音是温柔动听的,那是爱惜自己的身躯,不愿意以身犯险,但是危险来了不能挣脱,必然发出恶声,鱼死网破。子家这个比喻,大有好人出恶言、泄恶气的震慑力。

小国之于大国

小国对待大国,应该持怎样的姿态?"小国之于大国,有当柔顺者,有不当柔顺者。事未尽礼,其曲在己,此当柔顺者也。不加德音,而诛求无时,此不当柔顺者也。"(《左传翼》)

小国以道义来为自己争话语权,在春秋时期是行得通的,因为道义可以成为大国相互制衡的筹码,不遵守道义就可能成为众矢之的,无论你有多么强大。这一次晋人立宋新君,责备郑国,可谓无道,则自然应当以道义指斥之。

而子家这一番话更是为后来继任者以强硬态度周旋于大国间开了个好头。这么干保不准还能得到不少便宜,所以大家都争相效仿。例如子产戎服献捷、坏晋馆垣都很好地证明了这一点。

郑伯向晋人稽首请求伐陈,晋人没有答应,于是郑国也不管晋国的意见了,直接出兵,攻破了陈国的都城。战后,子产带着战利品,穿着军装去晋国敬献。晋国人气坏了,质问子产为什么欺凌弱国。子产的回答就像子家一样,先说了一堆大道理,谦逊温和,娓娓道来,到后半段就火力全开。"且昔天子之地一圻,列国一同,自是以衰。今大国多数圻矣,若无侵小,何以至焉?"(《左传·襄公二十五年》)以前天子的地盘方圆千里,诸侯的地不能超过百里。现在你们这些大国个个都是方圆数千里,如果不是侵占小国,哪儿来的地?!还好意思说我么?

子产和郑简公去朝见晋国,晋平公怠慢了他们,没有及时接待。子产就把国宾馆的墙给拆了,把车马弄进去。晋人心想,我们的宾馆你居然把墙拆了,这个行为也太粗鲁无理了吧?派人来问。子产不卑不亢地回答:"如果不改建宾馆就没地方放贡品,日晒雨淋放坏了怎么办?你们又不接见我们,又不给我们放贡品的地方,你让我们怎么办?我们是为了对大国的礼貌而来,但是你们不给我们尊敬你们的机会,我们只能自己创造条件。当年晋文公可是让外国宾客个个宾至如归,我们也是追慕你们祖宗的遗风啊。"这绵里藏针、借力打力的功夫,活脱脱是个子家门徒。后来晋人老老实实地给子产道了歉,送了很多厚礼给郑伯,好吃好喝招待送回去之后还盖了新馆舍。叔向听说以后,发出了经典的感慨:"辞之不可以已也如是夫!子产有辞,诸侯赖之,若之何其释辞也?"(《左传·襄公三十一年》)意思是外交辞令太重要了,有了合适的外交辞令,诸侯能够靠这个获得利益,不重视辞令,就要吃亏的。

《诗经》云:"辞之辑矣,民之洽矣。辞之怿矣,民之莫矣。"辞令精彩,百姓就能安居乐业,辞令出色,百姓就幸福快乐。从这个案例看,小国需要辞令家来周旋以争利,而大国更需要擅长辞令的君子来从容应对。言辞不是单纯的装饰,而是将硬实力和谋略付诸实施的武器。没有弓的箭,再尖锐也没有用;没有鞘的剑,即使锐利也有可能伤了自己。

第二十九讲　"床"下之盟的启示

夏,晋侯伐郑,为邲故也(1)。告于诸侯,蒐(2)焉而还。中行桓子之谋也,曰:"示之以整,使谋而来(3)。"郑人惧,使子张代子良于楚。郑伯如楚,谋晋故也。郑以子良为有礼,故召之。

楚子使申舟聘于齐,曰:"无假道于宋。"亦使公子冯聘于晋,不假道于郑。申舟以孟诸之役恶宋,曰:"郑昭(4)、宋聋(5),晋使不害,我则必死。"王曰:"杀女,我伐之。"见犀(6)而行。及宋,宋人止之。华元曰:"过我而不假道,鄙我也。鄙我,亡也。杀其使者,必伐我。伐我,亦亡也。亡一也。"乃杀之。楚子闻之,投袂而起。屦及于窒皇(7),剑及于寝门之外(8),车及于蒲胥之市(9)。秋九月,楚子围宋。

——宣公十四年

宋人使乐婴齐告急于晋,晋侯欲救之。伯宗曰:"不可。古人有言曰:'虽鞭之长,不及马腹。'天方授楚,未可与争。虽晋之强,能违天乎?谚曰:'高下在心。'川泽纳污,山薮藏疾,瑾瑜匿瑕,国君含垢,天之道也。君其待之!"乃止。

使解扬如宋,使无降楚,曰:"晋师悉起,将至矣。"郑人囚而献诸楚。楚子厚赂之,使反其言。不许。三而许之。登诸楼车,使呼宋人而告之。遂致其君命。楚子将杀之,使与之言曰:"尔既许不谷,而反之,何故?非我无信,女则弃之。速即尔刑!"对曰:"臣闻之,君能制命为义,臣能承命为信,信载义而行之为利。谋不失利,以卫社稷,民之主也。义无二信,信无二命。君之赂臣,不知命也。受命以出,有死无霣(10),又可赂乎?臣之许君,以成命也。死而成命,臣之禄也。寡君有信臣,下臣获考死,又何求?"楚子舍之以归。

夏五月,楚师将去宋,申犀稽首于王之马前曰:"毋畏知死而不敢废王命,王弃言焉。"王不能答。申叔时仆,曰:"筑室,反耕者,宋必听命。"从之。宋人惧,使华元夜入楚师,登子反之床,起之,曰:"寡君使元以病告曰:'敝邑易子而食,析骸以爨。虽然,城下之盟,有以国毙,不能从也。去我三十里,唯命是听。"子反惧,与之盟,而告王。退三十里,宋及楚平。华元为质。盟曰:"我无尔诈,尔无我虞。"

——宣公十五年

▶注释

(1)为郑故也:在晋楚邲之战中,郑国首鼠两端。楚胜晋败,郑国服楚。(2)蒐:检阅军队。(3)使谋而来:使他们谋划前来归服我们。(4)昭:明白。(5)聋:糊涂。(6)见犀:把儿子申犀引见给楚王。(7)屦及于窒皇:侍从追到路寝前之庭中才让楚王穿上鞋。(8)剑及于寝门之外:侍从追到寝宫门外才送上了佩剑。(9)车及于蒲胥之市:侍从追到蒲胥街市才让楚王坐上车子。(10)賈:通"陨",废弃。

课堂检测

1. 解释下列加点的字词。

楚子使申舟聘于齐(　　)　　鄙我也(　　)

君其待之(　　)　　使反其言(　　)

析骸以爨(　　)　　华元为质(　　)

2. 下列句中"以"字意义用法与例句相同的一项是(　　)

   有以国毙

   A. 郑以子良为有礼　　B. 示之以整

   C. 楚子舍之以归　　D. 以成命也

3. 下列句中不含古今异义的一项是(　　)

   A. 亦使公子冯聘于晋　　B. 使解扬如宋

   C. 川泽纳污　　D. 宋及楚平

4. 把下面句子翻译成现代汉语。

   尔既许不谷,而反之,何故?非我无信,女则弃之。速即尔刑!

第二十九讲　"床"下之盟的启示

阅读提示

1. 楚庄王不让申舟借道于宋国的目的是

2. 伯宗如何劝谏晋侯不要派兵援宋？

3. 解扬对信义的理解与楚庄王有何不同？

咬文嚼字

　　楚子将杀之，使与之言曰："尔既许不谷，而反之，何故？非我无信，女则弃之。速即尔刑！"对曰："臣闻之，君能制命为义，臣能承命为信，信载义而行之为利。谋不失利，以卫社稷，民之主也。义无二信，信无二命。君之赂臣，不知命也。受命以出，有死无霣，又可赂乎？臣之许君，以成命也。死而成命，臣之禄也。寡君有信臣，下臣获考死，又何求？"

　　孙矿对此评价是"转折尽有致，第多四字句，遂觉方而不流动"。对此你有何看法？

合作探究

1. 盛谟评此篇："通篇文字，只从'晋师悉起，将至矣'七字生出。"请对此加以评析。

2. 华元闯入敌营，制楚帅子反之生死于股掌，却没有挟持或杀死对方，反而以宋国窘迫实情相告，这一做法是否合适？谈谈你的看法。

别人拿你的命来斗气

晋楚邲之战的起因是楚国伐郑,老大哥晋国来救郑。结果晋国战败,郑国就像墙头草一样地倒向楚国,郑襄公转头就去朝见楚国了,这种行径彻底惹怒了晋国。《春秋》对郑短视和功利做法很不以为然,所以写"晋侯伐郑",用爵位称晋,意思是晋国讨伐郑国,那是名正言顺;同时也可能隐含着晋君应当亲自讨伐的意思。但是根据《左传》记载,晋国阅兵拉练以后就回国了。这是中行桓子的意见,他提议晋侯不要真打,吓一吓小国就行了。这多少反映了晋国在邲之战后元气大伤,他们希望通过秀肌肉来逼迫小国投靠自己。或许是觉得自己的做法太损,郑人真的非常恐惧,怕晋国报复,所以这次警告没有让他们回心转意,反而驱使他们更坚决地寻求楚国保护。他们从楚国召回了贤良有礼的子良,派子张去继续做人质。这个做法其实是在告诉晋国,人质是一定要派到楚国去的,因为两国将长期为战略伙伴关系;也是做给楚国看,让楚国必须得帮郑国搞好安保。

楚国看到小弟如此诚恳,自己必须得拿出大国的样子:晋国既然口头上要伐郑,那我们就实际行动来对付晋国忠实的跟班宋国,给晋国一个下马威。但是伐宋是需要理由的。楚王的蛮夷血性此时暴露无遗。他设计了一个圈套,让使者经过宋国到齐国去,而且要求不准向宋国借道。宋国本来就是敌人,楚人经过还不借道这不就是挑衅找事儿么?宋人自然是不会答应的。而且庄王派去的人,竟然是先前得罪过宋国的申舟,这更是要激怒宋国。只要宋国杀了申舟,就可以以此为借口伐宋了。那么申舟和宋国到底有什么过节呢?当年楚国联合郑、陈、蔡以伐宋,宋国主动示弱,宋昭公亲自迎接楚王,带他去孟诸打猎。大家约定车上要装载点火的用具,结果宋昭公没有装。楚国左司马申舟为了履行监督职责,当众鞭打了昭公的马车夫。当时就有人指责他是在侮辱宋国国君,申舟用《诗经》的话来申明,恪尽职守是为臣之道,不因为对方是国君,就能包庇过错。这样一来,宋人对他恨之入骨。申舟知道自己去了,必死无疑,也看出君王似乎不把他的命当命,于是就有了后面悲壮的告别:"借道郑国的使者,一定没事儿;借道宋国的我,难逃此劫。大王您可想清楚。"楚王冷酷无情地说:"你只要一死,我们就可以为你报仇了。"

庄王的这一做法,被人们看作无道之举。如果之前庄王曾展现过他对于德治的向往,这里就显露出他霸道无情的功利。不过,楚王也不是非常确定宋人会上套,因为对方的执政是出了名的老好人华元。没想到,申舟一语成谶,华元居然痛下杀手。他的理由是:你私自经过我们领土不借道,这就相当于把我们宋当成楚国的领土了。无视我们领土主权,肯定有灭亡我们的意图。有这样的意图,我们肯定要遭殃。反正都是一死,杀你的使者,奋起反击,有何不可?

其实这里使用外交手段未必是行不通的,就像晋国没有真的伐郑一样,楚国也未必一定会对宋出兵。庄王为了面子斗气,也可能会有犹豫,此时华元忍一时之气,放一放也不是不可以。申舟的命能捡回来,两国也不至于生灵涂炭。魏禧《左传经世钞》认为华元主动往征伐的意图上硬靠,其实就是愤怒反击的说辞,"特宋人愤怒而为之说耳。"申舟冤死以后,楚王一听消息,马上就下了决心,一路狂奔要去发布军队集结令,鞋都来不及穿,剑都来不及拿,车都来不及乘。这说明他虽然在观望,但潜意识里仍然渴望攻伐,更是渴望要在晋国面前强势、再强势!

鞭长莫及

楚国伐宋,并非特别明智的选择,与其说是清醒的审时度势,不如说斗气的成分有点多。吴曾祺《左传菁华录》云:"楚子此时,席全胜之势,正当善宋而来之,以孤晋之党⋯⋯何如不战而屈人之兵为愈乎?"意思是此刻应该打心理战,利用宋国的畏惧拉拢他们,这比动刀枪要更划算。在这个方面,之前连连失败的晋国更为成熟老到。他们没有兴兵伐楚,而是取了一个折中的办法,让庄王吃了亏。

这个好计谋得归功于伯宗。他劝告晋侯说:"鞭子再长,你也不能拿它来打马肚子。不是说不想救宋国,能力、情势不允许,不适合逞强。"他后面这句话就更漂亮了:"山川草木,都藏污纳垢,美玉还有瑕疵,您是君王,胸怀天下事,自然也得受点委屈,韬光养晦一下。"伯宗知道晋侯面子上挂不住,这样说打消了他的心理顾虑,避免他意气用事。另一方面,晋国还是不能袖手旁观,否则霸主的脸面信用何在?于是就让解扬去激励宋国,说晋国举全国之兵来救宋,已经在路上了,让宋国一定要坚持住。后人对伯宗的批评是,晋国现在不能打仗,需要休养生息是对的,激励宋国也是对的,但是说晋军都来了,这是睁着眼说瞎话,影响太坏。再说,宋国已经在绝境中,所谓置之死地而后生,楚国连续征战,已是强弩之末,晋国此时联合诸侯奔袭救援,未必不能取得奇效,为何要把楚国吹得像有上天庇佑一样,晋国国格何在?

伯宗或许是有考虑不周的地方,但他拒绝出兵正是因为看出了宋国能够搞得定楚国,楚国真的已经显露疲态了。解扬被扣押,楚庄王厚赂之的行为,其实也能看出庄王攻宋决心已经不如之前了,因为当军事上没有绝对胜算的时候,心理战和宣传战的重要性就愈发突显。他让解扬把话反着说,以打击宋国士气。解扬真是个聪明人,他知道如果不答应,楚王肯定就把他杀了,这种死毫无意义,根本无法完成激励宋人的使命,这就是愚忠。这样成事不足的忠诚,效果上和不忠有何区别?他必须得先答应,再临阵改口,这样也死而无憾。但是马上答应改口呢,装得又不大像。于是乎他第三次才答应,这就骗过了政治经验十分丰富的庄王。当他登上城楼,来了个"真心话大冒险"的时候,宋人一下子热血沸腾,楚人全傻眼了!庄王彻底被耍了。

庄王恨不能手撕解扬。此时,解扬拿出了晋国人盖世无双的精明机智,把楚王说得一愣一愣的:"你说我不讲信义,我尊重的是和主子的信义,而不是和你的诺言,欺骗你也是践行我对国君忠诚和信义的一部分。什么叫作信义,信义只能兑现一次,什么叫作诺言,诺言就是第一次许诺的才是真的。你命令我背信,重新立约,你就是不尊重信义,对于你不尊重我的命令的行为,我当然也没有必要尊重你的命令,违背也是应该的。"这一番论辩在庄王看来绝对算得上是高级诡辩,再加上此人视死如归的态度,大度的庄王就把他放走了。

不得不说,晋国还是有人才的。楚庄这方面有点低估了晋国的软实力。在对待本国臣子和人才上,楚国一向是做得不大完美的。对待申舟是如此,日后对待申公巫臣、伍氏等也是如此。

不搞尔虞我诈那一套

楚军从九月一直围攻到来年五月,楚庄王知道久战师疲,宋国这块硬骨头是啃不下去了,决定撤军。申犀拦着楚王,说他违背诺言,父亲申舟算是白死了。申叔时倒是很机敏,他出了个主意,造起房子,让耕者回田,做出楚国要打长久战的样子,那么被困缺粮的宋人定会感到恐惧。果然这么一来,宋人军心动摇。此时,华元当机立断,夜闯敌营,胁迫子反与之盟。这一段描述让人大跌眼镜:华元怎么能轻而易举地闯入敌将子反的营地,他有这样的胆识和本事么?就算有,重重守卫又去哪里了呢?

《公羊传》对此事的记载有所不同。庄王伐宋,最后只剩七日之粮了,准备粮尽就班师回国。子反登上城门楼去侦查宋城,正好华元也上了城楼,两人会面,有了一番对话。华元坦白说:"我们到了易子而食、析骸而炊的惨境了。"子反非常惊讶,问道:"您为什么这么诚实?"华元回答:"我听说君子见人之困就会心生怜悯,您看上去像个君子,所以我才把实情告诉您。"子反深受感动,也以实情相告:"楚国其实只剩下七天军粮了,你们再坚持坚持,说不定我们熬不下去就走了。"回去以后,子反把这番话告诉了庄王,庄王怒不可遏:"你把我们的底儿泄露给别人,这不是叛国投敌么?"子反义正严辞地反驳:"人家小小宋国都有这样的君子,我们怎么能没有小国这样的坦诚呢?"庄王最终只能撤军。这个故事从情节上看似乎更合理一些,但是把人物动机归于高尚的品格,好像也多少令人感到意外。

此事被《左传》描述为一场特种军事行动。华元是怎样突破守卫的呢?凌稚隆《左传测义》认为,是华元买通了楚人做内应才一路直进子反大帐的。登上子反的床,把刀架在子反脖子上,再以实情相告,就是在暗示:我可以杀你但是不杀,就是为了以诚相待。我们想活命,就像你想活命。我可以如此拼命,以身犯险,你怎么知道宋人不会以死抗争?如果宋人决心鱼死网破,楚国能赢么?再者,解扬已经扬言晋军将至,楚国也不知道这只是一句戏言,所以子反不能心存侥幸。就这样,宋元和子反定下了"床"下之盟。子反当然可以第二天背弃盟约,瞒住楚王,但是宋人的气概助推了他的理性选择。子反的做法其实是一种折中,他向华元承诺会撤兵,这只是口头承诺,随时可以推翻,第二天再把自己的承诺告诉了庄王,其实就是让庄王拿决断——不认也可以,我自己领罚;若是认了,顺水推舟我们撤军,也算是心安理得。

最后,宋国与楚国签订盟约,《春秋》记载了这一事情。按照《春秋》的惯例,两国交战签订盟约,除非有重大影响,否则是不记载的。林唐翁云:"凡平不书,必关天下之故也而后书。文九年陈平不书;宣十年郑平不书;僖二十四年宋尝及楚平矣,不书。必庄王得宋,天下将有南北之势,始书之。"意思是这一次盟约,奠定了天下势力的南北分割,从此晋、楚对峙成为了历史的主流。而在这次盟约中,诞生了一个成语——尔虞我诈。双方商定互不欺骗,"我无尔诈,尔无我虞。"这正是《左传》这一篇线索的大总结。本篇的核心在于一个"信"字。晋人不救宋,伯宗的话让晋侯不守信;解扬遵命,冒死不改口,这是守信:君无信而臣信。楚庄王撤军,没有给申舟报仇,这是不守信;但是子反守住了对华元的承诺,这是守信,所以也是君无信而臣信。最后双方约定互不欺骗,恰恰是《左传》所要彰显的《春秋》大义——尔虞我诈非君子所为也。

第三十讲　明眼人不计较小算盘

晋人患秦之用士会也,夏,六卿相见于诸浮。赵宣子曰:"随会在秦,贾季在狄,难日至矣,若之何?"中行桓子曰:"请复贾季,能外事,且由旧勋(1)。"郄成子曰:"贾季乱,且罪大,不如随会。能贱而有耻,柔而不犯;其知足使也。且无罪。"

乃使魏寿余伪以魏叛者,以诱士会。执其帑(2)于晋,使夜逸。请自归于秦,秦伯许之。履士会之足于朝。秦伯师于河西,魏人在东,寿余曰:"请东人之能与夫二三有司言者,吾与之先。"使士会。士会辞,曰:"晋人,虎狼也。若背其言,臣死,妻、子为戮,无益于君,不可悔也。"秦伯曰:"若背其言,所不归尔帑者,有如河!"乃行。绕朝(3)赠之以策,曰:"子无谓秦无人,吾谋适不用也。"既济,魏人噪而还。秦人归其帑。其处者为刘氏(4)。

——文公十三年

注释

(1)旧勋:过去的功劳。此指其父狐偃对晋文公有大功。(2)帑:妻儿。(3)绕朝:秦国大臣。(4)其处者为刘氏:士会族人留在秦国的改姓为刘氏。

课堂检测

1. 解释下列加点字词。

晋人患秦之用士会也(　　)　　使夜逸(　　)

履士会之足于朝(　　)　　吾谋适不用也(　　)

既济(　　)　　魏人噪而还(　　)

2. 下列句中"为"字用法相同的两项是(　　)

A. 妻、子为戮

B. 其处者为刘氏

C. 为具言所闻(《桃花源记》)

D. 为乡里所患（《世说新语·自新》）

E. 譬如为山（《论语·子罕》）

F. 予无所用天下为（《庄子·逍遥游》）

3. 下列句中画线词用法与例句相同的一项是（　　）

能<u>外</u>事

A. 秦伯<u>师</u>于河西　　　　B. 秦人<u>归</u>其帑

C. 吾与之<u>先</u>　　　　　　D. <u>其</u>处者为刘氏

4. 把下列句子翻译成现代汉语。

晋人虎狼也。若背其言，臣死，妻、子为戮，无益于君，不可悔也。

_____

_____

阅读提示

1. 赵宣子担心晋国将要有灾难降临，他指的是_____

_____

2. 魏寿余假装逃亡秦国，其真正使命是：_____

_____

3. 士会与秦康公立下誓言的内容是：_____

_____

咬文嚼字

乃行。绕朝赠之以策，曰："子无谓秦无人，吾谋适不用也。"

林纾评此段话为"张僧繇之画龙点睛"，"文字用醒笔，毫不着意"。请据此分析绕朝赠策的作用。

_____

_____

合作探究

1. 林纾把魏寿余比作《三国演义》里的黄盖，把秦康公比作曹操，你是否同意？

说明理由。

2. 周大璋《左传翼》评秦康公"光明磊落",王系却以为"晋人之诈,秦伯之贪,倍觉玲珑"。对秦伯的评价,你认同哪一种,为什么?

解读经典

故国虐我千百遍,我待故国如初恋

《三国演义》盛赞关羽的大义。但曹操礼遇关羽,关羽为兄弟情谊弃之而去,有点说不过去。反过来,华容道上他放跑曹操,刘备的大业日后不知要多出多少阻碍,这似乎也对不起哥哥。相比较下,我们的主人公秦康公与士会的交往,就没那么多纠结与尴尬,两个君子从相逢到分别,那叫一个坦荡磊落、干净利落,绵绵情谊流传千古,天地可鉴。

士会是晋国人,他有个更响亮的名头,大名鼎鼎的范武子。在他成为范武子以前,人们更习惯于叫他士会、随会、范会,随、范是他的采邑。死后上谥号"武",后人就称他为范武子。士会刚在晋国崭露头角没多久,就被卷入了一场莫名其妙的风波。

晋襄公死了以后,执政赵盾想拥立襄公的弟弟雍为君。雍这时正在秦国,于是赵盾就派做事靠谱、身份高贵的士会陪下军将先蔑去接雍。秦康公听说这件事也高兴极了,派了很多军队护卫雍回国。眼看事情都快成了,接送队伍已经到晋国境内了,皇家卫队突然遭袭,一队人马只能灰溜溜地逃回秦国。这次袭击的主谋正是赵盾本人。襄公夫人想让自己的孩子继承君位,于是就各种软硬兼施,逼迫赵盾改了主意。但是赵盾现在反悔也来不及了,雍已经在路上了,只能出此下策。这下子可把大秦国惹毛了。秦国都多少年没遭过这么大的戏弄了。而可怜的士会呢,本来迎接新君的功劳一下子变成串通叛臣的罪名了,只能离开晋国,逃到秦国去了。就这样,士会成了秦的谋臣,准备替新主子打一场复仇之战。

接下去的几年里,秦晋冲突不断。河曲之战中,秦国击破晋国打持久战的策略,而且全身而退,士会功不可没。就这样,士会得到了秦康公的信任。

晋国于是担忧了起来:这样一个能人在敌人手里可怎么办?晋国六卿的一次聚谈上,赵盾的话颇耐人寻味。大家都知道是赵盾坑了士会,逼得对方投奔敌国,现在赵盾想召回士会,这番后悔的话可怎么开口?他一上来就找了个陪衬,拉出有罪责在逃的贾季来,强调士会和贾季为敌人所用的晋国人,都是国家安全的威胁,但是一时半会儿又没法把两个人都接回来,问大家该如何办。老实巴交的荀林父竟然提出让贾季回国,理由是贾季懂外交之事,而且贾季的父亲狐偃是大功臣。郤缺则心领神会,知道贾季不仅是罪人,而且是赵盾最大的对手,赵大人这么说的真实意图是想召回士会,于是就往正题上引,说士会柔弱卑贱中能秉持尊严,而且没有犯什么罪云云。这番话当然不是真心夸士会,说白了就是为了逢迎赵宣子的意思。从这里我们可以看到士会为何会被逼走,赵盾一手遮天,晋国的愚蠢政策自然就会层出不穷。不过,赵盾好歹是个有见识的人,他看到了士会的价值,顾及大局,力争让其回国,是政治经验老到的表现。

于是,赵宣子施展了一出苦肉计。让魏寿余以反叛为名投靠秦国,以自己的封地为诱饵与秦人会面。在朝堂上,魏寿余踩了士会的脚,暗示自己的真实意图是要与之一起回国,又假装要回晋国为叛逃做准备,在临行前才若无其事地提出请一位熟悉晋国国情的人作为随从,把士会带走。

其实士会看到他来,估计心里就已经猜到这是赵宣子的计谋了。此时面临选择的他,自然也要做一番权衡。第一,赵宣子以割地、叛乱为诱饵,闹出这么大动静来演戏,就是怕秦康公识破其接纳自己回国的意图,确实是用心良苦。这反映了宣子的歉意和诚意,当初是自己害士会有家难回,一定要接士会回家。再说去年自己帮助秦国对付自己的祖国,暴露晋国军事实力和人员部署,差点让赵盾的族弟赵穿被俘,赵盾派人来接自己,未必不是一种宽大的表现。自己心里头的恶气也出了,何必一定要与故国作对?第二,得承认赵氏等诸大臣虽然自私、专横,有时候利令智昏,但是他们为晋国谋掌大局的智慧和忠诚,特别是对人才的重视,对包括士会在内的各国牛人都有极大的感召力。很多年后,楚国的令尹子木问刚从晋国出使回来的声子,晋国和楚国的臣子孰优孰劣。声子的回答非常有名:"晋卿不如楚,其大夫则贤,皆卿材也。如杞梓、皮革,自楚往也。虽楚有材,晋实用之。"(《左传·襄公二十六年》)意思是像大人您这样级别的贵族自然比晋国强多了,但是大夫一级办事的人,我们楚国的都往晋国跑,人才都被人家抢走了,这叫作楚材晋用。楚国人才的流失有楚自身的问题,也体现出晋国历来对人才的重视。

综合以上的考虑,士会看样子一定是会回去的。但是细心的学者看出了另一种可能。其实士会早就想回去了,他一直在等待时机,判断自己的同胞欢不欢迎自己。他先是故意帮助秦国与晋国作对,来个下马威,刷个存在感,让同胞们看看,自己还是有价值的,不是什么窝囊废。而后,当晋侯派人守卫桃林要塞的时候,他没有劝告秦国抓住时机去袭扰,谢文洊认为:"以士会之贤,岂不及弗扰?其意盖欲求复于晋。"意思是这个举动暗示自己还是想保护晋国,希望对方能够有所回应。当看到赵宣子等人的态度时,他总算是信任了自己的同僚。另外还有人认为,可能晋国的招纳意图早已传递到位了,而魏寿余的到来是最后的信号,让士会彻底有了同归的信心。

明眼人不计较小算盘

秦康公放走士会,对此历来有几种评价。一种认为康公是被士会骗了,没有采纳绕朝的建议。士会担心留在秦国的妻儿的安危,所以故意骂晋国"虎狼",说担心被晋国扣留或杀掉,希望对方归还妻儿。他对晋国的责骂和对情势的分析,有一定的合理性,可以欺骗智商不高的人。再加上之前他已经博得了康公的信任,这次有可能诱骗康公。

一种相信康公没有那么愚蠢,他放走士会是出于忠厚和坦荡。"晋自谲,秦不以谲待晋也。纵之而绕朝言之,秦之得体极矣。"(《左传汇钞》)晋国谲诈,但是秦国却不以谲诈之道待晋,做法宽仁得体。这样的度量,是秦康公回报士会的礼物,也是一种正告:我能理解你的忠君体国,所以不强人所难,放你回去。但是我们不是没有人才,也不是甘愿被你们欺骗的,所以请你回国以后,不要与我们秦国为敌。两国修好是你的使命,要是像先前帮我们那样去帮助晋国,会引得人神共愤。

秦康公不傻,和秦国人的聪明对比起来,一向以诡计多端著称的晋国人,在这件事情上有点掩耳盗铃的感觉。魏寿余以叛逃为理由来献土地,本身就过于巧合了。康公虽然怀疑,但恐怕还不知道他的意图到底是什么。后面魏寿余提出要找一个和魏地人说得上话的人陪他一起去河对岸的晋国领土,以便于献出魏地。这一看就是在找士会。到这里,康公怎么会看不出这是要把士会赚回去。文中的一个细节,证明康公早就看出这里面的猫腻,绕朝向士会客气而暧昧地摊牌:赠策。策是什么?有人说是马鞭,有人说是简册。如果是简册的话,上面写了什么?不妨猜测一下。苏本洁《左传杜注补义》眉批云:"或云以留士会及寿余,且潜师袭魏,书于简策赠之。"他认为上面写的是绕朝给康公的建议,留下二人,再秘密发兵袭击魏地,攻其不备。而绕朝说的那番话,意思是我们秦国不是没有人才,大家伙也都能看出你们俩唱的双簧,但是国君偏要放你回去,我的计谋得不到施用。若绕朝的送别真的是国君的暗示和授意,足见康公对士会的用心良苦:"我知道你可能借机一去不还,也不是没有能力留你,但只要你去意已决,我也成人之美。"一句"吾谋适不用也",妙至毫巅。一个"适"字暗示对方:秦伯对我一向听从,这次恰好没有采用,这是你的幸运;这是国君故意放水,下一次你如果再对秦国耍弄心机,必然没有好结果。用"谋"字而不用"言"字,是强调以谋对谋,势均力敌,秦人才智出众的国士不在少数,让士会知道对手不是好惹的。

当士会归国以后,魏地人欢呼雀跃,好像打了场胜仗一样。而康公也兑现了诺言,归还了士会的妻儿。后来,康公还将那些未能回国的士会族人安顿下来,予以优待。笔者并不赞同这是人质威胁,而更愿意相信,这个刘氏宗族是两位君子友谊的见证,护卫着天地间的正气。它证明了在那个杀伐的时代,还存在英雄间的互助与相惜。

第三十一讲 皇天后土

晋侯之入也，秦穆姬属贾君焉，且曰"尽纳群公子"。晋侯烝于贾君，又不纳群公子，是以穆姬怨之。晋侯许赂中大夫，既而皆背之。赂秦伯以河外列城五，东尽虢略，南及华山，内及解梁城，既而不与。晋饥，秦输之粟；秦饥，晋闭之籴，故秦伯伐晋。……

三败及韩。晋侯谓庆郑曰："寇深矣，若之何？"对曰："君实深之，可若何！"公曰："不孙！"卜右，庆郑吉。弗使。步扬御戎，家仆徒为右。乘小驷，郑入也。庆郑曰："古者大事，必乘其产。生其水土，而知其人心；安其教训，而服习其道；唯所纳之，无不如志。今乘异产，以从戎事，及惧而变，将与人易。乱气狡愤，阴血周作，张脉偾兴，外强中干。进退不可，周旋不能，君必悔之。"弗听。

九月，晋侯逆秦师，使韩简视师。复曰："师少于我，斗士倍我。"公曰："何故？"对曰："出因其资，入用其宠，饥食其粟，三施而无报，是以来也。今又击之，我怠、秦奋，倍犹未也。"公曰："一夫不可狃，况国乎？"遂使请战，曰："寡人不佞，能合其众而不能离也。君若不还，无所逃命。"秦伯使公孙枝对曰："君之未入，寡人惧之；入而未定列，犹吾忧也。苟列定矣，敢不承命。"韩简退曰："吾幸而得囚。"

壬戌，战于韩原。晋戎马还泞而止。公号庆郑。庆郑曰："愎谏、违卜，固败是求，又何逃焉？"遂去之。梁由靡御韩简，虢射为右，辂⁽¹⁾秦伯，将止之。郑以救公误之，遂失秦伯。秦获晋侯以归。晋大夫反首拔舍从之。秦伯使辞焉，曰："二三子何其戚也！寡人之从晋君而西也，亦晋之妖梦⁽²⁾是践，岂敢以至？"晋大夫三拜稽首曰："君履后土而戴皇天，皇天后土实闻君之言，群臣敢在下风。"

穆姬闻晋侯将至，以大子䓨、弘与女简璧登台而履薪焉。使以免服衰绖⁽³⁾逆，且告曰："上天降灾，使我两君匪以玉帛相见，而以兴戎。若晋君朝以入，则婢子夕以死；夕以入，则朝以死。唯君裁之！"乃舍诸灵台。

大夫请以入。公曰："获晋侯，以厚归也；既而丧归，焉用之？大夫其何有焉？

且晋人戚忧以重我，天地以要我。不图晋忧，重其怒也；我食吾言，背天地也。重怒，难任；背天，不祥，必归晋君。"公子縶曰："不如杀之，无聚慝焉。"子桑曰："归之而质其大子，必得大成。晋未可灭，而杀其君，只以成恶。且史佚有言曰：'无始祸，无怙乱，无重怒。'重怒，难任；陵人，不祥。"乃许晋平。

晋侯使郤乞告瑕吕饴甥，且召之。子金教之言曰："朝国人(4)而以君命赏。且告之曰：'孤虽归，辱社稷矣，其卜贰圉(5)也。'"众皆哭，晋于是乎作爰田(6)。吕甥曰："君亡之不恤，而群臣是忧，惠之至也，将若君何？"众曰："何为而可？"对曰："征缮以辅孺子(7)。诸侯闻之，丧君有君，群臣辑睦，甲兵益多。好我者劝，恶我者惧，庶有益乎！"众说，晋于是乎作州兵。

——僖公十五年

▶ 注释

(1)辂：通"迓"，迎战。(2)妖梦：指晋国已故太子申生托梦于晋人，说天帝要让秦国战胜晋国，以此惩罚后者。(3)免服衰绖：指丧服。丧礼去冠括发，所用布条为免；麻制丧服为衰；围在头上的散麻绳为首绖，缠在腰间的为腰绖。(4)朝国人：召集国都中的子民。(5)卜贰圉：占卜让继承人圉就国君之位。(6)作爰田：变更旧时土地，重新划赏众人。(7)孺子：继承人。

课堂检测

1. 解释下列加点的字词。

慁谏（　　）　　二三子何其戚也（　　）

而以兴戎（　　）　　唯君裁之（　　）

归之而质其大子（　　）　　陵人（　　）

2. 下列"焉"字的意义用法相同的两项是（　　）

A. 焉用之

B. 大夫其何有焉

C. 以大子罃、弘与女简璧登台而履薪焉

D. 囷囷焉（《阿房宫赋》）

E. 置杯焉则胶（《庄子·逍遥游》）

F. 焉能治之(《墨子·兼爱》)

3. 下列句子与例句句式相同的一项是(　　)

   固败是求

   A. 傅说举于版筑之间(《孟子·告子下》)

   B. 仁义不施(《过秦论》)

   C. 六国互丧(《六国论》)

   D. 若属皆且为所虏(《史记·项羽本纪》)

4. 把下面句子翻译成现代汉语。

   晋大夫三拜稽首曰:"君履后土而戴皇天,皇天后土实闻君之言,群臣敢在下风。"

阅读提示

1. 庆郑为何要拒绝晋侯在战场上的求救?

2. 穆姬为何以死为要挟拒绝晋侯入秦?

3. 秦穆公为何答应与晋国讲和?

咬文嚼字

穆姬闻晋侯将至,以大子䓨、弘与女简璧登台而履薪焉。使以免服衰绖逆,且告曰:"上天降灾,使我两君匪以玉帛相见,而以兴戎。若晋君朝以入,则婢子夕以死;夕以入,则朝以死。唯君裁之!"乃舍诸灵台。

穆姬是晋献公的女儿、晋惠公的姐妹,为了救晋侯,她费了一番苦心。从上述劝告中,我们能体会到她措辞的用心,请分析这些词句的表达效果。

1. 晋国大夫们的话,"妙于满口感激,却并不曾吐出一字,浑是镜花水月之笔"。请加以赏析。

2. 穆文熙评庆郑面对晋侯的求救拂袖而去,是"取死何尤""罪盖大矣",你是否同意这一说法?说说理由。

一颗嫉妒的心在跳动

　　在春秋历史上国君被俘虏不是个例,但像晋惠公这样既可怜又可气的倒不多。惠公的狼狈一则体现在被下属庆郑嘲讽、抛弃上,二则是被敌国元首当着群臣的面讽刺调侃了一番。这一切都源于他的背信弃义。

　　晋献公听信骊姬谗言杀太子申生,群公子四散逃亡。重耳和夷吾这对难兄难弟分别逃往狄国和梁国。献公死后,晋国内乱。夷吾以河西五城予秦为交换条件,获取秦穆公的支持,在秦国和齐国的协助下登上宝座。

　　在惠公回国以前,秦穆公的夫人、晋惠公的姐姐穆姬把申生的妻子贾君托付给了宝贝弟弟,又特别提出请求,要他接纳群公子回国,这些要求的目的是让他照顾好被迫害驱逐的宗室亲眷。此君满口答应,然而回国以后他就把承诺抛到九霄云外了。他不仅与贾君乱伦,还拒绝接纳群公子。晋国宗室关系复杂,难以处理,有了这个天赐的良机,惠公巴不得把烫手山芋扔出去呢,哪里还会照顾这些可怜的王孙?但是他接下来的行为就有点不可理喻了。先是答应给秦国的城池全不作数,再是当秦国遭遇饥荒时连粮米都不肯卖给对方。要知道,晋国前一年遭灾,是穆公力排众议才把粮米借给了晋国,这好心都喂了狗了。穆公怒不可遏,决定给惠公一点教训,挥师攻打晋国。

晋军一败再败,秦国都已经打到韩地了,惠公着急地问臣子如何应对。庆郑回怼惠公说:"君实深之,可若何!"意思是都是你惹的祸,你说能怎么办?庆郑敢这么讲话,反映大夫们对惠公的反感已经到了顶点,但是他自己却还没有吸取教训,反而骂庆郑出言不逊。战前占卜车右,庆郑占得吉卦,惠公却故意不选他,还不听庆郑苦口婆心的劝告,用郑国献来的小驷马为车驾,这些赌气的做法注定了他后面的洋相。战场上,惠公的马不熟悉地形,应变能力又差,陷入泥泞动弹不得。这个时候他开始召唤先前劝告过他的庆郑了,后者忍无可忍,一顿怒怼,绝尘而去。乱战中穆公陷入险地,但是因为庆郑自己不肯救惠公,叫正在迎战穆公的人去救,延误了时机,白白把穆公放跑了。这一连串的连锁反应可谓报应及时,教训惨痛。

晋惠的不"惠",古人有一些总结:其一,应敌失策。秦人攻晋是有怨气,但两国本是盟友,大兵压境也不是不可以化解。王樵质问道:"然独不可先之以一介之使,以礼义再三辩喻,安知秦伯不悔而还?"其二,用人失误。庆郑这样的急脾气,是耿直忠诚之士,让他做车右,未尝不能激励将士、弥补裂痕。弃之不用只能让自己下不来台。其三,即位之初就得罪群臣。回国前,曾许诺给中大夫的钱财,到头来对大夫们没有交代;刚即位就杀死了亲近重耳的里克。刚愎自用,离心离德,种种做法有损于人君的威望。

惠公智昏缘何而起?这要推究其性格缺陷。《左传》评其为"忌克",意思是刻薄、好妒。他嫉妒哥哥重耳。重耳是众望所归的国君人选,这一点让他难以释怀。惠公刚即位,就以弑君为名杀死了大夫里克。这本身是很荒唐的,因为里克杀死的两位君主都是骊姬所立,二君不死,哪还有轮得到惠公?这样的恩将仇报是有私心的,因为里克曾经有过纳重耳为君的意图。丕郑也曾支持重耳,只因惠公即位时他正出使秦国才逃过一劫。丕郑一看里克被杀,知道惠公心胸狭隘,一定会拿自己开刀,于是就联络秦穆公,暗中策划纳重耳、逐惠公。阴谋被晋人识破以后,丕郑和平日与他亲近的大夫们都被惠公诛杀。惠公如此忌恨重耳的支持者,只是因为不满于他们把自己当备胎,毫无人君的肚量。此次秦国出兵,以他的器量和见识,自然会觉得示弱是危险的,因为一旦被看低看扁,重耳就又有机会了,他那来之不易的君位不保;而逞强一战,万一取胜,势必能给秦人以震慑:"不要以为老子是好惹的。"在一个沉迷阴谋的被迫害狂心中,一切温和姿态都等同于自杀之举,实为可悲!

穆公的幽默与大度

秦穆公抓住了晋惠,此后的一番嘲笑相当有水平。他看到那些个披头散发哭哭啼啼的大臣跟着国君后面做悲情状,大致已经猜到这些人的主意了。虽然晋惠不得众心,但是这些官老爷们也不希望秦人扣押君主以要挟同胞。如果君臣不睦,反过来让秦人觉得有机可乘,对他们也不利。这一番卖惨的举动其实是在说:"我们也知道国君犯了错,我们都已经付出了惨痛的代价,您也消消气,不要赶尽杀绝了。"他们知道穆公其实并不想断了惠公的生路,只是想杀杀他的狂傲之气。穆公此时的嘲讽就有攻心之意,他说:"我俘虏你们的国君,不过是在践行那个'妖梦'。这是天意,你们要顺应。"

所谓"妖梦",是有故事的。话说惠公即位以后,要厚葬冤死的太子申生,以示平反。这是政治工程,也是收买人心之举。事情过去不久,狐突在曲沃的时候,突然做了个梦(也可能是真的白日见鬼),他看到太子申生显灵,申生告诉狐突,惠公无礼,自己已经向天帝请示灭他,把晋国交给秦国,让穆公和子孙延续本应由晋人完成的祭祀。狐突马上劝阻说:"自己的祭祀怎么能让外人做呢?再说君有罪,民无辜,不能让百姓生灵涂炭。"申生的鬼魂听了觉得有道理,就许诺回去向天帝求情,说七天以后托巫者来告知结果。七天后果然有言,说是天帝允许给惠公一个教训,他将在韩地栽一个大跟头。秦伯所说的"践梦"指的就是这个梦。

这个荒诞的鬼神之说传得沸沸扬扬,但不清楚它到底从何而来。申生临死前还在担忧君父的悲喜,忠孝之心人人皆知,怎么会找天帝来颠覆晋国的社稷?有人怀疑这是狐突之辈编出来警告惠公不要贸然出兵御秦的谎言,也有人认为编造这个故事的人是在讥讽惠公。申生所谓的"无礼"是指惠公与太子妃贾君私通,厚葬太子不过是自欺欺人。秦穆此时提起这件事,也是在暗示惠公无德,但明面是在表示自己不敢有非分之想,展示了自己的高姿态,也说明了自己的宽厚。群臣此时马上向秦穆施压:"皇天后土为证,您说您不会为难晋君和晋国,那就千万不能食言。"晋惠的狼狈，引发秦穆的怀柔与抚慰，群臣再以此为据，以感激的姿态和以誓言的形式反制，辞令之妙，不逊于秦穆之幽默讽刺。

惠公是幸运儿，不仅有靠谱的臣子，还有爱心拳拳的姐姐。穆姬原本恨弟弟背言，但一听说弟弟被俘，就带着自己的孩子们走上高台，以自焚相要挟，说只要看见惠公被带进城，就以死反抗。真是爱之深，责之切，救之急。穆姬的做法很有效果，穆公本来就不想伤害晋侯，正需要一个饶了晋侯的理由，夫人的抗争就给了他这么一个台阶。但如果妇人一句话就让他放弃战果，丈夫怎么能有面子向群臣交代？现在穆姬以太子和自己的命相逼，穆公对群臣也有话说。穆公对众臣说的话，与其说是命令，不如说是商量。他特别强调的是"大夫其何有焉"，意思是杀了惠公，你们能捞到什么好处？言下之意有惹怒了晋国，灾祸又该怎样收拾？表现得一片公心，为国为民，就能够从道理上打动人。其实，就算穆公不杀惠公，也可以将其废黜，但他还是选择与晋讲和，归还俘虏，这就是政治家的大度了。

舆论公关怎么做

人设塌了不要紧，还可以重建，晋国大夫就有这样的本事帮惠公重立威信。晋侯此时在态度上有根本改变，他主动派郤乞回晋国召吕甥，实际上是在低头认错兼求救。吕甥知道认错容易，打动臣民的心难。他干脆就一字一句地教郤乞在聚会国人时怎么讲话。在说话前，先以国君的名义赏赐群臣：大家辛苦了，过去欠各位的，这里一并补上。讲话内容就两点：第一，我回去以后（你们好歹先把我接回去啊），国君我没脸做了，让我的太子做吧。第二，我人丢尽了，有辱社稷，很抱歉！说完话以后，拿出实际行动，改易田制，在制度上保证大伙能够得利。这让国人都哭得稀里哗啦。从这件事情上看，晋国民心易感，只是晋侯把一副好牌打得稀巴烂。吕甥趁机推波助澜："国君自己都朝不保夕了，还在担心国家，这个恩惠比赏赐还要大。你们说，我们应该怎么办？"这话一下子把大家的爱国心都激发起来了。赢得民心之后，晋人全副武装，改易军制，并且做好扶立幼主的准备，断绝秦国挟持惠公以号令晋国的念头。

在这一篇文字中，《左传》巧妙地写出了众人之力、诸臣之相，通过这些姿态各异的众生相，矛头直指惠公。前面诸大夫披头散发向穆公展示狼狈，施展苦肉计,替傲慢的国君自扇耳光,"写得极柔软,是晋惠好替身"。穆姬的自焚要挟,"写得极硬,是晋惠好救星,分明倚赖撒娇"。写秦穆公顺水推舟,暗示群臣放人,"写得儿戏"。吕甥教郤乞说的话,写得"极伤心"。后面笼络人心、重振士气的一番话,"开众人之颜,说来极高兴"。(《春秋左绣》)群臣的智慧、姐姐的强硬、敌人的宽容、民众的善良,无不反衬出惠公的不堪。

此事中我们看出晋臣之贤,解释了后来重耳何以开启霸业。这还说明了,民心、士气对于一个国家有多么重要。大国可以因为怨怼而屡屡受挫,也可以因为一句靠深度"脑补"才能拼凑起来的道歉而振奋励志。一部诸侯争霸史,也是一部心理史,人心是可以影响并改变历史的。

历史总有惊人的相似。唐德宗李适刚即位就立志削弱藩镇,导致强镇联合起兵谋逆。淮宁军节度使李希烈趁火打劫,称帝自立。风雨飘摇中,德宗竟犯了和晋惠公得罪中大夫一样的错误,赏赐不到位。愤怒士兵在泾原哗变,反戈一击,攻占长安,德宗君臣出逃。无奈之下,名相陆贽像吕甥一样,帮皇帝起草了一份道歉信,这就是唐德宗著名的《罪己大赦诏》。文章言辞恳切惨痛,说自己长在深宫之中,不懂治国,不听劝告,不懂百姓稼穑耕耘之苦,不解士兵舍生忘死之劳,因此上天惩罚自己云云。文中特别明确了对反叛的节度使既往不咎。这样,德宗的江山算是稳固了下来,各方军阀一一收兵。

可惜,德宗学会了委曲求全,晋惠公却始终刚愎猜疑,终究是辜负了大家的一片好心。这个背信弃义的人渣国君非但不改德,还在进国都之前先急命人直接处死了庆郑。秦晋是为邻国,然而二君的宽仁与刻薄有着天壤之别。秦国的地位,更因为这样的反差,愈加提升。

第三十二讲　向戌弭兵

宋向戌善于赵文子,又善于令尹子木,欲弭诸侯之兵以为名。如晋,告赵孟。赵孟谋于诸大夫。韩宣子曰:"兵,民之残也,财用之蠹,小国之大灾也。将或弭之,虽曰不可,必将许之。弗许,楚将许之,以召诸侯,则我失为盟主矣。"晋人许之。如楚,楚亦许之。如齐,齐人难之。陈文子曰:"晋、楚许之,我焉得已?且人曰'弭兵',而我弗许,则固携(1)吾民矣,将焉用之?"齐人许之。告于秦,秦亦许之。皆告于小国,为会于宋。……

　　辛巳,将盟于宋西门之外。楚人衷甲。伯州犁曰:"合诸侯之师,以为不信,无乃不可乎?夫诸侯望信于楚,是以来服。若不信,是弃其所以服诸侯也。"固请释甲。子木曰:"晋、楚无信久矣,事利而已。苟得志焉,焉用有信?"大宰退,告人曰:"令尹将死矣,不及三年。求逞志而弃信,志将逞乎?志以发言,言以出信,信以立志,参以定之。信亡,何以及三?"赵孟患楚衷甲,以告叔向。叔向曰:"何害也?匹夫一为不信,犹不可,单毙其死(2)。若合诸侯之卿,以为不信,必不捷矣。食言者不病,非子之患也。夫以信召人,而以僭(3)济之,必莫之与也,安能害我?且吾因宋以守病,则夫能致死。与宋致死,虽倍楚可也,子何惧焉?又不及是。曰弭兵以召诸侯,而称兵以害我,吾庸多矣,非所患也。"……

　　晋、楚争先。晋人曰:"晋固为诸侯盟主,未有先晋者也。"楚人曰:"子言晋、楚匹也,若晋常先,是楚弱也。且晋、楚狎主诸侯之盟也久矣,岂专在晋?"叔向谓赵孟曰:"诸侯归晋之德只,非归其尸盟也。子务德,无争先。且诸侯盟,小国固必有尸盟者,楚为晋细(4),不亦可乎?"乃先楚人。书先晋,晋有信也。

——襄公二十七年

▶注释

　　(1)携:使……背离。(2)单毙其死:死于非命。单,同"殚"。(3)僭:不信。(4)细:小。

课堂检测

1. 解释下列加点的字词。

    宋向戌善于赵文子（　　）　　　民之残也（　　）

    求逞志而弃信（　　）　　　必莫之与也（　　）

    且晋、楚狎主诸侯之盟也久矣（　　）　　子务德（　　）

2. 下列句中不含通假字的一项是（　　）

    A. 吾庸多矣　　　　　　B. 无争先

    C. 虽倍楚可也　　　　　D. 几为巡徼所陵迫死（《指南录后序》）

3. 下列画线词语与例句用法相同的一项是（　　）

    齐人难之

    A. 王无异于百姓之以王为爱也（《孟子·梁惠王上》）

    B. 未有先晋者也

    C. 是弃其所以服诸侯也

    D. 非归其尸盟也

4. 把下面句子翻译成现代汉语。

    陈文子曰："晋、楚许之，我焉得已？且人曰'弭兵'，而我弗许，则固携吾民矣，将焉用之？"

    _____

    _____

阅读提示

1. 晋人答应召集诸侯弭兵的原因是：_____

    _____

2. 赵孟把对楚国人穿铠甲会盟的担忧告诉叔向，后者为何不担心？

    _____

    _____

3. 第三段中，晋楚在争什么？最后是如何解决的？

    _____

咬文嚼字

冯李骅、陆浩《春秋左绣》评本文"事以变而若惊,文亦以变而入妙……大凡文字枝枝叶叶,总要处处回报本根。作者读者,精神眼光都一毫庞杂不得。"请依据此观点,赏析本篇构思。

合作探究

王符曾《古文小品咀华》云:"全篇归重'晋有信'句,却不用正说。"请谈谈你的理解。

解读经典

陪着你演戏

如果要颁发春秋"和平奖",得奖者恐怕非宋国莫属,特别是他们的和平大使向戌,真的是靠三寸不烂之舌、盘桓周旋之智,促成大国间的停战协议,使得中原百姓十数年免遭战争之祸。这当然是很了不起的成就。但认真翻阅一下历代贤达对向戌的评价,好话不多,指责倒是层出不穷。

首先,左丘明就不太待见向大使。他先指其他联络会盟有私心:"欲弭诸侯之兵以为名"。在选文后面的章节中,又有向戌邀功请赏的情节。左氏开了这么个口子,各种借题发挥的难听评价也都来了。彭士望把向戌看作合纵的鼻祖,这里指的不是他的外交才华,而是他的诡诈权谋,"既结内宠,又资外援,奸人魁杰"。搞这么一次大型联谊,既能够联络与大国权臣之间的感情,比如晋国的赵文子、楚国的子木,都和他有了更亲密的往来,又能试着影响附庸大国的小国,当事人向戌在世界舞台上的形象必然得到巩固和提升。那么诸侯信不信向戌的和平诚意呢？鬼才信！向戌倡议通过诸侯会盟立约的方式来恢复和平,本身就像是让猫儿戒荤腥,很难实现,更难保障。向戌这个老狐狸不可能不知道,那么他提出这种倡议,不是为了沽名钓誉又是为了什么？有人提出,如果向戌真的有诚意推行和谈,那么他应该去找周天子,正式通告各国代表到周都会合,以堂堂正正的姿态去试探大家的态度,不行就作罢。像他这样到处联络大国的权臣,让大国发动附属小国,给人一种公事私办、人情和国事乱作一团的感觉。这说法或许有些苛责向氏,但从各国的反应来看,大家也都知道弭兵求和不过是向大人的面子工程。晋国的韩宣子说:"虽曰不可,必将许之。"意思就是和平是不可能实现的,但是咱们得先答应。那么,明知是作秀,为什么大家要陪着向戌演戏呢？

这就是向大使的高明之处了。他的筹码,就是大国间的相互制衡。晋国要是不答应弭兵,它就失去霸主的合法号召力了。弭兵是政治正确：小弟们都怕挨打啊,大哥要是不准备弭兵,那么楚国就可以肆无忌惮地打我们了,大哥这就是坑兄弟。楚国也可以换个姿态,保护那些被晋国抛弃的小国,这样小国们都会被它吸纳到身边,晋国的盟主地位不保。同样的道理,如果晋国答应了,楚国也不好不答应。齐国本来是不想答应的,但是陈文子说："西边、南边两个大国都答应了,我们不答应,这个就不大好看。"于是道德绑架也好,虚与委蛇也罢,齐国也答应了。齐国答应之后,秦国也没有必要不答应。弭兵的事宜就这么定下了。但是大家心知肚明,这个合约是个面子工程,大家都是表面和气。但是光是表面和气,向氏的目的就达到了——我死以后不管洪水滔天,名声有了就行了。

换一个角度看,向戌确实是个聪明人。这次弭兵能够成功,正是因为他审时度势,利用了当时的国际形势。楚国和晋国连年战争,互有胜负,都有些力不从心了。明眼人都能看出来,如果能够达成弭兵的协议,至少十年的和平是能保证的,这也是晋、楚急于允诺弭兵的原因之一。由此看来,弭兵之策的成功也是因为向戌看准了客观条件。事实上,上天就是有意要成就向戌的英名,历史也提供了一个成就和平的大机缘。这一张空荡荡的停战协议,竟然真的在某种程度上构成了约束,这些国家在此后四十年间基本保持了和平。不得不说,向戌功不可没。

天上九头鸟,地上楚国佬

在弭兵这件事情上,一向狡诈功利的晋国老实得不像晋国,一贯浪漫直率的楚国门槛精得不似楚国。

　　楚国人确实不想再打仗了,但是他们觉得,利用这个外交活动搞一点政治利益,还是可以的。楚国想获取什么利益呢?第一,显示大国的威望和号召力;第二,在众人面前压一压晋的尊严。这两者其实互为因果,是一件事。那么怎么样获利呢?楚国人的行为可以归纳为两点:虚张声势、强词夺理。

　　之前的联络和招待工作一直很平稳。到了盟誓的那一天,气氛不对了,楚国人一个个都怀穿内甲来会场。用战争的姿态去结盟,让人怀疑楚国是否有将别人一网打尽的企图。楚国人这么做很让人反感,做出这种蛮夷举动,让别的诸侯怎么服他们呢?所以楚国大夫伯州犁很着急,赶紧和令尹子木说:"您这样做没有信义,让别人不服,我们还怎么做盟主?"子木不以为然。有学者批评子木这个做法是利令智昏、决策失误,依笔者看这是书生之见。子木头脑清醒得很,他就是要摆出姿态:我们楚国不标榜虚无缥缈的信义,我们就是要展示实力。如果我讲信修德,不过是步晋国后尘,你们难道会对我们刮目相看么?子木此时不打算修德怀柔,就是要秀肌肉给各国看。

　　其实子木不过是虚张声势而已。叔向把这个问题看得很清楚:"若合诸侯之卿,以为不信,必不捷矣。"这句话的潜台词是,如果楚国公然把诸侯当猴耍,那么它就是自取灭亡。"且吾因宋以守病,则夫能致死。与宋致死,虽倍楚可也。"在宋国领地上,如果楚国仓促迎战,既无地利,也无人和,还要面对晋国等大国,就算两倍于现有楚国的兵力,也必然没有胜算。换个角度想,你要是打得过,还来讲和干什么呢?

　　那么,子木的虚张声势到底有没有效果?或是有一点作用的。子木也有试探晋国反应的企图,而晋国在这件事情上确实有一点准备不足,气势上已经逊人一筹了。第一,赵文子得知楚人裹甲后,忧心忡忡,向叔向诉苦,其实已经失去了战略主动。魏禧认为赵文子"当找向戌而语之,转使其责楚"。意思是赵文子应当立刻照会向戌,让后者作为主办方去责备楚国。第二,如果晋国不吭声,有损大国威严。第三,一味固守信用是没有用处的,哪怕率领军队与之对峙,也比无所作为要好。叔向的判断不能说不对,但是防护也是必不可少的。赵文子和叔向似乎都没有特别刚猛的手段,少了些威严。赵文子名武,大名鼎鼎的赵氏孤儿是也。他振兴了曾被灭族的赵氏,也是晋国的一代雄臣。不过在这件事情上,和子木这只老狐狸相比,他似乎还不够成熟,有点被叔向带着跑的感觉。

争夺话语权和号召力最关键的一环,就是歃血为盟的次序,谁在先,谁自然就是盟主。此时楚国来了一招强词夺理,说中原大国的盟主楚国和晋国向来是轮流做的,这次不能让晋国先歃血。这个纯属自吹自擂,楚国武力强大,但是合法性大家伙都不怎么承认。此时楚国正是在利用先前自己的强势和晋国的退让,得寸进尺。但晋国没有据理力争,压楚国一头,而是显现出大度谦让的一面,以不争先为美德。其实想想,叔向给的解决办法多少有点别扭。他说小国主持结盟是有先例的,让楚国来主持,权当它是小国好了。这就有点阿Q的味道了。小国可以主持结盟,但是主持结盟的一定是小国么?晋国之前主持会盟,是不是自己也把自己当小国看待了呢?叔向的方法是自欺欺人,那么有没有什么处理办法,既不损害晋国的威严,也不至于和楚国闹僵?清人吴正名读此篇,曾提出一个建议:既然大家都为歃血的先后争来争去,那么干脆就让第三方,宋国自己来主持不就行了。宋国可以派出两个卿大夫,分别代表晋和楚,同时歃血,这就不存在先后之争了。两个卿大夫只要地位一样就可以,最好都是亚卿,地位足够高,又不像正卿只有一个,照顾不过来两边。这种处理办法,至少不会让楚国太舒服,晋国太被动。凌稚隆《春秋左传注评测义》评"赵孟偷而惧楚,甘为之下"。所谓"偷",即苟且之意。是不是楚国人的精明计算、功利强势,让赵武智穷才塞了呢?实际上,晋为楚所制的根源,与其说是赵武等人的软弱无能,不如说是晋国在争霸上的后劲不足。赵武和叔向无意与强敌争着一时的是非短长,只要达到休战的目的就可以了。打不过、不想打,还不承认,于是借助所谓的尊重盟约、守信义为名,给自己找了个台阶。

左氏云:"书先晋,晋有信也。"《左传》似乎是支持晋国的"顾全大局"的,还特别强调《春秋》在记载会盟人员名单的时候,把晋国赵武放在了楚国子木的前面,这是在扬晋贬楚,因为晋国守信义。这个说法引来了很多人的质疑。他们认为,先夏后夷,这是《春秋》固有的写法,晋在楚前有可能只是遵循此惯例而已。方苞说,晋国从来就不是什么务德守信之徒,现在只是斗不过楚国而已,《左传》"曲为纽结,故以信与晋。"《春秋左传注评测义》谓赵孟畏惧蛮夷,没有显示华夏尊严,孔子不可能褒扬这样的人。这么说来,这里《左传》对晋国是否过誉了呢?

第三十三讲　子产伐陈献捷

初,陈侯会楚子伐郑,当陈隧⁽¹⁾者,井堙⁽²⁾、木刊,郑人怨之。六月,郑子展、子产帅车七百乘伐陈,宵突陈城,遂入之。陈侯扶其大子偃师奔墓,遇司马桓子,曰:"载余!"曰:"将巡城。"遇贾获,载其母妻,下之,而授公车。公曰:"舍而母。"辞曰:"不祥。"与其妻扶其母以奔墓,亦免。

子展命师无入公宫,与子产亲御诸门。陈侯使司马桓子赂以宗器。陈侯免,拥社,使其众男女别而累,以待于朝。子展执絷⁽³⁾而见,再拜稽首,承饮而进献。子美入,数俘而出。祝祓社,司徒致民,司马致节⁽⁴⁾,司空致地,乃还。……

郑子产献捷于晋,戎服将事。晋人问陈之罪。对曰:"昔虞阏父为周陶正,以服事我先王。我先王赖其利器用也,与其神明之后也,庸以元女大姬配胡公,而封诸陈,以备三恪⁽⁵⁾。则我周之自出,至于今是赖。桓公之乱,蔡人欲立其出,我先君庄公奉五父而立之,蔡人杀之,我又与蔡人奉戴厉公。至于庄、宣,皆我之自立。夏氏之乱,成公播荡,又我之自入,君所知也。今陈忘周之大德,蔑我大惠,弃我姻亲,介恃楚众,以冯陵我敝邑,不可亿逞,我是以有往年之告。未获成命,则有我东门之役。当陈隧者,井堙、木刊。敝邑大惧不竞而耻大姬,天诱其衷,启敝邑之心。陈知其罪,授手于我。用敢献功。"晋人曰:"何故侵小?"对曰:"先王之命,唯罪所在,各致其辟。且昔天子之地一圻⁽⁶⁾,列国一同⁽⁷⁾,自是以衰。今大国多数圻矣,若无侵小,何以至焉?"晋人曰:"何故戎服?"对曰:"我先君武、庄为平、桓卿士。城濮之役,文公布命,曰:'各复旧职。'命我文公戎服辅王,以授楚捷——不敢废王命故也。"士庄伯不能诘,复于赵文子。文子曰:"其辞顺⁽⁸⁾。犯顺,不祥。"乃受之。

——襄公二十五年

▶ 注释

(1)隧:道路。(2)堙:填塞。(3)絷:马缰绳。(4)节:兵符。(5)三恪:周朝建立时,天子封前代三朝的子孙,赐以公侯名号,以示敬重。(6)圻:方圆千里之地。(7)同:方圆百里之地。(8)辞顺:言辞顺理成章。

课堂检测

1. 解释下列加点的字词。

    当陈隧者(　　)　　　宵突陈城(　　)

    舍而母(　　)　　　　以冯陵我敝邑(　　)

    天诱其衷(　　)　　　士庄伯不能诘(　　)

2. 下列句中不含古今异义的一项是(　　)

    A. 与其妻扶其母以奔墓　　B. 于反复不宜卤莽(《答司马谏议书》)

    C. 数俘而出　　　　　　　D. 计中国之在海内(《庄子·秋水》)

3. 下句中不含通假字的一项是(　　)

    A. 当陈隧者　　　　　　　B. 使其众男女别而累

    C. 而倔起阡陌之中(《过秦论》)　D. 为巡船所物色(《指南录后序》)

4. 把下面句子翻译成现代汉语。

    陈侯使司马桓子赂以宗器。陈侯免,拥社,使其众男女别而累,以待于朝。

阅读提示

1. 联系全文看,"当陈隧者,井堙、木刊"句有何作用?

2. 陈侯如何命令贾获,而后者拒绝的理由是什么?

3. 晋人责问子产的罪状是:

第三十三讲　子产伐陈献捷

咬文嚼字

本文第一段，冯李骅、陆浩《春秋左绣》云："子展、子产凡写三遍，第一遍总写，第二遍分而仍串，第三遍则两两对写，末又暗用总结，步步精神，无一率笔。以诈入，以正归。"请结合文章，谈谈你的理解。

合作探究

1. 贾获所遭遇的道德难题是什么？他如何巧妙地化解了这一问题？

2. 有人认为，郑国对待仇敌陈国，尽显王者之师的气度。还有人认为，郑国的宽容并非出于仁义，而是为了本国利益。你如何看待这一问题？

解读经典

王者之师收拾小人之国

人在做，天在看，陈国做了件极缺德的事情，很快就迎来了现世报。陈哀公会合楚国攻打郑国，把人家的水井都填了，树木都砍了。树砍了，要很久才能长起来；水井填了，老百姓没有水喝，连基本的生活都成问题。农业社会，没有水和木材，生产怎么办？生活怎么办？陈国之所以如此嚣张，大致是因为背后有楚国给自己撑腰，晋国却无暇顾及郑国。所以，当郑国人攻入陈国时，他们可以把一千个伤心的理由化作一千束愤怒的火焰，变本加厉地报复敌人。

然而，郑国的执政者子展和子产非常仁厚。他们怕自己的士兵对陈人做出出格的事情，于是就来了个先兵后礼。先是严禁士兵进入宫殿，还不放心，自己亲自去宫门守护。再来看这两位面对败者时的具体举动。子展拿着马缰绳，行稽首之礼，又是献礼又是敬酒，这是臣下战胜时对敌国君主的标准礼节。面对眼前的待宰羔羊，子产只数了数俘虏的人数就出去了。他们向陈国的土地神祝告，相关官员归还了百姓土地兵符，这是一次完美的主权交接。

子产和子展这样做是非常难得的，可谓以直报怨。吴曾祺《左传菁华录》评价说："入人之国，犹复彬彬有礼如此，春秋风气近古，后世不可复见。"对比后世的复仇，这样的举动真的非常克制。为了报平王杀父兄之仇，伍子胥率领吴军入楚都，据《吴越春秋》记载："伍胥以不得昭王，乃掘平王之墓，出其尸，鞭之三百。左足践腹，右手抉其目，诮之曰：'谁使汝用谗谀之口，杀我父兄，岂不冤哉！'即令阖闾妻昭王夫人，伍胥、孙武、白喜亦妻子常、司马成之妻，以辱楚之君臣也。"不仅侮辱仇人的尸体，还要通过霸占敌人妻子的方式来报复，手段非常狠毒。对此孔子如何评价呢？"子之复仇，臣之讨贼，至诚感天，矫枉过直。乳狗哺虎，不计祸福。大道不诛，诛首恶。子胥笞墓不究也。"（《越绝书》）也就是说，伍子胥笞墓复仇，无论是否矫枉过正，都是楚平王害的，不能怪伍子胥。对比之下，子展、子产连杀几只羊、抢掠几个百姓的意图都没有，基本的战争赔偿也不要了，真的是心够大、肚够宽，令人佩服。"以诈入，以正归"，既有计谋，又有仁义，确实堪与齐桓晋文这样的霸主雄才相媲美了。也难怪孔子对子产的评价那么高，还说不管别人怎么说子产不仁，自己绝不会相信。

不过换句话说，子产和子展这样做，恐怕也是有所不得已，是审时度势之举。楚国是陈国的靠山，自己趁着夜色朦胧搞闪电战，一举攻占陈国，等到大国反应过来，后果会怎样呢？一旦楚国报复，晋国可不会为自己撑腰。所以，给陈国以台阶下，恩威并重，得势让人，也是在保全自己。

另外，左氏告诉我们，陈国的自救也非常重要。小人之国，也有仁人君子。

贾获的伦理困境

贤者之孝二百四十首·贾获

林 同

扶母犹可免，弃君安所之。
可能共母载，忍不授君绥。

林同诗中所赞颂的是陈国的贾获，他面对忠孝不能两全的局面做出了艰难抉择。

陈侯逃跑的时候，连自己的将军都见死不救，却遇到这样一个老实巴交的君子。贾获期望忠孝两全，可问题是车子给了国君，就对不起母亲，给了母亲就是对国君不忠。他最终还是把车让给了国君，然后与母亲妻子一起逃跑。陈侯希望让贾母上车，贾获拒绝说："不祥"。

贾获这样做当然是好的，不过质疑声也不少。凌稚隆《春秋左传注评测义》："妇人而老，力不可徒。避难而奔，势不可缓。有如猝遇郑师，公车可幸而脱矣，其何以脱老母于徒行哉？"意思是母亲腿脚不方便，这样紧急的情况下让她步行赶路，还是未能尽孝道。"则不若附载其母于公车之侧，而己与妻随车以奔，庶几其可两全，而不可谓非祥也。"还不如让母亲坐车边上，和国君保持距离，不算不祥，还可以君亲两全。

贾获所说的"不祥"到底是什么意思？说白了，就是男女同车，这是不吉利的事情。虽然《诗经》中有《有女同车》，但多少有戏谑托讽之意，不能看作正当习俗。先秦时期女子乘车，是要有蒙盖的，不可抛头露面。《礼记》中有"男女不同席，不共食"的说法，连同席共食都忌讳，更不可能同车了。《史记·孔子世家》记载，卫灵公和夫人南子出游，两人同坐一辆车，让孔夫子坐后面的车跟着他们一起走，"招摇市过之。"孔子因此离开了卫国，留下了一句责备卫灵公的话："吾未见好德如好色者也。"可见，最基本的礼仪对异性同车是有约束的。贾获以不祥为理由，避免了亲人冒犯君主，既是全"身"，也是全"礼"。这才是真正的君子，不仅仅关心人的生命，还时刻关注文化生命的尊严。如果不顾"不祥"的禁忌，让母亲与国君共乘马车，这样不光彩地苟活与死有何不同？贾获担心以礼为由出让车马，国君会不答应，所以用"不祥"来吓唬君主，逼其就范，也算是用心良苦，深谙人臣之道了。

子产的"辞顺"

子产对陈国一通敲打，引来了晋国的极大不满。晋人并不是不知道陈国的种种恶行，陈楚之间的密切关系，更不会让晋国去同情它。只是晋人对郑国未得到许可就擅自讨伐的行为感到愤怒。子产献战利品的样子，在晋人看来更像是一种炫耀，他一身铠甲戎服，"又触其怒"。（《春秋左绣》）晋人一肚子气，可不是一两句辩解就能打消的，回应一招不慎将满盘皆输。然而子产是什么人？"春秋辞命,子产为最"(真德秀),子产最擅长的就是辞命应答。他这一番应答,赵文子听完以后称之为"辞顺",说白了就是入情入理,通顺晓畅,让人找不了茬。

子产的三答,最要紧、最关键的是第一答。这一答合理扎实,晋人的质疑就会大打折扣,后续问题也就迎刃而解了。子产说了半天,其实就是两个关键点,晋人问陈国之罪,子产指出陈国罪恶有两大端:其一是作为周王册封的诸侯,忘记周王的恩德;受到郑国的拥立,又忘却郑国对他们的扶助。子产的言外之意是,晋国作为霸主,难道不应该替周王清理门户么?像这样为非作歹的国家,在陈伐郑时,晋国不挺身而出,现在倒知道替陈国说话。其二是亲近楚国。晋楚争霸,郑替晋人教训强敌的走狗,晋人非但不感谢还怪罪。这是失职,更像是畏楚,晋国的脸面何在?这一番话,让晋人惭愧得无可开口。是啊,要求别人认真检讨,可是真认真起来,发现该检讨的应该是自己。

所以后面晋人的质问,就显得底气不足了。为什么侵犯小国,为什么穿戎服,这都属于没事找事。但是子产的回答毫不马虎,他借题发挥,理直气壮:所谓侵小国,试问你们的土地面积如此广阔,难道不是吞并小国而来的么?穿戎服是当年从晋文公那里领来的命令,让我们以此服来践行周天子的军事任务。这是晋国当年的命令,现在你们自己居然都忘记了。这几句话,倒似乎是在提醒对方,不要失去霸主的雄心和道义;先前的懈怠已经很难堪了,现在不要再错上加错,责备好人了。

这段文字里面,以"王命"统摄主线,以"则我周之自出""皆我之自立""又我之自入"为骨干,环环扣合,与"我是以有往年之告""则有我东门之役"对应起来,引出自身的委屈、愤怒和诉求。前论理,后抒情,处处工整,处处照应。

但是也有学者对这段辞命不以为然。王樵认为,子产的这段话言过其实,经不起推敲,不像他平时说的话那样质朴却有理,他怀疑是《左传》附会而作。郑庄公拥立的五父是篡权贼臣,这是助纣为虐,怎么可以自居为功劳?当年文公下令戎服,那是为了辅佐周天子,现在子产以戎服来见晋侯,这又算是哪门子礼节?替晋伐陈,是遵从周天子的号令,还是自作主张、意气而为,这些都没有能够讲清楚。也就是说,子产挑了一堆晋国的毛病确实是恰当的,但是他没有证明自身行为的合法性,特别是未能从道义和礼制的角度说明。晋人无言以对,那是晋人对郑国的宽容,也是因为自身实力不济,无暇管顾身边诸侯的矛盾,倒是乐得坐山观虎斗。

第八单元　世态人心

　　人们常说:"世态炎凉,人心叵测。"《左传》像一位洞明世事的智者,冷冷道尽人间的尔虞我诈,也留下无数是非由后人评说。什么样的心机城府都得被拿到良心这杆秤上度量,什么样的巧舌如簧都无法抵御左史公的诛心之笔。春秋是一个贵族社会,贵族们理应是温文有礼的,但诸侯大夫的温雅却终不能掩盖欲望的扩张。在旧法度维护尊严的面纱被无情抛弃的时代,《左传》如实记录了周围舆论的反应,也毫不吝惜它的冷嘲热讽。读《左传》能正君子,识小人,学为人处世的经验,检省自己的胸襟是否坦荡。看到季姒这样恶语伤人的浪妇,就会明廉耻。看到子晳这样夺妻不成就打算用武力伤人的恶徒,就会通仁恕。看到季武子求申丰决断家事,后者立刻准备逃离,就会知道明哲保身的重要。看到襄仲面对有夺妻之恨的兄弟穆伯的灵柩,恨得咬牙切齿又不得不伪装哭腔的滑稽,就会懂得职业政客的表演和应变。

　　在读本单元文章时,我们要留有存疑之心,读出《左传》字里行间的深意。一切反常处、不明就里处、欲盖弥彰处都要仔细辨别:南子对太子的控告,戏阳速刺杀不成的原因,真如他们的一面之词所说的那样吗?晋献公是否真的为了爱姬宠子而要对太子赶尽杀绝,这里面是否有隐情?太子申生周围的谋臣,真的尽职尽责,全无私心吗?老好人华元既然如此宽大仁厚,为何执政会连连失误,老百姓又怎么那么喜欢拿他开玩笑?出身国家的大小不同,遭遇的对待就会截然相反,郑国公子宛射犬该怎样应对这不平等的世道,他的做法是否妥当?一对老朋友遭遇战乱,以敌人身份相见,胜利的一方应该怎样营救对方才不会背叛自己祖国?高贵的夫人看见自己的太子被害死,而间接导致这场悲剧的正是她母国的公族亲人,她的痛哭有怎样感染力?又是什么在鲁国这块曾经象征礼乐文明的土地上,酿成了这样黑暗丑恶的现实?

　　在凝视黑暗与苦难的时候,我们需要用良知和理性,用审美的感悟,用文化的信念，秉持人性的烛火，照亮尘封的历史。甚至我们也不能忘了审视《左传》自身可能表露出的迎合现实的暧昧与势利。这将是多么激荡人心的阅读体验。

第三十四讲 《左传》的"势利"与"暧昧"

晋荀偃、士匄请伐偪阳,而封宋向戌焉。荀罃曰:"城小而固,胜之不武,弗胜为笑。"固请。丙寅,围之,弗克。孟氏之臣秦堇父辇重如役。偪阳人启门,诸侯之士门焉。县门(1)发,郰人纥抉之,以出门者。狄虒弥建大车之轮,而蒙之以甲,以为橹。左执之,右拔戟,以成一队。孟献子曰:"《诗》所谓'有力如虎'者也。"主人县布,堇父登之,及堞(2)而绝之。队,则又县之。苏而复上者三,主人辞焉,乃退。带其断以徇于军三日。

诸侯之师久于偪阳,荀偃、士匄请于荀罃曰:"水潦将降,惧不能归,请班师。"知伯怒,投之以机,出于其间,曰:"女成二事,而后告余。余恐乱命,以不女违。女既勤君而兴诸侯,牵帅老夫以至于此,既无武守,而又欲易余罪,曰:'是实班师。不然,克矣。'余赢老也,可重任乎?七日不克,必尔乎取之!"五月庚寅,荀偃、士匄帅卒攻偪阳,亲受矢、石。甲午,灭之。书曰"遂灭偪阳",言自会也。

以与向戌。向戌辞曰:"君若犹辱镇抚宋国,而以偪阳光启寡君,群臣安矣,其何贶如之!若专赐臣,是臣兴诸侯以自封也,其何罪大焉!敢以死请。"乃予宋公。

宋公享晋侯于楚丘,请以《桑林》(3)。荀罃辞。荀偃、士匄曰:"诸侯宋、鲁,于是观礼。鲁有禘乐,宾祭用之。宋以《桑林》享君,不亦可乎?"舞,师题以旌夏。晋侯惧而退入于房。去旌,卒享而还。及著雍,疾。卜,桑林见。荀偃、士匄欲奔请祷焉,荀罃不可,曰:"我辞礼矣,彼则以之。犹有鬼神,于彼加之。"晋侯有间,以偪阳子归,献于武宫,谓之夷俘。偪阳,妘姓也。使周内史选其族嗣,纳诸霍人,礼也。

——襄公十年

▶ 注释

(1)县门:通"悬门",古时城门所设的门闸。(2)堞:城墙上的矮墙。(3)《桑林》:商朝天子的舞乐。

课堂检测

1. 解释下列加点的字词。

   固请（　　）　　　　孟氏之臣秦堇父辇重如役（　　）

   主人县布（　　）　　带其断以徇于军三日（　　）

   以与向戌（　　）　　是臣兴诸侯以自封也（　　）

2. 下列句中画线词与例句用法相同的一项是（　　）

   以出门者

   A. 既泣之三日（《病梅馆记》）

   B. 昂其直（《聊斋志异·促织》）

   C. 亦足以称快世俗（《黄州快哉亭记》）

   D. 传其事以为官戒（《种树郭橐驼传》）

3. 以下句中"以"字用法相同的两项是（　　）

   A. 而以偪阳光启寡君

   B. 以不女违

   C. 皆以美于徐公（《战国策·齐策一》）

   D. 俱以情告（《世说新语·自新》）

   E. 汝以辰时气绝（《祭妹文》）

4. 把下面句子翻译成现代汉语。

   女成二事，而后告余。余恐乱命，以不女违。

   _____

   _____

阅读提示

1. 晋荀偃、士匄攻打偪阳城的原因是：_____

   _____

2. 开篇荀䓨形容偪阳"城小而固"，其坚固表现在：_____

   _____

3. 向戌拒绝接受偪阳城作为封地的原因是：

咬文嚼字

　　主人县布，堇父登之，及堞而绝之。队，则又县之。苏而复上者三，主人辞焉，乃退。

　　本句中"又""复"二字表现了"主人"和堇父怎样的个性、形象？请加以赏析。

合作探究

1. 秦堇父被叙述了两遍，能否归并为一处？谈谈你的理解。

2. 穆文熙评价说："知伯以几投二帅，竟克偪阳，可谓雄略。"为何说这是一种谋略？

解读经典

强权的礼物

　　晋国的荀偃和士匄请求国君派他们攻打偪阳国。理由很简单，他们想把它送给宋国左师向戌作礼物。为什么要讨好向戌？因为他执掌着宋国政权，讨好他有利于操纵宋国。晋国为何有求于宋国？因为晋国要联系吴国来对付楚国，宋国是晋、吴之间的要道，也是难得的始终忠于晋国的国家。一句话，为了与楚人争霸，晋国不能只靠自己，得上下周边打点一通。但是这样绕来绕去，只为了一个小小的、不知能否成立的战略目的，却要耗费大量人力物力，自然不会是每个人都赞同的。荀䓨就提出反对意见，他的理由很实际：偪阳城小却坚固，打不下来丢人,打下来也没啥光彩。但是最终没能说服两位将军。

战争的逻辑往往由政治情绪和氛围催生。晋国的鹰派人物素来强势,周边敌人的威胁、内部势力的复杂,使得这个大国向来愿意为些许利益而大动干戈。春秋时期少有国家像晋国那样,习惯且谙熟于赤裸裸的丛林法则。比如我们所熟知的秦晋殽之战。秦军偷袭郑国无功而返,军队路过晋国的关塞要道崤山。晋文公刚刚去世尚未来得及安葬,秦晋之好还未破裂,晋国的主战大夫们就执意要去偷袭。最终,秦军遭袭大败,两国从此交恶。晋人把丧服染成军装,违背文公的和平遗志去狙杀自己的盟友,虎狼之性可见一斑。

这一次,被牺牲的是偪阳。在《左传》的描述中,我们没有看到对失败一方的同情,只看到了对他们顽强意志的敬佩。可是这种顽强最终只能衬托出强权一方的英勇。有时,用强权的土壤,确实更容易夯建英雄的舞台。狄虒弥给大车轮蒙上铠甲做盾牌,率队突击。耶人纥以一人之力撑着悬门,让盟军从敌人的包围中逃脱后才放下城门。秦堇父看见城墙上有悬布,就冲上去登城。敌人戏弄他,眼见他要触及城墙垛子了,才把布割断,致使他坠地晕厥。没想到他醒来以后,继续登城。就在这样一场挑战极限的攻城战中,春秋时代的战争伦理凸显了出来。既然道义的背景已经模糊,那么军人的价值就是最大限度地证明自己的勇气和忠诚。这样,我们也就不难理解为何荀罃对荀偃、士匄打退堂鼓如此愤怒了。挑起了战争,却又不肯肩负战争的责任,这就触碰了强权者底线。只有当荀偃、士匄担负起责任、身先士卒的时候,胜利的天平终于开始向晋国联军倾斜。

宋国:势利与道义之间

宋国是殷商的后裔,春秋时期的仁义古风,往往体现在宋人的言行上。但是和宋襄公迂腐的仁义不同,向戌在面对晋国的赏赐时显得非常灵活。他一方面接受了利益:偪阳我是要的,留给我们宋国也没什么坏处,也不会薄了大国的面子。另一方面也恪守了底线:我是臣子,封地不能给我,否则就开了个坏头。

在宋国答谢晋国的宴会上,宋国整个国家面对势利与道义时的"暧昧"更是显露无遗。宋平公竟然提出用商朝的天子礼乐来招待晋悼公,显然是在暗示对方像天子一样尊贵了。但是,他们还是保留了一丝尊严,《左传》用了"请以《桑林》"四个字。宋公很狡猾:我把天子的礼数给你们看,接不接受就看你了。接受了,是你们晋国贪婪僭越;不接受,我们更有面子。春秋时期因为不合礼数而辞礼乐是有先例的。几年前叔孙豹代表鲁国回访晋国,晋侯用天子招待诸侯霸主的《肆夏》之乐三首、诸侯相见的《文王》之乐三首,叔孙豹都没有答拜,只答拜了合乎礼节的《鹿鸣》《四牡》和《皇皇者华》,被传为佳话。宋公的"擦边球"险些奏效,晋国元帅荀罃代替晋侯推辞了。但是荀偃、士匄两位主将或许是因为有战功而嘚瑟得不得了,怂恿晋侯接受。晋悼公毕竟底气不足,乐师举着旌夏之旗率领乐队涌入会场时,他被大礼的阵势吓坏了,自己先退了下去。宋公下令撤掉了旗帜,奏完音乐,这样既保全了礼仪和自己的脸面,晋国的僭越欲望也算得到了满足。《左传》这里的态度很鲜明,它通过写悼公的惧和荀罃的辞,连同之前向戌辞封,来批评荀偃、士匄的僭越违礼。

在抨击僭越违礼方面,《左传》立场坚定。然而,对于偪阳国的命运,《左传》的立场则和宋国人一样,冷漠而势利。

暧昧的"夷夏之防"

晋悼公把被俘获的偪阳君主称为夷狄俘虏,献给太庙,彻底灭掉了这个妘姓国家。然后请周内史找了同姓来继承被断绝的妘姓祭祀,让他们住到晋国霍人这个地方,以便管控。这个做法被《左传》称之为"礼也",对晋侯的行为予以赞扬。《左传》这样讲是不是合适呢?

这里颇值得质疑。称偪阳子为夷俘,无非是在给自己的侵略行为贴金。无故灭他人的国家作为献礼,实在是野蛮行径。可以说晋侯现在是做贼心虚。他没敢彻底罔顾周礼,找来了周太史为自己的合法性背书。这种用周礼为霸权行为洗白的伎俩,晋国早就是熟门熟路了。我们都听过唇亡齿寒的故事。晋国借道虞国灭虢国,回师时顺手灭了虞国。晋国俘虏了虞公,却继续祭祀虞国境内的山川之神,还向周天子进贡虞地的贡品。替被灭的国家完成义务,以为这样就可以推卸灭亡对方的责任,这是什么样的强盗逻辑!《左传》没有义正词严地批评这种行为,而是选择了冷眼旁观。魏禧《左传经世钞》批评左氏立场暧昧:"无故灭人之国,而以为礼乎?而小国却当此一'礼'字不起。献公修虞祀,归职贡于王,此奉妘祀,使周内史选族嗣,皆是一样举动。春秋时每多此一班假道学,而左氏每用如此糊涂赞叹。"

再来看《左传》点过的其他糊涂赞,即所谓"传每以非礼为礼"(《左传补注》)。只举一例:宋宣公病重,决意把君位传给弟弟宋穆公。等宋穆公病重时,嘱托大司马孔父辅佐宣公的儿子与夷继位,他说:"哥哥把本该是与夷的君位让给我,这样的恩德我忘不了。如果我死后,与夷的安全和福禄得不到保障,我是没脸去见先君的。"孔父劝他把君位给自己的孩子冯,穆公坚决拒绝,并且不惜让宝贝儿子滚出宋国。《左传》这样评价宣公和穆公:"宋宣公可谓知人矣。立穆公,其子飨之,命以义夫!"意思是宣公传位之举两全其美,既让穆公这样的贤人继位,又让自己的儿子当上了国君,这是因为宣公的命令符合道义。然而,这位让穆公心疼的与夷,确实个败家子,在位十年发动了十一场战争,闹得天怒人怨。更可怕的是,穆公的儿子冯还一直在郑国对君位虎视眈眈。最后与夷被杀早亡,谥号是"殇"。君位还是落到了冯的手里。穆公这个老好人做得不好,《左传》的赞扬引来了一片批评声。穆文熙说:"穆公让侄,似为义举,然皆出于姑息,不徇正道,所以终成祸变。"选嗣君不看才能,而是变成了情感交易,欠你的还你的不亦乐乎,国家的前途就成了儿戏。刘继庄认为,宣公之所以不立自己的孩子与夷为君,就是看到他不成器,穆公"以己之私意度宣公之心……图能贤之名,而失知人之哲"(《左传快评》)。况且把自己的儿子送到郑国,也给了邻国以扶立公子冯的名义攻宋的机会。

春秋时期国与国、君与臣之间的"假道学",《左传》往往毫不留情地予以揭露、讽刺、批判。但是某些地方也能看到其暧昧的立场、争议的观点。有时左氏似乎会用"礼"去谬赞一些强权者、道德掮客的逻辑,有时他又轻易把"礼"赠予愚昧荒唐的人。我们不能迷信《左传》,但也不能苛责它,无视其逻辑的合理性。历史不是简单的记录,历史文学更不是冰冷客观的文字,它背后的价值倾向、意识形态,恰恰赋予历史以最鲜活的色彩。在幽深的亘古长夜中,史心间的辩驳、争论、反省、互察,让人类的文化具有了温度。

第三十五讲　一个母亲的悲伤

秋,襄仲、庄叔如齐,惠公立故,且拜葬也。

文公二妃。敬嬴生宣公。敬嬴嬖,而私事襄仲。宣公长,而属诸襄仲。襄仲欲立之,叔仲不可。仲见于齐侯而请之。齐侯新立,而欲亲鲁,许之。

冬十月,仲杀恶及视,而立宣公。书曰"子卒",讳之也。

仲以君命召惠伯,其宰公冉务人止之,曰:"入必死。"叔仲曰:"死君命可也。"公冉务人曰:"若君命,可死;非君命,何听?"弗听,乃入,杀而埋之马矢之中。公冉务人奉其帑以奔蔡,既而复叔仲氏。

夫人姜氏归于齐,大归也。将行,哭而过市,曰:"天乎! 仲为不道,杀嫡立庶。"市人皆哭,鲁人谓之哀姜。

——文公十八年

课堂检测

1. 解释下列加点的字词。

　　敬嬴嬖(　　)　　　　而属诸襄仲(　　)

　　齐侯新立(　　)　　　既而复叔仲氏(　　)

　　大归也(　　)　　　　市人皆哭(　　)

2. 下列句中不含通假字的一项是(　　)

　A. 杀而埋之马矢之中　　B. 夫人姜氏归于齐

　C. 而属诸襄仲　　　　　D. 夙遭闵凶(《陈情表》)

3. 以下句中画线词用法与例句相同的一项是(　　)

　死君命可也

　A. 讳之也　　　　　　　B. 入必死

　C. 仲见于齐侯而请之　　D. 君将哀而生之乎(《捕蛇者说》)

4. 把下面句子翻译成现代汉语。

公冉务人曰:"若君命,可死;非君命,何听?"弗听,乃入,杀而埋之马矢之中。

阅读提示

1. 从后文看,襄仲去拜见齐惠公的实际目的是:

   他的目的后来有没有达到?为什么?

2. 公冉务人劝阻叔仲觐见的理由是:

3. 敬嬴与姜氏都是文公之妃,但二者品行有天壤之别。请分别概括。

咬文嚼字

　　将行,哭而过市,曰:"天乎!仲为不道,杀嫡立庶。"市人皆哭,鲁人谓之哀姜。

　　文中对姜氏痛哭的描写有何特点?请鉴赏其表达效果。

合作探究

1. 哀姜的哭有"天乎"二字,"天"字可谓一字千钧。谈谈你的理解。

2. 哀姜的哭在唐锡周看来,"盖十字少一字不得,亦更无第十一字可说也"。谈谈你的理解。

3. 邵宝认为叔仲死得不值,是好仁不好学,"其蔽也愚,惠伯之谓也。"你是否同意他的说法?

解读经典

阳光下的罪恶

　　襄仲是春秋历史上争议很大的人物。他是鲁庄公的儿子,名遂,字仲,谥襄,因为家住曲阜东门,所以后世称其为东门襄仲。他很有能力,在外交上八面玲珑,为鲁国争取了不少利益。但是,襄仲的对内政务却是劣迹斑斑。他作为正卿,把持朝政,权势熏天,可以说开了鲁卿执掌国政的先河。他最大的恶行就是以权臣的身份,杀嫡立庶。

　　文公的宠妃敬嬴私下里讨好襄仲,把自己的宝贝儿子托付给他,以图将来立为国君。襄仲此时的障碍有三个,其一是不可废嫡立庶的传统继承制度;其二是叔仲等鲁国权臣的反对;其三,太子的母亲是齐国公主,废黜太子需要强大的邻国点头。政客的眼中只有利益和现实,制度只是一纸空文,叔仲的势力不足为惧,只有齐国的态度需要考虑。而偏偏在鲁文公去世不久,无常的齐懿公也被杀了,懿公的弟弟惠公被扶上了君位。襄仲得到机会出使齐国,表面上是代表鲁国恭贺惠公即位,实际上暗中联络惠公,希望得到他的支持。惠公为了讨好鲁国,竟然也许可了襄仲的肆意妄为。于是万事俱备,年幼太子的命运在这一刻决定了。

　　襄仲的行为非常恶劣。春秋时期,确实有权臣谋害太子的现象,但是像这么明目张胆实在少见。宋国有一桩恶劣的杀害太子案。公元前547年,出访晋国的楚国使者路过宋国,宋平公的太子痤与他是旧相识,于是在郊外款待他。这本是无可厚非的事情,没想到,与太子有仇的阉人伊戾假造盟书埋在土里,陷害太子与楚国人盟誓,要谋反。平公开始将信将疑,询问大臣向戌的意见,向戌也不喜欢太子痤,说:"太子与楚人勾结的事,我也有所耳闻。"于是平公囚禁了太子痤。太子是个急脾气,他赶紧让庶弟佐去向父王证明自己的清白,并且告诉佐,如果中午之前不来,自己就只有去死了。佐听到消息赶忙动身,但这时向戌突然出现了。他拦住佐,和他东拉西扯,故意拖延时间,最终过了中午,等不到弟弟的太子绝望了,自缢身亡。《春秋》记载道:"宋公杀其世子痤。"但实际的罪魁祸首是向戌和伊戾,向戌起到的作用其实比伊戾还大。平公知道太子与伊戾素来不合,未必相信伊戾的诬告,正是有威望的向戌说了"固闻之"三个字,才让平公决定囚禁太子;如果公子佐能赶来为太子作证,太子也不必自裁,正是向戌的拖延时间导致了太子的死。他的阴谋不露痕迹,直击太子的弱点。然而,向戌虽然阴险,但皆是暗中作为,他绝不敢明目张胆害太子。对比之下,鲁文公已死,太子恶在名义上已是鲁国的国君,襄仲还敢在光天化日之下除掉他,真的是有恃无恐,胆大妄为。不仅如此,他还将持反对意见的叔仲害死,让世人敢怒而不敢言。

王系云:"此为鲁国禄去公室之始。"孔子生活的时代,"禄之去公室五世矣",其开端就在于襄仲弑立。春秋时期礼法体系的破坏,襄仲绝对是重要推手之一。

惠伯"好仁而不好学"

选文中所说的叔仲,指的是叔仲彭生,后世也称之为惠伯。惠伯是叔孙氏的小宗叔仲氏的宗主,其势力不容小觑。但这位叔仲大人和襄仲素有矛盾,他俩不仅理念不同,还有私怨。当年鲁国的正卿公孙敖娶了一对莒国姐妹,后来姐姐去世,正室空缺,公孙敖没有把妹妹扶正,而是还想再娶一个莒国女孩。这些莒国的贵族就不大高兴了,以妹妹还在为由拒绝了他。后来公孙敖出使莒国,顺便要把堂弟襄仲订了亲的媳妇接回来。结果他刚登上城墙,远远看到新娘的美貌,顿时就魂不守舍了,然后自己娶了这位莒女。襄仲怒不可遏,恳请鲁文公允许自己发兵诛杀公孙敖。这时惠伯站了出来:

> 叔仲惠伯谏,曰:"臣闻之:'兵作于内为乱,于外为寇。寇犹及人,乱自及也。'今臣作乱而君不禁,以启寇仇,若之何?"
>
> ——《左传·文公七年》

他担心的是兄弟残杀导致内乱,外部的强敌会乘虚而入,表示国君的责任是维护和平,而不是帮助襄仲主持正义。鲁文公听从了惠伯的意见。惠伯调解兄弟双方,让公孙敖把女子送回莒国去,让襄仲另娶别的女人。两人照办了,兄弟表面上和好如初。惠伯的做法表面上是一言定国难,但是从长远看是治标不治本。公孙敖贼心不死,第二年他就找了个机会和莒女私奔了。后来钱花光了又请求回来,襄仲同意后,他在家呆了三年又拿着全部的家财跑了。襄仲看在眼里恨在心头,惠伯是在维护鲁国的安定、公族的和睦,但在他看来惠伯就是在包庇公孙敖,戏弄自己。更让他不满的是,公孙敖死后,本来他是不想尽礼的,又是惠伯说了一通大道理,襄仲才带着兄弟们去哭殡。

这次襄仲要立宣公,惠伯又出来唱反调。《公羊传》中是这样记载的:

> 文公死,子幼,公子遂谓叔仲惠伯曰:"君幼,如之何? 愿与子虑之。"叔仲惠伯曰:"吾子相之,老夫抱之。何幼君之有?"

襄仲问惠伯:"国君太年幼怎么办? 我们两个考虑考虑吧。"言下之意是要另立长君。惠伯岂能不知,只装糊涂说:"您来辅佐他,我来抱他,年幼又怎样啊?"

襄仲弑君后,知道此人和自己不是一条心,势力又大,非铲除不可。所以假托国君之名召见他入宫。谁都知道,反对废嫡立庶的惠伯是襄仲的眼中钉,二人又结怨已久,于情于理襄仲迟早都会动手,此去宫中,注定凶多吉少。但惠伯还是去了,因为君命不得不听。家臣公冉务人就看出了这并非君主之命,劝主公不要白白搭上性命。惠伯进宫以后果然被杀,连尸体都被丢在马粪里面,可见襄仲对他怨念之深。公冉务人带着他的家眷族人逃到了蔡国,以后又复兴了叔仲这一支氏族,算是天道酬仁。

惠伯的死为这场变故带来了一丝英雄主义的悲壮。但是明人邵宝批评惠伯"好仁不好学",这一评价耐人寻味。孔子曰:"好仁不好学,其蔽也愚。"意思是光向往仁德却不好好学习,只知道仁德的教条却不懂得如何践行和守护仁德,就会被人愚弄。在这件事上,惠伯不懂得权变。他的死不能让仇家受损,也不能对君主效忠,只能让仇人失去障碍,还会令自己的家族陷入困境。对比一下伍尚伍员兄弟的做法。楚平王以他们父亲的生命为要挟召二人回国都,他们知道此去必然会死,不去又是置父亲生死于不顾。于是伍尚凛然前去,伍员逃亡,留待日后为家族复仇。这就思路很清楚了,哥哥的死可以殉父,弟弟的不死可以复仇。而惠伯的死只能成就敌人的计谋。虽说本义是忠,最终却只换来弑君者的快意,从根本上看是对忠的破坏。这就看出惠伯没有权衡利弊的能力和审时度势的预判。这件事里，公冉务人的做法，才是真正的好仁而通达。他保存了叔仲氏，留下了日后清算东门氏的力量，于国于家有益。

哀姜之哭在影射什么

鲁文公的正妃姜氏一日之间失去了两个儿子。原本安定的家园成了伤心血污之地，无奈之下，她只能回到祖国齐国，那个助纣为虐、酿成她不幸的国家。"大归也"，这一去，就再也没有回来过。途径鲁都集市的时候，她一路悲泣：

> 将行，哭而过市，曰："天乎！仲为不道，杀嫡立庶。"市人皆哭，鲁人谓之哀姜。

《左传》的这一段描写堪称经典。先看百姓的反应，市场里所有人都跟着她一起哭，鲁国人把她称作哀姜，多少同情，多少民怨沸腾，都通过一声哭、一句话尽显。周围环境的愁云悲风、百姓的痛心疾首，气氛氤氲惨然，都引发人无限遐想。百姓国人敢怒不敢言，也是暗讽襄仲权势熏天、树大根深。

看哀姜的哭诉，《左传》一共写了十个字，不多不少，"宛然哽咽光景"，但又有"多少捶胸顿足，血涌泪枯神理"在其间（唐云）。一个"天"字，在道义上谴责了罪人。襄仲之罪，上通于天。《左传》春秋笔法，于此埋下了伏线。纵览《左传》，大凡是以"天"为评判标准和道德参照者，多有大报应！十八年后，宣公病逝，三桓就是以杀嫡立庶为罪名，将东门氏尽皆驱逐，襄仲之子公孙归父亡命奔逃，东门氏从此没落。当年由东门氏开始的驱逐公室、独揽大权的恶性政治循环，最终吞没了东门氏自身。韩席筹《左传分国集注》云："文十八年而恶、视见杀，宣十八年而东门氏逐，一间耳。况惠伯杀而后卒立，归父奔而家遂亡，谁谓天道无知哉？"从文公十八年，到宣公十八年，真是天道轮回，似乎冥冥中自有天意。然而如果只有"天"能够为哀姜报仇，不也是对其他当权者袖手旁观的指责吗？

哀姜的哭也将矛头指向了另一个人，即默许襄仲犯下滔天罪行的齐惠公。齐惠公是哀姜的叔叔，他本应该保护自己的侄孙。他为何要如此冷酷地害死自己的亲戚？原因很复杂，基本上是惠公的功利心在作祟。《左传》认为惠公这么做的原因是"齐侯新立，而欲亲鲁"。齐侯并非名正言顺的继承人，脚跟尚未立稳，所以他敬畏襄仲在鲁国的势力，想要与之交好。而且立一个本不是顺位继承人的公子为国君，对方必然感恩戴德。惠公这么做也确实有效，《左传》记载，第二年襄仲就为宣公迎娶了惠公的女儿,还赠予齐人土地为回报,"齐人取济西之田,为立公故,以赂齐也。"(《左传·宣公元年》)惠公这么做也有可能是想利用这个机会制造鲁国的分裂和内乱。三桓与东门氏之间的内斗,就是由这次废嫡立庶的恶行开始激化的。破坏鲁国的嫡长子继承制度,也就是破坏鲁国最引以为自豪的政治生态。周公的后代竟然不尊祖制,鲁国的道义优势和政治根基也就毁了。惠公即位于齐国乱成一锅粥的时候,此时为了得到稳定的国际环境,阴招阳谋都可以用。

《左传》写哀姜之哭,也是突出了哀姜这个可怜母亲的形象。这一点左氏用心良苦。把她与本篇开头的敬嬴对比,就能看出端倪——左氏是在指责鲁文公。哀姜深明大义,深得国人尊敬,丧子流离尚不忘维护礼法;敬嬴工于心计,暗中结交权臣,善于媚主。结果文公偏爱敬嬴,生出无数祸端。春秋无数动乱的共因,都是闺门失德,君王好内。晋献公好骊姬,故晋有骊姬之乱;卫灵公宠爱南子,故卫有蒯聩之乱;夏姬私通陈灵公,致使君死国灭,后引诱巫臣,又有了巫臣叛楚兴吴的故事;齐桓公好内,导致五子争位,自己被囚禁饿死,齐国霸业遂衰。"王化始于闺门,岂不然哉!"归根结底,《左传》揭露的还是君王欲望和私心的恶果。

第三十六讲　毒虎逐子攻略

　　晋侯使大子申生伐东山皋落氏。里克谏曰:"大子奉冢祀、社稷之粢盛[1],以朝夕视君膳者也,故曰冢子。君行则守,有守则从。从曰抚军,守曰监国,古之制也。夫帅师,专行谋,誓军旅,君与国政之所图也。非大子之事也。师在制命而已,禀命则不威,专命则不孝,故君之嗣适不可以帅师。君失其官,帅师不威,将焉用之?且臣闻皋落氏将战。君其舍之!"公曰:"寡人有子,未知其谁立焉!"不对而退。

　　见大子。大子曰:"吾其废乎?"对曰:"告之以临民,教之以军旅,不共是惧,何故废乎?且子惧不孝,无惧弗得立。修已而不责人,则免于难。"

　　大子帅师,公衣之偏衣[2],佩之金玦。狐突御戎[3],先友为右。梁余子养御罕夷,先丹木为右。羊舌大夫为尉。先友曰:"衣身之偏,握兵之要,在此行也,子其勉之!偏躬无慝,兵要远灾,亲以无灾,又何患焉?"狐突叹曰:"时,事之征也;衣,身之章也;佩,衷之旗也。故敬其事,则命以始;服其身,则衣之纯;用其衷,则佩之度。今命以时卒,闵[4]其事也;衣之尨服[5],远其躬也;佩以金玦,弃其衷也。服以远之,时以闵之;尨凉;冬,杀;金,寒;玦,离;胡可恃也?虽欲勉之,狄可尽乎?"梁余子养曰:"帅师者,受命于庙,受脤于社,有常服矣。不获而尨,命可知也。死而不孝,不如逃之。"罕夷曰:"尨奇无常,金玦不复。虽复何为?君有心矣。"先丹木曰:"是服也,狂夫阻之。曰'尽敌而反',敌可尽乎?虽尽敌,犹有内谗,不如违之。"狐突欲行。羊舌大夫曰:"不可。违命不孝,弃事不忠。虽知其寒,恶不可取。子其死之!"

　　大子将战,狐突谏曰:"不可。昔辛伯谂周桓公云:'内宠并后,外宠二政,嬖子配嫡,大都耦国,乱之本也。'周公弗从,故及于难。今乱本成矣,立可必乎?孝而安民,子其图之!与其危身以速罪也。"

——闵公二年

注释

　　(1)粢盛:盛在祭器里以供祭祀的谷物。(2)偏衣:两色合成之衣。(3)御戎:

为君王驾驭军车。(4)闷:闭。此指使其事不得通达。(5)尨服:杂色的衣服。

课堂检测

1. 解释下列加点的字词。

   君与国政之所图也（　　）　　将焉用之（　　）

   子其勉之（　　）　　事之征也（　　）

   衷之旗也（　　）　　与其危身以速罪也（　　）

2. 下列句中"其"字意义和用法相同的两项是（　　）

   A. 吾其废乎

   B. 未知其谁立焉

   C. 故敬其事

   D. 子其死之

   E. 吾其还也（《左传·僖公三十年》）

   F. 其真无马邪？其真不知马也？（《马说》）

3. 下列句中"恶"字与例句意义相同的一项是（　　）

   恶不可取

   A. 士志于道而耻恶衣恶食者（《论语·里仁》）

   B. 廉君宣恶言而君畏匿之（《史记·廉颇蔺相如列传》）

   C. 今子美而我恶（《韩非子·说林上》）

   D. 彼恶知之（《孟子·梁惠王上》）

4. 把下面句子翻译成现代汉语。

   告之以临民，教之以军旅，不共是惧，何故废乎？

   _____
   _____

阅读提示

1. 太子申生担心自己被废黜有何依据？

   _____
   _____

2. 晋侯赐予太子的衣服、配饰有何寓意？

3. 羊舌和狐突的分歧在哪里？

咬文嚼字

文渊云："中间之脉络，何其贯也……连述九人之言，而读之不觉其冗也。"请据此鉴赏太子和侍臣间的对话。

合作探究

1. 林纾云："《左传》终始不指里克奸黠，而就本事直书，使人自为寻绎，辨其忠奸。"你是否同意？谈谈自己的看法。

2. 穆文熙云："诸帅之言，当以子舆为高。"你同意吗？说说理由。

解读经典

明哲不保身

晋献公宠幸骊姬，想要废除太子申生，另立骊姬之子。他让申生帅师讨伐东山皋落氏。申生如果战胜，就会因为得民心而被猜忌；如果战败，就会被追究战败的责任。大夫里克觉察到了献公的心思，他要为太子进谏，顺带试探一下献公的态度。里克说的这番话，是千古论太子之本，里克的重点在一个"国"字上。太子在内是监国，在外跟从君主，古来从没有太子出征的制度，这关乎国本。太子出征，如果独断军令就是不尊君，如果事事请示就会有损威严，这关乎国体。就这一点而言，中国古代一贯如此，这是嗣君政治的规则。如果一个君主让自己的儿子专事带兵打仗，多数情况下是不准备让其即位的。隋文帝命杨广伐陈的时候，太子还是杨勇。唐高祖李渊让李世民夺天下，自然也根本就没有让他做太子的意思。

虽然讲的都是大道理，但里克大夫说话还是有策略的。在说太子不应该出征之前，他先说太子负责"朝夕视君膳"，这是先言家事，再论国政。他暗示太子仁孝，让国君不要忘记父子之情。这一番话正大光明又兼顾人情，可谓情理结合。献公知道里克是来试探自己是否真心想要废太子的，他回答得很干脆："寡人有子，未知其谁立焉！"——我这里有的是备选人，申生不是太子的唯一人选。里克到底领会献公的意思了吗？有人认为，他误解了献公。献公其实是在委婉地表示自己想要换人了，但里克可能误解为国君还得考察一下谁更好，即申生虽然不合适，但是仍然可以通过这次征伐证明自己，"将谓伐狄有功，犹得不废。"（《春秋左绣》）但献公对骊姬之子奚齐的偏爱人尽皆知，里克应该不会有这种过于乐观的猜想，他知道太子已经很危险了。

可惜，里克选择了最不应该选择的方式，一句话也没说地离开了，这或许是他的第一个错误。王凤洲认为，太子是国本，动摇国本是大事，里克完全可以接着献公的话，当庭质问国君："那您认为谁当立为太子呢？"逼献公给出明确回答。接着步步逼问："申生何以不可？"如果说动献公，功德无量；如果不成功，立刻以死进谏。"不对而退"实在是太窝囊、太不明智了。

里克犯的第二个错误是没有如实向太子透露口风。里克和太子见了面，太子第一句话就问："我是不是要被废了？"里克的态度模棱两可，他只是告诉申生："你应该完成职责，恪守孝道，做好自己，安守本分，就可以免于祸患。"这话不错，作为臣子，怕激化父子君臣间的矛盾，这个也能理解。但问题是在太子性命堪忧的危急情况下，让原本就老实本分的申生再继续闷头做鸵鸟，这不是让他坐以待毙么？凌稚隆在《春秋左传注评测义》中建议里克赶紧让太子让位，做出这个姿态，不但能够免祸，而且还可以获得顺从君父、悌爱弱弟的美名，"身享让国之誉"，与吴太伯相媲美。这也是没办法的办法。现在里克这一句"何故废乎"的反问,等于在劝告太子维持原状,这是很危险的。王臣更是痛心疾首地指责里克罪责重大,"祸太子""致乱晋国",被杀是应该的。

里克是判断失误,还是过于迂腐,不懂得当断即断呢?从后事来看,恐怕都不是。他是在自保,是不想给自己惹麻烦。《国语》记载了五年后骊姬和里克的一次交涉:

> 骊姬告优施曰:"君既许我杀大子而立奚齐矣,吾难里克,奈何?"优施曰:"吾来里克,一日而已。子为我具特羊之飨,吾以从之饮酒。我优也,言无邮。"骊姬许诺,乃具,使优施饮里克酒。中饮,优施起舞,谓里克妻曰:"主孟啖我,我教兹暇豫事君。"乃歌曰:"暇豫之吾吾,不如鸟鸟。人皆集于苑,己独集于枯。"里克笑曰:"何谓苑?何谓枯?"优施曰:"其母为夫人,其子为君,可不谓苑乎?其母既死,其子又有谤,可不谓枯乎?枯且有伤。"优施出,里克辟奠,不飧而寝。夜半,召优施曰:"曩而言戏乎?抑亦所闻之乎?"曰:"然。君既许骊姬杀大子而立奚齐,谋既成矣。"里克曰:"吾秉君以杀大子,吾不忍。通复故交,吾不敢。中立其免乎?"优施曰:"免。"
>
> ——《国语·晋语二》

骊姬已经谋划好陷害太子了,由于忌惮里克的势力,行动以前找了自己宠幸的伶人优施宴请他。席间,优施唱了一首歌:"一个人不合群,还不如乌鸦。别人都聚集于繁茂的枝头,他却独自立在枯枝上。"讥讽里克不愿意投靠骊姬,偏偏支持倒霉的太子。里克没有愤然驳斥,他心事重重,饭也吃不下,觉也睡不着。优施知道他已经动摇了,于是就劝他抛弃太子,改投骊姬。里克回答说:"你让我杀太子我是不忍心的,但是要让我再和太子来往,继续做他的谋臣,这又会得罪骊姬和国君,我也不敢。我保持中立吧。"我们看到,里克是个顾虑很多、精于算计的人,所以这件事上他觉得"中立"是最安全的选择。但是,他嘴里"中立"二字一出,就等于告诉骊姬她做任何事都不会受到干涉,这样一来骊姬就彻底肆无忌惮了,申生遇难成了无法挽回的结局。那么倒推五年前他与太子对话时的心态,怕也是已经料到不能替太子说太多话,又不忍心让太子失望,所以干脆做个缩头乌龟,把难题交给别人。

吕东莱批评里克:"是克知父子之间当两全,而不知邪正不当两立也。两刃之下,人不容足。两虎之斗,兽不容身。骊姬、申生之际,夫岂容中立之地哉?"魏禧认为,里克进谏献公的时候,还未必全然以"中立"保身,但是到骊姬借优施之口警告他的时候,他知道自己没有选择,必须表态,这才放弃了申生,这是人性随环境转变而转变的结果。

但是看看这个明哲保身的老狐狸的结局,他还是被惠公找了个罪名杀掉了,因为惠公怀疑他串通公子重耳!真是世事难料。"为人臣者,唯有执义而已,其独所欲有甚于生而已哉!"没有作为人臣的骨气,随波逐流,总有一天会进退失据。

讽刺的是,一个胆小而中立的和事佬,偏偏是势力最强大的一方,也是唯一让骊姬忌惮的人。那些有道义和原则的臣子,偏偏没有这样的实力去保护自己的太子。在混乱黑暗的时局中,道义和势力,或许真的成反比。

不知父莫若子

献公心里到底怎么想的?联系近年来他针对太子的所作所为,我们或许会想到一句俗语:温水煮青蛙。献公对申生产生芥蒂之初,就开始不露声色、明褒暗贬地对他搞一些动作,既克制,又让人不易察觉。骊姬一党的谮谮越起效,他的态度也就越明确,手段也日趋公开化。直到命令申生攻伐东山皋落氏时,台上看还是体面的,但是台下已经是覆水难收了。

六年前,晋献公让太子居守晋国宗庙所在的曲沃。一年前,晋献公自任为上军统帅,让太子做下军统帅,一路灭耿、霍、魏等国。表面上看是对太子的信任和欣赏,但其真实意图颇让人怀疑。晋国大夫士蒍当时就嗅出风向不对,太子怎么能够离开都城,又怎么能带兵打仗?申生的太子之位要不保了。但是他只能在私下里猜测,不能向国君提出异议。国君分土,那是赏赐;让太子带兵,是因为国君需要一个副手,太子地位尊贵,做副手不是很合适嘛!而现在,献公命令太子单独领兵出征,又赐予他杂色衣服、青铜配玦,对太子的疏远已经发展到不可收拾的地步了。太子自己恐怕也是才明白过来,但此时已经无可奈何了。

太子身边的很多人还被蒙在鼓里,先友就很天真,他还觉得献公赏赐杂色战袍,其中一半的颜色是国君衣服的颜色,又给予太子兵权,这是重视太子的表现,勉励太子好好干。狐突则悲观而清醒地指出,杂色衣服代表疏远,而青铜配玦玦象征凉薄和相离弃的决心;冬天出征,这是故意找一个乖谬的时节,给作战添堵惹麻烦,目的是希望太子失败;命令太子尽灭狄人而返,这是不可能完成的任务。狐突隐约感觉到,君王其实是在表示,太子他是一定要废黜的。这次表示一改之前的遮遮掩掩,是不是说太子大祸临头了呢?

其实也不尽然。这个信号看上去可怕,但也可能是献公的警告。既然是警告,那就是在给申生逃命的机会。王系认为,"献公不得已于艳妻,亦未遽忍于太子。"因为不忍心让申生死,所以就用这些来暗示他:你赶紧走吧。周大璋《左传翼》云:"献公此时亦未必有必杀申生之意,使其逃去他国,奚齐得立,便也甘休。"周太王想要立幼子季历,长子太伯逃走。孤竹君想要立少子叔齐,长子伯夷逃走。后人盛赞他们的仁德,申生为什么不能也这样做呢?申生有两条路可以走。一条是带着兵马回曲沃,远离是非之地,献公未必会追责。一条是逃亡他国,做一个大夫。申生遵命征讨,反而让献公很难办,自己不得善终不说,还让父亲留下了杀长立幼的恶名,这恐怕不是这位孝子的初衷。后人评价申生,都感慨变通之难。这就是司马迁所谓的"遭变事而不知其权"吧。

申生的选择和结局

在太子的侍从中,梁余子养、先丹木、罕夷、狐突等人都希望太子逃亡,尤其是先丹木,他言辞激烈,对献公的评价毫不客气,就是希望太子不要再顾念父子之情了,真是一片拳拳之心。羊舌大夫却跳出来阻拦说:"违抗命令就是不孝,背弃职责就是不忠。哪怕君父的意思是要你死,你还是得以战死来尽孝尽忠。"出战前,狐突又阻止太子,希望太子能够不战而走,因为祸乱已经形成,不如逃走让出储君之位,不仅听从父亲心意,而且百姓也能安定。

申生最终还是选择了去讨伐东山皋落氏。他对狐突的回答和战争的结果,《左传》都没有记载,有人说这一部分的文字佚失了,还有人评价左氏笔法神龙见首不见尾。但是《国语》里对此有具体的叙述:

> 申生曰:"不可。君之使我,非欢也,抑欲测吾心也。是故赐我奇服,而告我权,又有甘言焉。言之大甘,其中必苦,谮在中矣,君故生心。虽蝎谮,焉避之? 不若战也。不战而反,我罪滋厚。我战死,犹有令名焉。"果战,败狄于稷桑而反。谗言益起,狐突杜门不出。君子曰:"善深谋也。"

——《国语·晋语一》

申生奋军作战,大破狄人。他还是太计较名声了,他战胜了狄人,却因此惹来了更多的谗言,最终受到诬陷,自杀而死。申生的一众谋臣们,深谙伴君如伴虎的道理,却没能将申生训练成一只更警觉更有魄力的猛兽。历史不是温室,它残酷地历练着那些顽强而机敏的生存者,但它也温柔地记述下鲜花凋零的悲壮与美丽。

第三十七讲　老好人华元

　　二年春,郑公子归生命于楚伐宋,宋华元、乐吕御之。二月壬子,战于大棘。宋师败绩。囚华元,获乐吕,及甲车四百六十乘,俘二百五十人,馘⁽¹⁾百。

　　狂狡辂⁽²⁾郑人,郑人入于井。倒戟而出之,获狂狡。君子曰:"失礼违命,宜其为禽也。戎,昭果毅以听之之谓礼。杀敌为果,致果为毅。易之,戮也。"

　　将战,华元杀羊食士,其御羊斟不与。及战,曰:"畴昔之羊,子为政;今日之事,我为政。"与入郑师,故败。君子谓羊斟"非人也,以其私憾,败国殄民,于是刑孰大焉?《诗》所谓'人之无良'者,其羊斟之谓乎!残民以逞。"

　　宋人以兵车百乘、文马百驷以赎华元于郑。半入,华元逃归。立于门外,告而入。见叔牂,曰:"子之马然也?"对曰:"非马也,其人也。"既合而来奔。

　　宋城,华元为植,巡功。城者讴曰:"睅其目,皤其腹,弃甲而复。于思于思,弃甲复来。"使其骖乘谓之曰:"牛则有皮,犀兕尚多,弃甲则那?"役人曰:"从其有皮,丹漆若何?"华元曰:"去之!夫其口众我寡。"

——宣公二年

▶注释

　　(1)馘:割去所杀敌人的左耳以记功。　(2)辂:迎战。

课堂检测

1. 解释下列加点的字词。

　　畴昔之羊(　　)　　　　败国殄民(　　)

　　残民以逞(　　)　　　　既合而来奔(　　)

　　华元为植(　　)　　　　弃甲而复(　　)

2. 下列句中"之"字用法与例句相同的一项是(　　)

　　其羊斟之谓乎

第三十七讲　老好人华元

A. 昭果毅以听<u>之</u>之谓礼　　B. 子<u>之</u>马然也

C. 去<u>之</u>　　D. 句读<u>之</u>不知，惑<u>之</u>不解（《师说》）

3. 下列句中不含通假字的一项是（　　）

A. 宜其为禽也　　B. 从其有皮

C. 城者讴曰　　D. 缦立远视（《阿房宫赋》）

4. 把下面句子翻译成现代汉语。

宋人以兵车百乘、文马百驷以赎华元于郑。

___

阅读提示

1. 君子认为狂狡被擒不值得同情，理由是：

2. 羊斟所谓的各自为政具体指：

3. 文中君子中引用《诗经》来批评羊斟的作用是：

咬文嚼字

城者讴曰："睅其目，皤其腹，弃甲而复。于思于思，弃甲复来。"使其骖乘谓之曰："牛则有皮，犀兕尚多，弃甲则那？"役人曰："从其有皮，丹漆若何？"

赏析骖乘与筑城役人对话的语言特点及表达效果。

合作探究

明代魏禧认为："华元之驭下虽宽"却"失其政。"你是否同意？请说明理由。

华元的"宽而失政"

鲁宣公二年(前607)春,在楚国的授意下,郑人伐宋。战争的结果,《春秋》书:"宋师败绩,获宋华元。"这句话看得出作史者对这场战争的态度。"败""获"这样的词没有贬义,表现出对宋师和华元的尊重。言外之意,郑国为讨好楚国去攻击邻国是不义之举,而宋人战败也不是他们的责任,而是因为他们的盟友不力,"伤其力不敌,而责晋之不救"(赵鹏飞),说白了就是在批评晋国当缩头乌龟。晋国国内正处于动乱的前夕,当年秋天就发生了赵盾弑君的大事。政坛暗潮汹涌,让这个昔日霸主无暇外顾,纵容楚国强大,鲁宣公三年(前606)就出现了楚王问鼎中原的新形势。《左传》承续了《春秋》的公允,但是在细节描述和语言运用上别有创造。这篇文字充满了讽刺和调侃的意味。左丘明一方面展现了华元的老实和无辜,但另一方面又总让人感觉似乎华元做错了什么。

撇开晋国的不作为不说,就算宋国没有外援,也不至于惨败到主帅被俘、损失战车四百六十乘、被俘二百五十人、阵亡百人的地步。对比宋国,郑国并没有什么军事优势,主帅归生性情柔弱,后来还被公子宋胁迫弑君,根本就不是什么将才。致败的原因到底是什么呢?其一是狂狡爱心泛滥,救掉到井里的敌人,救上来后反而被对方俘获,动机奇葩,过程滑稽,让人大跌眼镜。其二是车夫羊斟因为战前没分到羊肉,于是公报私仇,直接将华元的战车开到敌人的军阵里,行为之无耻出格,只有你想不到没有他做不出。既然这两件咄咄怪事都发生在宋国,那就还是找找自身的原因吧。作为主帅的华元,是否也有责任呢?

先看狂狡。在战场上救助敌人,这是违背命令,而且失去了战士的果敢刚毅。在将战争礼仪化的春秋时代,这本身就是失礼的表现。军令不严,战士无礼,这从侧面反映出华元没有威严,"华元驭下虽宽,宋失其政哉!"(魏禧)宋国以六卿执掌国政,其中右师地位最高,当时华元正是右师。用他自己的话说,"我为右师,君臣之训,师所司也"(《左传·成公十五年》),右师有训诲君臣百官的职责,连君主都要礼让三分。然而这里我们看不到任何手下人对他命令的尊重。

更过分的是羊斟。就因为少了一口羊肉,他就趁机报复,还大谈什么"先前你主政现在我管事"的无耻逻辑,这样的狂悖之徒,怎么能做主帅的司机?而且臭毛病怕也是平时惯出来的。左丘明痛骂羊斟,用了三个词,一个比一个难听,"私憾""无良""非人"。骂得越厉害,我们越能感觉到华元用人之失误、训人之无能。再者,分羊本来是提振士气的好事,但是华元没想到他运用不当,适得其反。张凤洲云:"古之善用兵者,投醪分甘,惟恐不遍,且欲与士卒最下者同食,况其御人乎?"给主帅驾车的最亲密最要紧的人物,竟然没有笼络好,相反去热络交关较远的士卒,确实容易导致心胸狭隘者的不满,这也是华元的疏忽。

即便羊斟出卖主公,如此惨败也未必是他一个人的错。有一次,晋郑联军共同对抗楚军。晋国的张骼、辅跞仗着自己是大国之人,戏弄为他们驾车的郑人宛射犬。宛射犬趁其不备驾车冲入楚营,甩下他俩扬长而去。张骼、辅跞竟然能徒搏楚兵,捆绑俘虏,随后追赶宛射犬,跳上战车,回射追兵。脱险以后还不忘边弹琴边调侃宛射犬性子急走得快。这样的例子太多了。还有一次,狄人伐晋,晋帅先轸脱下头盔冲入敌阵战死,晋军依旧大胜,还俘获了白狄的首领。主帅入了敌阵,军队就得认怂缴械了么?可见主帅的软弱、士气的低落和纪律的松懈。

对于华元宽恕羊斟,陆粲批评说,羊斟不仅仅害了华元,还导致宋国战败,是国贼,应当"执而戮之"。此时却不加严惩,不亡羊补牢,属于错上加错。

南宋吕东莱对华元还是比较认可的,他的批评似乎更温和一些,认为其"有君子之资,而未尝学也",即有成为君子的天资,只是方法上没有好好钻研罢了。他觉得华元之所以没有照顾到羊斟,大概是因为平时太熟了,"岂计一杯羹以为轻重",要是特意招待,反而见外。羊斟没有领会领导以哥们儿相待的真实意图,以小人之心度君子之腹。华元回国后能够不计旧怨,为其开脱,这样的心胸十分难得,但华元不能早做安抚,防微杜渐,这是"不学"的后果。华元见识明达,却"明不足以灼奸";内心诚恳,却"诚不足以动物"。

华元不是叔孙婼

华元失威的另一个体现在于他被俘后的作为:"宋人,华元逃归。"主帅被俘虏,祖国拿钱来赎是正当的,"逃归"就不那么体面了。逃归反映其作为执宰的不淡定、不稳重,反映他缺少尊严和勇气。"急遽于逃归,何也?惧赂毕而中变也。情势固有然者,然殊失大臣之体。"(魏禧)我们可以把他和叔孙婼进行对比。

鲁昭公二十三年(前519),鲁国袭击过境的邾师,邾人向晋国告状,晋国扣押了鲁国使者叔孙婼。叔孙婼在鲁国的地位不及华元在宋国的地位,但他做人质时,表现得非常硬气。晋人让他与邾国大夫辩论是非,他以对方是小国蛮夷之大夫,自己是大国之卿,二者地位不相等为由拒绝了。韩宣子准备把叔孙交给邾人处置,叔孙婼听说后,只身朝见晋军,以示不惧死亡。被囚禁期间,范献子向落难的叔孙婼索贿,以索取帽子为辞,暗示叔孙婼赠送贵重礼品。叔孙婼假装听不懂,做了两项帽子给对方,别的就当不知道。他的家臣申丰带着钱财来晋国,准备打点上下,叔孙婼说:"你先来见我,我来告诉你把东西送给谁。"结果申丰一进屋子,叔孙婼就再也不让他出去了。看管叔孙婼的小吏喜欢他带着的一只小狗,暗示他送给自己,叔孙大人还是装不知道。最后被释放了,临走前把狗杀掉,分了点狗肉给小吏品尝,表示自己不是吝惜狗,而是不肯行贿。叔孙婼辗转了好几个地方,只要是住过的寝室(其实是牢房),他都要打扫得干干净净,才从容而去。

叔孙婼不愿意与邾国大夫平起平坐,这是在争国体,既彰显了鲁国的威严,也指责了晋国不懂周礼;相比之下,华元逃跑,让郑国看轻了宋国。叔孙婼拒绝晋人贪心的索求,这是在维护自身利益;相比之下,华元让宋国以财货赎身,不知俭省国资。叔孙婼拒绝手下的打点,还把对方关起来,这是要使"晋人警服"(《左传补义》),他的威严让鲁国的正卿季孙氏都畏惧;相比之下,华元让郑人笑话,颜面不存。叔孙婼杀狗分食,这是不吝惜的气度,而整理房间,那就是表现他守礼、从容、不卑不亢,实在让人尊重;相比之下,华元偷偷奔逃,狼狈不堪。叔孙婼行事光明正大,细节上也毫不妥协,所以赢得了晋国人的尊重;华元草率行事,一错再错,所以连本国人都要嘲笑他。然而荒诞的是,老好人华元稳稳占据宋国的执政位置,但是叔孙婼却始终被季孙家族压着一头。

宋人的歌谣

华元巡城的时候,听到了民夫们的歌谣。"睅其目,皤其腹"是说他鼓着眼睛,大着肚子;"于思"是说他一脸络腮胡。这一番样貌描写有戏谑调侃的意味,华元表面上富贵威严,却腹内空空,没什么本事。两个"弃甲"讲他吃了败仗,两个"复"暗讽他逃回宋国的狼狈。华元让骖乘回复:"犀牛皮那么多,丢了盔甲也可以再补。"这是故意避重就轻,揣着明白装糊涂。但是工人们不依不饶:"你不在乎犀牛皮,我们还心疼那些涂甲的红漆呢。"言下之意,这些都是老百姓的血汗钱,你却拿去随意挥霍。华元辩不过,就给自己找了个台阶下:"他们人多嘴杂,我们还是闪人吧。"

在这一番对话中,华元的宽而失威再一次体现得淋漓极致。华元的过错并不在于他没有惩罚那些乱说话的工人,那是恼羞成怒的表现,他的问题是让自己的骖乘对答,一来一去尊严扫地,给别人增加笑料。其实保持缄默地离开倒不失为一种得体的应对方法。张半庵云:"华元使骖乘与城者对答,其量虽宏,其于官民之体亦甚亵嫚不肃。"官民之体不持,将卒之序不治,再次证明其驭政宽而不当。

对比之下,宋国的另一位名臣子罕,在同样听见工人的歌谣时,则有另外一番处理。《左传·襄公十七年》记载:

  宋皇国父为大宰,为平公筑台,妨于农收。子罕请俟农功之毕,公弗许。筑者讴曰:"泽门之皙,实兴我役。邑中之黔,实慰我心。"子罕闻之,亲执扑,以行筑者,而挝其不勉者,曰:"吾侪小人皆有阖庐以辟燥湿寒暑。今君为一台,而不速成,何以为役?"讴者乃止。或问其故。子罕曰:"宋国区区,而诅有祝,祸之本也。"

宋皇国父为宋平公大兴土木,有碍于农事生产,子罕为百姓请命,希望等到农忙结束以后再兴工,平公不答应。筑城者们编歌谣吐槽:"泽门旁的小白脸(皇国父),让我们累死累活;还是住城里的黑皮肤(子罕)体谅我们。"子罕听了以后,亲自拿着鞭子去监督那些工人,他讥讽道:"咱们这种小人都有屋子避风雨,国君建一座台有什么不可以?磨磨蹭蹭的,什么时候才能完工?"民夫们就不唱了。有人问子罕为什么要这样做,子罕解释说:"这么一个小小的宋国,如果既有诅咒又有歌颂,那就是祸乱的根本。"

子罕的做法比华元高明得多,有安国、安民、安身三重考量,可谓一石三鸟。第一,他有替百姓出头的意图,他的话是在暗讽皇国父,希望能让皇国父愧疚悔过,"一面安顿皇父,一面正是愧皇父而教之"。第二,他维护了贵族的威严,避免百姓轻浮造次,"全示之以大分,全告之以大体"。第三,也为自己避免了国君的猜忌,"非特全君,亦以全己"(《春秋左绣》)。子罕又告诉别人,宋国小而弱,有这样一褒一贬的民议,很容易导致动乱。这种担心体现了他的深谋远虑。子罕处事得体,威望服众,是因为他着眼大处,又能兼顾细节;而正因为他有大局观,所以细节处理得游刃有余,进退都有道理可循。这么看来,我们的主人公华元总是凭意气做事,导致处处是错。

第三十八讲　想活命，先听懂暗号

冬，楚子伐萧，宋华椒以蔡人救萧。萧人囚熊相宜僚及公子丙。王曰："勿杀，吾退。"萧人杀之。王怒，遂围萧。萧溃。

申公巫臣曰："师人多寒。"王巡三军，拊而勉之，三军之士皆如挟纩(1)。遂傅于萧。

还无社与司马卯言，号申叔展。叔展曰："有麦麴(2)乎？"曰："无。""有山鞠穷(3)乎？"曰："无。""河鱼腹疾奈何？"曰："目于眢井(4)而拯之。""若为茅绖(5)，哭井则己。"明日，萧溃。申叔视其井，则茅绖存焉，号而出之。

晋原縠、宋华椒、卫孔达、曹人同盟于清丘，曰："恤病(6)，讨贰。"于是卿不书，不实其言也(7)。

宋为盟故，伐陈。卫人救之，孔达曰："先君有约言焉。若大国讨，我则死之。"

——宣公十二年

夏，楚子伐宋，以其救萧也。君子曰："清丘之盟，唯宋可以免焉。"……

清丘之盟，晋以卫之救陈也，讨焉。使人弗去，曰："罪无所归，将加而师。"孔达曰："苟利社稷，请以我说，罪我之由。我则为政，而亢大国之讨，将以谁任？我则死之。"

十四年春，孔达缢而死，卫人以说于晋而免。遂告于诸侯曰："寡君有不令之臣达，构我敝邑于大国，既伏其罪矣。敢告。"卫人以为成劳，复室其子，使复其位。

——宣公十三、十四年

注释

(1)纩：丝绵。(2)麦麴：麦子做成的酒曲。(3)山鞠穷：一种中药，有御湿的功效。(4)眢井：干枯的井。(5)茅绖：茅草绳。(6)恤病：抚恤陷入困境的国家。

(7)不实其言也:没有落实盟约。

课堂检测

1. 解释下列加点的字词。

拊而勉之(　　)　　号申叔展(　　)

讨贰(　　)　　使人弗去(　　)

将加而师(　　)　　而亢大国之讨(　　)

2. 下列句中画线词与例句中用法相同的一项是(　　)

我则死之

A. 虽大风浪不能鸣也(《石钟山记》)

B. 庐陵文天祥自序其诗(《指南录后序》)

C. 金块珠砾(《阿房宫赋》)

D. 苟利社稷

3. 以下句中"唯"字意义用法相同的两项是(　　)

A. 唯所纳之(《左传·僖公十五年》)

B. 唯大王与群臣孰计议之(《史记·廉颇蔺相如列传》)

C. 唯君之节(《管子·牧民》)

D. 唯宋可以免焉

E. 唯北狄野心(《与陈伯之书》)

4. 把下面句子翻译成现代汉语。

明日,萧溃。申叔视其井,则茅绖存焉,号而出之。

_____

_____

阅读提示

1. 申叔展问还无社是否有酒曲和山鞠穷,从后文看,其暗示意义是:_____

2. 从文中推断,君子对于清丘之盟的态度是:_____

3. 孔达以赴死来承担责任的原因是：_____
_____

咬文嚼字

周大璋《左传翼》评楚国灭萧一段中一句"大有泰山压顶之势"。你认为是哪句话？为什么？
_____
_____

合作探究

1.《春秋》写的是"楚子灭萧"，而《左传》写的是"萧溃"，为何会有这样的差异？
_____
_____

2. 执政孔达让卫国背弃清丘之盟救助陈国。孔达救陈的举措，是否符合"义"？说明理由。
_____
_____

解读经典

楚庄王脚下的蝼蚁们

萧是宋国的一个城邑，一丁点大的地方，要不是有大人物要灭它，史书上根本都留不下任何痕迹。这么一个小城，楚庄王为何要兴师动众来灭它？不明白的，请看地图。

凌稚隆《春秋左传注评测义》中记录了季本氏对晋楚之间小国地理位置清晰简洁的描述。陈、郑、宋三个国家是楚国北上抗晋、争霸中原的门户。其中，郑国位置偏西，控制郑国，就可以向西迂回，与秦、晋一争高下。宋国在郑国之东，控制宋国，就可以与东方诸侯相争。而要控制这两个实力相对雄厚的国家，就得先找靠南的陈国这个软柿子作跳板。当时的楚国刚刚在邲之战中击败了老迈的霸主晋国,为北上中原扫除了最大的威胁。陈国早已被控制,邲之战后郑国也屈服了,眼下只要征服宋国,整个河南就基本都是楚国的势力范围了,晋国的生存空间将被进一步削减。拱卫中原文明,使之不至于落入南蛮之手,这样重大的责任居然落到了宋国的肩上。宋人还是有骨气的,但是它底下的城邑倒了大霉了。萧邑就这样被楚人盯上了。宋国人的刚猛不屈影响了别人,一向亲近楚国的蔡国挺身而出救萧,而萧也被激励感染,奋勇抗战。然而,不知天高地厚的萧人竟然杀死了楚国贵族熊相宜僚和公子丙,这件小事极大地震动了当时的政局。几个月前的邲之战,楚国虽然胜利,但自身损失也不少,已经相当疲惫了。战后楚庄王没有调整休息,而是直接攻萧,就是想趁热打铁、进一步钳制虎落平阳的晋国。再说萧那么弱小,庄王全然没有想到萧人会如此勇猛,还能以人质与自己谈条件。为了这么一个小地方而牺牲两个贵族显然是不值得的,所以他已然大度地做好了撤兵的准备。但就在此时,事情急转直下——萧人真杀了两位大臣。这下子引得楚王雷霆震怒,他岂能善罢甘休。

"王怒,遂围萧。萧溃。"《左传》里面用了"溃"字,真是一字千钧。楚庄王一怒,楚人就围城,小小的萧邑立刻就崩溃了,一气呵成。其实楚人已经厌战,萧与宋、蔡如果同仇敌忾,是有机会以弱胜强的。但是萧人杀楚臣一事彻底扭转了态势。庄王之怒,使他身先士卒,激发了军队的斗志。庄王抚恤兵士,战士们士气高涨,寒冷的北方空气仿佛被南方君主融化了。这下受到威胁的萧人就难以坚持了。这件事,《春秋》写的是"楚子灭萧",《左传》写的是"萧溃"。二者的区别在于,《春秋》是想揭示楚人的狼子野心,而《左传》则感慨楚王脚底下的这些蝼蚁实在太弱小。

战场上的三个隐语

两军阵前,萧邑大夫还无社点名要与楚国将领申叔展对话。他的这个举动多少反映了萧人没有胜利的决心,有探一探楚人口风的意思。申叔展和还无社的私交看样子不错,这会儿还想救他。但是众目睽睽之下,直接告诉把救人的意图说出来是不妥当的。于是,他用了三个隐语:麦麴、山鞠穷和河鱼腹疾。前两种都是用来去湿的食物,大冬天如果需要去湿,那么只有一种可能,就是落水。申大人的意思是:还无社你明天躲水里面,我们军队杀进来,你留个地址,哪条河

第三十八讲 想活命，先听懂暗号

洓子里面有你，我来捞。但是这两个隐语太抽象，对方听不懂，回答"没有"。于是他又说了一句隐语："河鱼腹疾奈何？""河鱼腹疾"是古时候的俗语，指的是得了湿病。申叔展说的是，两种去湿的药物都没有，得了湿病可怎么办。对方这下听明白了，心想，老朋友之前是想让我钻水里藏起来，何必如此呢，我找一口枯井就是了。于是就约定："你盯着城里的井口看，我躲在井里面。"但枯井那么多，怎么知道还无社躲在哪口井里？申叔展就让对方在井放一条茅草绳做标记。那么井底下的人怎么知道上面是救兵呢？申叔展又说，只要找到绳子，他就朝井里面哭喊。就这样，还无社捡回了一条命。

春秋时期隐语的使用并不是个例。吴国有个大夫叫申叔仪，也是把隐语运用得炉火纯青。《左传·哀公十三年》记载，越王勾践攻吴，吴国粮道被断，申叔仪向鲁国的旧相识公孙有山求粮。见到对方以后，他也不明说，只唱了一首歌："佩玉縈兮，余无所系；旨酒一盛兮，余与褐之父睨之。"意思是有佩玉我却不能系，有美酒家乡父老却不能喝。言外之意是你们有粮，我眼巴巴地看着很可怜，能不能借一点？公孙有山一听就明白了，但是借粮这件大事他可不敢乱下决定，他告诉对方："细粮没有了，但是粗粮还在，这样，你登上首山山顶，大喊'庚癸乎'，我们就来给你送粮。"有一种说法是，庚主谷，癸主水，庚癸代表粮食和水。还有一种说法，庚癸表示的是下等货。总而言之，有山用庚癸作为送粮的暗号。

唐代将领许钦明也在战场上用过暗语。《旧唐书》记载：

> 钦明尝出按部，突厥默啜率众数万奄至城下，钦明拒战久之，力屈被执。贼将钦明至灵州城下，令说城中早降，钦明大呼曰："贼中都无饮食，城内有美酱乞二升，粱米乞二斗，墨乞一挺。"是时，贼营处四面阻泥河，惟有一路得入，钦明乞此物以喻城中，冀其简兵陈将，候夜掩袭，城中无悟其旨者，寻遇害。

——《旧唐书·许钦明传》

突厥人胁迫许钦明劝降灵州，他希望趁这个机会通知同胞们夜袭敌营，他做内应，敌人在侧，这个话该怎么说呢？于是他喊话城中，求美酱、粱米及墨，暗指"美将""良兵""天黑"，意思是让他们派精兵良将趁夜色偷袭。可惜没人能听懂，钦明就这么遇害了。

战场上的隐语都是在情急之下被迫使用的，古人平时也没有密码系统，所以成功率是偏低的。这时候个人的悟性和团队的默契至关重要。

只能这样说，在生死面前，智商很重要。

萧溃的连锁反应

萧溃以后，宋国、卫国、曹国都有了唇亡齿寒的感觉，希望晋国站出来主持公道。晋国刚吃了大败仗，无力顾及盟友，但面子又不能不要，所以就搞了个清丘会盟，约定大家一起来抵御楚国。这次会盟，《春秋》没有记载与会列卿的名字，意在讽刺会盟有名无实，毫无意义。盟会结束后，宋国就履行"讨贰"的约定，入侵依附楚国的陈国。耿直的宋国成了唯一一个遵守承诺的国家。宋国展现出了它的勇气和担当，但是卫国的先君成公与陈国有过互助条约，此时卫国的执政卿孔达很有诚信意识，为了维护成公的誓言，不惜背弃自己刚刚在清丘发的誓。卫国倒戈救陈，孔达放出话来："如果有大国来怪罪我们，我就愿意以死赎罪。"

晋国这次扮演了极不光彩的角色。楚国为伐陈之事报复宋国，对付楚国它不敢，救助宋国它不去，但教训一下卫国，还是可以的。这种厚颜无耻的行径招来了左氏的批评。他说这次会盟，只有宋可以免罪，意思是晋国和卫国的行为同样可耻。

面对大国的问罪，弱小的卫国必须付出代价。孔达为此兑现了诺言，自缢而死。孔达的死是历史的悲剧，他的死甚至都没有为他博得足够的同情和尊敬。苏本洁《左传杜注补义》认为他背晋救陈是失策之举，只是罪不至死而已。《左传评林》指责其作为执政，擅作主张背弃盟约，而且救陈有媚楚之嫌，罪责是免不了的。孔达之死争议很大，讥讽者大有人在。

其实，孔达和萧人们一样，不过是大国脚下的蝼蚁罢了。只是他更可悲，不是死于敌手，而是被盟友的大国沙文主义逼死了。在大国意志或者多国集团利益的面前，小国或单一国家想要恪守道义、维护尊严，就要付出血的代价。孔达让我们看到了小国之人割肉贸鸽、舍身饲虎的勇气。

第三十九讲　心机女与城府男？

秋,齐侯、宋公会于洮,范氏故也。

卫侯为夫人南子召宋朝。会于洮,大子蒯聩献盂于齐,过宋野。野人歌之曰:"既定尔娄猪(1),盍归吾艾豭(2)?"大子羞之,谓戏阳速曰:"从我而朝少君,少君见我,我顾,乃杀之。"速曰:"诺。"乃朝夫人。夫人见大子。大子三顾,速不进。夫人见其色,啼而走,曰:"蒯聩将杀余。"公执其手以登台。大子奔宋。尽逐其党,故公孟彄出奔郑,自郑奔齐。

大子告人曰:"戏阳速祸余。"戏阳速告人曰:"大子则祸余。大子无道,使余杀其母。余不许,将戕于余;若杀夫人,将以余说。<u>余是故许而弗为</u>,以纾余死。谚曰'民保于信',吾以信义也。"

——定公十四年

▶注释

(1)娄猪:发情的猪。(2)艾豭:貌美的公猪。

课堂检测

1. 解释下列加点的字词。

　　范氏故也(　　)　　　盍归吾艾豭(　　)

　　太子羞之(　　)　　　我顾(　　)

　　大子奔宋(　　)　　　将以余说(　　)

2. 下列句中词类活用相同的两项是(　　)

　　A. 既定尔娄猪　　　　B. 乃朝夫人

　　C. 大子羞之　　　　　D. 戏阳速祸余

　　E. 将戕于余

3. 下列句中"以"字意义用法相同的两项是(　　)

A. 公执其手以登台　　　　　B. 将以余说

C. 以纾余死　　　　　　　　D. 吾以信义也

E. 且吾不以一眚掩大德(《左传·僖公三十三年》)

4. 把下面句子翻译成现代汉语。

余是故许而弗为,以纾余死。谚曰"民保于信",吾以信义也。

___

___

阅读提示

1. 野人的歌谣在文中的作用是:___

___

2. 戏阳速答应刺杀南子,却临阵逃脱,他的理由是:___

___

咬文嚼字

卫灵公"执其手以登台","其"指的是____。这一动作描写有何表达效果?

___

___

合作探究

1. 戏阳速没有遵守承诺执行刺杀南子的命令,他却声称自己是守信之人,历史上对他的争议很大。韩范认为他背信弃义:"始则许之,终则怯焉,以祸太子,而又饰词以告人也。"卢元昌赞扬他:"然曰'吾以信义',千古至言。小人谋胁同伴,须以此法处之。既保身,亦全义。"对此你有何看法?

___

___

2. 冯李骅、陆浩《春秋左绣》指责太子刺南子的行为有三"不义",是以乱易乱。对此你有何看法?

___

"爱情"的力量

卫灵公即位以后就一直很忙,小小的卫国既要处理国内的不安定因素,又被卷入了国际纷争之中。

昔日的霸主晋国经营不善,实力渐衰,在中原诸国中的威信渐趋陵微。以齐国为代表的诸侯早就有取而代之的心思,时不时想要添点乱子。卫灵公是一个有志气的君主,卫国长期受到晋国的欺凌和盘剥,让他决定转投齐国。之后卫国屡屡给晋国制造麻烦。晋国当然要教训一下这个不顺服的小弟,不过据《吕氏春秋》记载,晋国的当权者赵简子在发兵之前特地派史默去卫国打探一下情报,过了许久,史大人才回来,说:"卫国可不容小觑。现在有蘧伯玉、史鳅这样的贤才辅佐灵公,还有孔子这样的客卿使之如虎添翼。"赵简子想了想,留下一个成语——"按兵不动"。

最近正好有一个极好的对付晋国的机会,晋国六卿(智、赵、韩、魏、范、中行)间的争权到了白热化的程度。鲁定公十三年(前497),赵氏的小宗邯郸氏反叛赵氏,并且得到范、中行两家的支持,赵氏族长赵简子被迫逃往大本营晋阳。但不久,由于韩、魏两家对赵氏的支持和范、中行的决策失误,局势扭转,范、中行二卿逃亡到晋国东部、靠近卫国的朝歌,赵氏率军反攻。齐景公与卫灵公商议,决定介入晋国内战,给范、中行提供物资上的支持,这也是为了给晋国的执政者们添堵。

这一年实在是多事之秋,年初,灵公刚刚驱逐了恃富而骄的公叔戌,其残余党羽可能还在国内活动,此时又要与霸主晋国作对,卫国的处境非常危险。于是,卫国主动参与了与齐国、鲁国、宋国的在牵地的会盟。"卫方有内难,惧晋讨,朝歌或将生变,故合齐鲁以会于牵。"(《春秋左传注评测义》)这年秋天,范、中行的处境进一步恶化,齐、宋又会于洮地,商议救范、中行的事宜,洮离卫都不远,灵公又顺理成章地出席了。

此时卫侯应该全力以赴搞好各种关系才是,哪知他这次去还带了一个任务,就是帮夫人南子召见她的老情人宋朝。宋朝是当世美男子,孔子都曾说过"宋朝之美"云云,南子在出嫁前曾与他打得火热。卫灵公这个时候纵容夫人与之相会,就是把国事访问变成了高级幽会。《左传》写得毫不客气:"卫侯为夫人南子召宋朝",把暧昧的遮羞布都扯掉了,直言斥责。灵公爱太太到了这样的地步,真是让人大跌眼镜。

其实,卫灵公和夫人南子都是私生活十分混乱的人。在《论语·卫灵公》中,孔子发出了这样的感慨:"吾未见好德如好色者也!"这句话多多少少影射了灵公的荒淫、自私。他和妻妾"同滥而浴"的绯闻被记录在《庄子》里,他与男宠弥子瑕的事情更是家喻户晓:

> 昔者弥子瑕有宠于卫君。卫国之法,窃驾君车者罪刖。弥子瑕母病,人闻,有夜告弥子,弥子矫驾君车以出。君闻而贤之,曰:"孝哉!为母之故,忘其犯刖罪。"异日,与君游于果园,食桃而甘,不尽,以其半啖君。君曰:"爱我哉!忘其口味,以啖寡人。"及弥子色衰爱弛,得罪于君,君曰:"是固尝矫驾吾车,又尝啖我以余桃。"

——《韩非子·说难》

灵公宠爱弥子瑕,任命他为大夫,就连他私驾君车、分桃而食的行为,灵公都非常欣赏。一旦对方年老色衰,就马上翻脸。这是典型的昏君表现。这样一个好色贪婪的君主,与貌美淫荡的南子真是天生一对。

南子的心机?

南子绝非等闲之辈。她是宋国公主,有宋国做靠山,自然有恃无恐。而且她本人也十分聪明机敏。刘向《列女传·仁智传》记载:

> 灵公与夫人夜坐,闻车声辚辚,至阙而止,过阙复有声。公问夫人曰:"知此谓谁?"夫人曰:"此蘧伯玉也。"公曰:"何以知之?"夫人曰:"妾闻《礼》'下公门、式路马',所以广敬也。夫忠臣与孝子,不为昭昭变节,不为冥冥惰行。蘧伯玉,卫之贤大夫也。仁而有智,敬于事上,此其人必不以暗昧废礼,是以知之。"公使视之,果伯玉也。公反之,以戏夫人曰:"非也。"夫人酌觞再拜贺公,公曰:"子何以贺寡人?"夫人曰:"始妾独以卫为有蘧伯玉尔,今卫复有与之齐者,是君有二臣也。国多贤臣,国之福也。妾是以贺。"公惊曰:"善

哉。"遂语夫人其实焉。君子谓卫夫人明于知人道。夫可欺而不可罔者,其明智乎!《诗》云:"我闻其声,不见其人。"此之谓也。

南子只闻其声就知道是蘧伯玉,身居宫闱,却对大臣的性格了如指掌;面对灵公又应对得体,颇有贤后风度。这样的机敏,篡国弄权都不在话下,谋私全身又有何难?

南子更有名的事迹是召见孔子。孔子来到卫国,南子想见一下这位大儒。被这么个名声不好的女人召见,在孔门弟子看来就是丑闻,孔子也肯定是不情愿去的。没想到南子使了大招,既然儒家看重礼仪,那就在"礼"字上做文章。

灵公夫人有南子者,使人谓孔子曰:"四方之君子不辱欲与寡君为兄弟者,必见寡小君。寡小君愿见。"孔子辞谢,不得已而见之。夫人在絺帷中。孔子入门,北面稽首。夫人自帷中再拜,环佩玉声璆然。孔子曰:"吾乡为弗见,见之礼答焉。"子路不说。孔子矢之曰:"予所不者,天厌之! 天厌之!"

——《史记·孔子世家》

几番推脱以后,孔子不得不见。两人隔着帷幕无语对拜,双方都尽到了礼节,但夫人的盛装极尽妩媚,不由让人浮想联翩。心直口快的子路表示他不开心,孔子不得不发誓:"我如有非分之想,上天惩罚!"

这样的一位玩转政治、玩转人情的女流,岂是俗人能驾驭的傻白甜? 不过这一次,她玩大了,给自己引来了一场有惊无险的灾祸。

南子与宋朝利用多国联军对抗晋国、召开峰会的契机,再次相遇,重温旧梦。更荒唐的是,幽会的发起人竟然是卫灵公。春风又绿灵公帽,而且灵公这绿帽戴得心甘情愿。他是什么心理不得而知,反正结果是让老百姓看了笑话。

卫国太子蒯聩经过宋国郊野,听到百姓唱着歌谣嘲讽他:"既然你们发情的母猪已经心满意足了,为何不归还我们宋国那年轻貌美的公猪呢?"如果母后是母猪,宋朝是宋国的公猪,那么卫国不就是猪圈,卫灵公和自己岂不是猪狗不如? 太子怒不可遏,起了杀南子的心思。他回去就召见了家臣戏阳速,约定在带着他朝见南子时行刺。太子的做法是不是合适呢? 后世的专家们纷纷拍砖,批评太子胡闹。

冯李骅、陆浩《春秋左绣》眉批曰:"然在太子,则但有几谏号泣之法……杀其母,不义;使速杀其母,不义;以'戏阳速祸余'告于人,尤不义。"意思是太子蒯聩应该哭泣进谏,而不是以暴易暴。最后把责任推给戏阳速,更是没有担当的表现。周大璋《左传翼》则提到,《春秋》记载这件事为"卫世子蒯聩出奔宋"。"世子"是在指责蒯聩没有尽到太子的责任,是在讽刺太子不孝、不配做儿子。总而言之,太子头脑发热想杀人,情有可原,然而道德难容。儿子杀母亲,无论有什么理由都是不对的。

不过,也有不少人出来为太子主持公道,认为此事另有蹊跷。太子不是傻子,杀害夫人的后果显而易见,自己不能全身而退,还会导致卫国名声更坏,能得到什么好处呢?刘敞就认为:"盖蒯聩闻野人之歌,其心惭焉,则以谓夫人。夫人恶其斥己淫,则啼而走,言太子杀余以诬之。灵公惑于南子言,必听从。"他认为事情的真相是这样的:太子听了歌谣,心里害臊,就去当面质问南子还要不要脸。南子平日骄横跋扈惯了,听到对方这样斥责自己,恼羞成怒,哭哭啼啼地跑到老公那里告状,诬告太子要杀自己。卫灵公被南子之言所迷惑,就要惩罚太子。后者见状只能逃跑。戏阳速此时充当了诬告太子的合谋者,太子所谓"戏阳速祸余",或许正由此而来。

若真是如此,那么南子就是翻手为云覆手为雨的心机达人。她这一招不但离间了灵公父子,还让太子名声败坏,无处申冤。这样的说法看似有一定的道理,但也不是无懈可击。如果南子真要到灵公面前诬告太子,那么太子杀人的动机该怎么解释?难不成把宋人的歌谣复述给灵公听?这件事成了罗生门。也是正是因为蒯聩和南子的名声都不大好,所以后人往往会以阴谋论来看待这两位宫斗主角。

戏阳速的城府?

戏阳速是一个更具争议、更耐人寻味的角色。他那番义正词严的自我辩护博得了无数人的敬佩。他说:"如果我不答应太子的要求,我作为知情者肯定会被太子灭口。我知道杀夫人不对,但为了保命,只能表面答应他,延缓自己的死期。到了现场,我无论如何都不能作恶。通过这样的方式,我既保全了自己又没有让太子的恶行得逞。"戏阳速的意思是,你们不要指责我说话不算数,"吾以信义也",我把正义当作诚信。不杀人、不作恶是为正义,为了达到这个目的,撒个谎怎么不对了?很多人赞扬戏阳速的聪明,既保全了自己,也不失道义。但是也有明眼人看出了他话里的逻辑漏洞。

韩范说:"不然。既许之后,独不可亡也?"意思是戏阳速如果真想自保,也可在假装答应以后偷偷逃亡,为什么偏偏要等到朝见的时候才停止刺杀?韩范随后干脆指出戏阳速在撒谎:"始则许之,终则怯焉,以祸太子,而又饰词以告人也。"意思是戏阳速不过是当天犯了怂,临时不敢下手,导致事情败露,然后又撒了个谎,嫁祸给太子,说自己是被胁迫的,这样在南子和灵公面前也好交代。太子跑了,没有人能证明这番话的真伪,自己也不必担心前途。这样说的话,戏阳速其实是个反复无常的小人。

无论当事人是忠是奸,历史都记录下了他们的言行,留待后人做道义的审判。卫国君臣的反复无常、欲盖弥彰、前后矛盾、鲁莽笨拙,被《左传》绘成了这样一幅精彩绝伦的群像图。

第四十讲 小山丘长不出大松柏？

齐侯既伐晋而惧,将欲见楚子。楚子使薳启强如齐聘,且请期。齐社,蒐军实,使客观之。陈文子曰:"齐将有寇。吾闻之,兵不戢[1],必取其族。"

秋,齐侯闻将有晋师,使陈无宇从薳启强如楚,辞,且乞师。崔杼帅师送之,遂伐莒,侵介根。

会于夷仪,将以伐齐。水,不克。

冬,楚子伐郑以救齐,门于东门,次于棘泽。诸侯还救郑。晋侯使张骼、辅跞致楚师,求御于郑。郑人卜宛射犬,吉。子大叔戒之曰:"大国之人不可与也。"对曰:"无有众寡,其上一也。"大叔曰:"不然。部娄[2]无松柏。"二子在幄,坐射犬于外;既食,而后食之。使御广车[3]而行,己皆乘乘车。将及楚师,而后从之乘,皆踞转[4]而鼓琴。近,不告而驰之。皆取胄于橐而胄,入垒,皆下,搏人以投,收禽挟囚。弗待而出。皆超乘,抽弓而射。既免,复踞转而鼓琴,曰:"公孙!同乘,兄弟也,胡再不谋?"对曰:"曩者志入而已,今则怯也。"皆笑,曰:"公孙之亟也!"

楚子自棘泽还,使薳启强帅师送陈无宇。

——襄公二十四年

注释

(1)戢:收敛,收藏。(2)部娄:小土山。(3)广车:单车挑战的战车。(4)踞转:车后的横木。

课堂检测

1.解释下列加点的字词。

楚子使薳启强如齐聘(　　)　　兵不戢(　　)
不克(　　)　　子大叔戒之曰(　　)

第四十讲 小山丘长不出大松柏?

曩者志入而已(　　)　　　　公孙之亟也(　　)

2. 下列句中"以"字与例句用法相同的一项是(　　)

搏人以投

A. 将以伐齐

B. 楚子伐郑以救齐

C. 先帝不以臣卑鄙(《出师表》)

D. 樊哙侧其盾以撞(《史记·项羽本纪》)

3. 下列句中不含词类活用的一项是(　　)

A. 齐将有寇　　　　　　B. 次于棘泽

C. 坐射犬于外　　　　　D. 而后食之

4. 把下面句子翻译成现代汉语。

使御广车而行,已皆乘乘车。将及楚师,而后从之乘,皆踞转而鼓琴。近,不告而驰之。

___

___

阅读提示

1. 齐侯伐晋的目的是炫耀武力,事后却又畏惧敌手,这反映了什么?

___

2. 子大叔说"部娄无松柏"。他的比喻是想说明:___

___

3. "公孙之亟也"只是客套话,宛射犬"亟"的真实原因是:___

___

咬文嚼字

公孙!同乘,兄弟也,胡再不谋?

《左传翼》评"兄弟"二字"多少情趣"。请对此加以赏析。

___

1. 卢元昌《左传分国纂略》云："郑人御晋师,进退行止若儿戏然。"对此你有何评价?

2. 冯李骅、陆浩《春秋左绣》评此篇,"只写一'亟'字"。请谈谈你的理解。

内乱外伐

春秋政局上有个非常独特的现象：国乱而外征。大国出征,未必都是实力充分、政局稳定,越是张牙舞爪,越可能是国家内乱动荡的征兆。鲁襄公二十四年(前549)齐、晋、楚一反寻常的"三国杀",就反映出三大国的内部弊病。

齐国气势最凶,它的问题也最大。去年夏天,齐国暗中把晋国的政变失败者栾盈送回了晋国,企图给晋国的执政者范宣子添点乱子；秋天,又接连伐卫、伐晋,相当威风。今年齐侯一想,又有些后怕,就派人去楚国搬救兵；楚国使者来了,齐侯又头脑一热,向使者陈兵示威,好像要表现自己也没那么菜,"别以为我得看你们的脸色"。考察当时的形势,齐国这是外强中干。崔武子长期把持齐国的重权,这是内乱的先兆。胡澹庵云："自古奸臣篡弑之祸,未有不本于其君假之以权之重而任之久也。"今年崔武子伐莒,明年就发生了著名的"崔杼弑其君"事件。

晋国这边,贪婪的范宣子主政,加重了诸侯朝见的聘礼。为此,郑国的子产写了封信给宣子："你把大家的钱都聚拢到你们国家,大家都怨恨你,当心众叛亲离。晋国众叛亲离,对你也没好处。"范宣子虽然听从了他的告诫,减轻了聘礼之数,但是晋国的威信还是大大地下降了。子产所谓的晋国这几年没有"令名"传扬,也委婉地表达了一个事实：作为盟主,晋国的影响力在下降。有这样

一个任人操纵的国君、这样一个贪婪短视的执政卿,"晋之霸业,于是乎不修矣"(王系)。

楚国这边,这位齐国的盟友、晋国的宿敌,也好不到哪儿去。就在这一年夏天,楚伐吴,无功而返。自从巫臣奔晋,提出联吴抗楚的大方针以来,短短三十年间,吴国屡次骚扰楚国的东部边境,楚国不得不两线作战,伐吴的效果也是一次比一次差。楚国原本主攻的对象是北方的郑国,因为郑国是通往中原的门户。自从出现了大后方的对手,郑国是没时间管了,自己也越来越孤立无援。

乱哄哄你方唱罢我登场,现在的局势除了乱还是乱,戏算是唱不下去了,这些老牌强国急需中兴的力量。而拨乱反正的关键,正在于人才。一部春秋史,素不乏有胆识和血性的政治家和将才,无论大国小国,时势都造出了不少英雄。

公孙少爷的脾气

齐国听说晋国要带着诸国联军来报复,连忙向楚国求救。楚国攻郑,以此曲线救齐。晋国派兵支援郑国,不过主力还是郑军。晋人希望郑人能够自己做好防卫工作,努力拼搏,这是"求御于郑"的真实目的。大战在即,面对晋人的要求,郑人通过占卜来选择驾车者,结果宛射犬中奖了。宛射犬是何人?此人乃郑国公孙,封地在宛,身份高高在上,有点公子脾气是免不了的。子大叔就比较担心这位后生轻狂闯祸,临别时对他讲:"大国的将领,你得尊敬。不可以平起平坐。"意思是你虽然是公族,但毕竟出身小国;人家将领在国内的地位未必比你高,但是来自大国,所以你看见他们还得礼让三分。宛射犬不干,回怼了一句:"国与国的地位不在于兵众多少;再说不管哪个国家,只要我是驾驭战车的人,地位就是得比车左车右高。"大叔批评他说:"不对,小山丘上长不出大松柏。"意思是小国根基浅,能力再突出,威信也是有限的。

宛射犬此去的任务,是与晋人同去楚营进行单车挑战。这是先秦独特的战争规则——致师。郑玄这样解释:"致师者,致其必战之志。古者将战,先使勇力之士犯敌焉。"说白了就是通过单车决斗来振作己方的精气神。"致师"的出战方,一般为一乘三卒。御者居中驾车,车左射箭,车右以矛戈格斗,各司其职,相互配合。"致师"强调勇气和技艺,需要速战速决、进退自如,绝不能耽搁。晋楚邲之战开展前的致师仪式上,楚军御者驾驶单车迅速冲向敌营,在营前迅速转向,展现了华丽的车技;车左射箭掩护,整车排马;就在大家惊叹御车娴熟、射箭精准的刹那间,车右已经下车斩杀了敌兵,擒获了俘虏,随后扬长而去。这一番表演,激发了楚人的士气,也让晋国人目瞪口呆。

宛射犬与两位晋国来的搭档配合时,不出子大叔所料,碰了一鼻子灰。休息时,两位大人呆在帷幄里,让宛射犬在外面吹冷风;吃饭时,两位大人先行大吃大嚼,让宛射犬干等着吃剩饭;往敌营进发时,让宛射犬驾驶冲锋的战车先行,自己坐车跟着后面优哉游哉地走,快到阵前了才跳上宛射犬的车子,然而又弹起琴来,非常悠闲。宛射犬被彻底激怒了,所以,当车子到楚营阵前时,他没有告知二人就突然加速冲向敌营,两位战友还没来得及拿起武器,就已经身陷敌群了。二人迅速戴上头盔,跳下马车,英勇肉搏。这时,宛射犬又不等他们上车就把车开走了。二人也不慌,一路快跑,追上宛射犬跳上车子,拿起弓左射右射击退追兵。脱险后还嘲笑宛射犬:"兄弟你也太性急了。"

表面上看,晋国两将先倨后宽,既表现出大国的自负,也流露出儒将的风流;宛射犬心高气急,有胆识有魄力,但是为私恨忘公事,不够大气。不过细究此文,二将的心理颇值得玩味。也许他们正是要"激射犬以见己能"(王源),通过表现出游戏的心态、轻松自负的姿态,激发对方展现自己的勇气和能力。或许他们是要激怒射犬,"使之不告而驰,勿待而出,而己之技勇乃得显出"(《左传翼》)。这样看来,二人倨傲的表现并非出自傲慢,而是有意为之,步步设局。"收禽""挟囚""超乘""抽弓"这一系列动作,一点都不手忙脚乱,显然早有准备。

二人的激将之策当时就有人看出了——子大叔早已心知肚明。大叔对宛射犬的告诫,已经在暗示他不要把晋人看得太简单,更不要被他们当枪使。从"求御于郑"这四个字就可以看出端倪:"晋岂无人,而必求御于郑?即此举动,便尔蹊跷,太叔所以一见惊心也。"(《左传翼》)心高气傲的晋人竟然求小国之人为御,晋人是否有借机逞强的意图也许值得怀疑。

不过,也有人痛骂宛射犬的以私忘公和二人的激将之法。清代谢有辑《古文赏音》评论道,此三人确实都有过人之才,以战为戏,最后还都能搞定,但是"兵凶战危,此等何事?"战事紧急,身负郑国的重托,仅仅因为被人轻视就让战友身陷险地,这让人想到了羊斟因为和华元斗气就将他送入敌营,导致宋军大败。宛射犬自以为这样可以回击二将,表现自己的骨气,还可以展现自己的驾车技术。但在老谋深算、武艺超群的晋将那里,这正是最被他们看热闹的地方,小国之将的"猴急"才是他们喜欢的桥段。这不一样丢人现眼、贻笑大方吗?宛射犬事后的辩解牵强无力,显然是强词夺理,更加显露出其肚量狭小、不能容人的急躁。二将口口声声称其为"公孙",不一定是尊称,也有可能是轻蔑之语,像是叫他"大少爷"。魏禧倒不认同这两位将军是在看热闹,他们不怨不怒,很有宽厚大哥的样子,是"儒将风流",但惹怒这么一个毛头小子,害自己深入险境,作为居上位者也有失稳妥:"居上者可忽下,大可忽小乎哉?"

风神盖世之文

林纾评此文"堪比太史公、班固之笔,风神盖世。一'亟'…'上',统摄始终。"

此段文字多有传神之处。"踞转而鼓琴",字字妙品,"踞转"意为坐在车后的横木上,"鼓琴"更显出二人的从容。"公孙之亟也"一句是本篇的核心。一个"亟"字与"踞"之闲态相对照,写出晋人之自负、楚人之势弱、郑人之褊狭,更在暗中呼应子大叔对晋国这座"大山丘"的敬畏和警惕,可谓以小见大,咫尺锱铢间幅阔千里。子大叔告诫宛射犬,是因为他清楚宛射犬的性格急躁,为后文的"亟"张本。晋将以傲慢举动激将,充分利用了宛射犬"亟"的性格,使情势变得紧急。宛射犬的种种急进表现,引出二将不凡的身手,再与事后轻松缓和的调笑对照。最后得出"公孙之亟"的结论,与开篇相呼应。"亟"字作为线索贯穿始终,推动情节,环环相扣展现人物形象。

"无有众寡,其上一也。"宛射犬的这个"上"字,给自己败光了人品。他的意思是,无论国家大小,他到哪里都是一样"拽"。而全篇就是一点一点地给他泼冷水。二将坐在帷幄内让他坐在外面,这是第一"挫";吃饭不等他,这是第二"挫";让宛射犬坐冲锋战车,自己却闲坐在后面的车里,这是第三"挫";上了宛射犬的车还旁若无人地弹琴,这是第四"挫"。而当他们以一系列眼花缭乱的动作将敌人制服、扬长而去、抚琴自得的时候,宛射犬即便没有瞠目结舌,心里也应该是五味杂陈,深感自己之前过于轻狂,悔不听大叔之言。

小山丘不及大山丘,小灌木也算见识到了大松柏。一个国家的强大,不在于声名、武力,而在于人才层出不穷、星光熠熠。虽然此间风流人物的所作所为未必合乎春秋大义,但左史公还是以他出神入化的小说家言,刻画出这一众风流英雄的光辉形象。

参考答案

第一讲 "趾高气扬"的将军

【课堂检测】

1. 何不 多 做间谍,侦察、窥伺敌情 增援 巡告 处罚
2. D
3. A
4. 大夫斗伯比的意思不在人数的多少,而是说君王要以诚信来安抚百姓,以德义来训诫官员,而以刑法来使莫敖畏惧。

【阅读提示】

1. 鄅人每天盼望依靠四国军队的援助,依仗自己城墙高大坚固。
2. 抓住对方地狭的特点和轻敌的性格,利用砍柴人引诱其出击,并乘虚而入。
3. 委婉提醒楚王楚军将要战败,需要后援军队去救援。暗示他选将失误,屈瑕骄傲轻敌,难以胜任。

【咬文嚼字】

伐绞一段其实是为写屈瑕伐罗失败做反衬。屈瑕在伐绞时精明算计,沉稳谨慎,反衬出其伐罗时的骄傲轻敌。前一次战役的料敌制胜者,在后一次战役中被敌人侦查算计,产生了鲜明的对比,增添了讽刺效果,进而表现屈瑕刚愎自用、盲目自恃。

【合作探究】

1. 认同。斗廉正是利用了郧国人的心理击败敌人。郧人依仗援军,依靠城防,缺乏斗志,斗廉于是就抛开对四国援军的顾虑,直接出击郧军,令对方措手不及。他的决断,正是抓住了制胜的关键。

2. 斗伯比的劝谏,采用隐晦的方式,有不妥之处。隐晦讽谏往往适用于昏聩之君,但楚王并不昏庸,而且情势危急,楚师有覆灭的危险,此刻含混隐晦,瞻前顾后,有陷君王于不义,为个人而牺牲国家之嫌,所以不可取。

斗伯比采用隐晦的方式进谏,也有其道理。或碍于君臣情面,或料到邓曼明察秋毫,能够予以解释,或明哲保身避免惹怒君王,体现了老臣的沉稳和机智,也无可厚非。

第二讲 以弱为强与以强为弱

【课堂检测】

1. 开 驻扎 逃跑 使……骄傲 战胜 败逃
2. D
3. D
4. 庸国的军队人数众多,蛮人们聚在那里,不如再发大兵,同时出动国君的直属部队,合兵以后再进攻。

【阅读提示】

1. 楚国闹饥荒,现在进攻有可乘之机。
2. 不迁都,直接攻打庸人,震慑糜与百濮,分化瓦解庸人的联盟。
3. 反对激进进攻,主张先示弱,让庸人骄傲轻敌,让己方蓄积愤怒。
4. 群臣齐心合力,策略得当;有秦人、巴人助战;庸人轻敌。

【咬文嚼字】

第一个"不可"表现蒍贾对迁都一事的坚决反对,与上文众臣的态度形成鲜明的对比,体现其大局观与深思熟虑。第二个"不可"表现师叔以示弱迷惑敌人的决心。二者策略不同,却都体现了楚人战略眼光的高超、对自身谋略的自信与坚决。

【合作探究】

1. 本篇叙述明暗线交织,前半明写楚人攻击庸人,省却了与秦人、巴人暗中的配合与约定,后半部分不再交代麋戎去向,明写秦、巴的援助。这使得文章情节波澜起伏,有出人意料的效果。前文秦巴无伏笔,展现楚人计谋的诡秘莫测;后文戎麋无应笔,暗示楚军威势的影响之大。

2. 同意。伐庸之役证明楚国即使遭遇困境,也能逆境取胜,展现了君臣之间的凝聚力。谋臣的才智尽显,与邻国的会盟策略运用得非常成熟。击败庸国,战略扩张的障碍被克服。综上,楚国已经做好了争霸中原的准备。

第三讲 箭射周天子

【课堂检测】

1. 抵御 隶属,从属 成功 击鼓进军 欺凌 殒命,灭亡

2. C

3. B

4. 陈国动乱,百姓都缺乏战斗意志。如果先攻击陈军,他们必定奔逃。周天子的军队看到这种情形,又一定会混乱。

【阅读提示】

1. 因为郑国企图袭击纪国,周王夺去郑庄公权力,从而激怒了庄公。

2. 趁着陈国内乱,民心不稳,士气低落,先攻打陈军,使陈军混乱,进而引发周天子军的混乱,再导致蔡、卫军队的奔逃。

3. 出于礼,君子不能欺人太甚,更不能欺凌天子。出于国,国家已经得以保存。

4. 自尊独立、从善如流、审时度势、懂得克制(或伪善)。

【咬文嚼字】

"王亦能军"表面上写周桓王的英勇,实际暗含嘲讽。周王室衰落,所以天子

要亲自带兵冲锋,身陷险境。另外也从侧面反映郑国人的无礼。

【合作探究】

1. 此举确实有不妥之处:周天子应该先责问郑国的侵略行为,再号召诸侯来讨伐,而不是贸然御驾亲征,不然一旦失败,只会自取其辱。

此举并无不妥之处:郑国作为诸侯国,不遵守周礼,欲袭击纪国,又不朝见周王,周天子当然有讨伐的权力,以此来维护自身的威严。

2. 本篇正面写周王的笔墨很少,只有首尾两笔。主体写的是郑伯御王,前写其谋之毒,中间写其事之悖,后写其言辞之虚伪、礼节之轻慢。通过郑伯的不义之举,从侧面表现周王讨伐郑伯的合理,也寄托了作者对周王势微的同情、对乱臣贼子的憎恨。可谓反客为主,委婉中有深意。

第四讲　楚武王侵随

【课堂检测】

1. 讲和　驻军　主持　离间　作战　渡过
2. A
3. D
4. 将要发布征伐命令,而此时君王心跳不安。如果军队没有什么损失,而君王死在行军途中,就是国家之福了。

【阅读提示】

1. 楚国对外扩张太强势,让汉东诸国畏惧,逼迫对方结盟,难以攻破。
先使其中的随国膨胀自大,瓦解它与诸国间的友好关系,再各个击破。

2. 楚国有上天的护佑,目前势力强大。斗伯比采用诱敌之术,不能中敌人的圈套。随国目前还没有做到忠于民而信于神,仍需修德政。

3. 邓曼的叹息是对楚武王连年征战的总结和委婉批评,解释了其"心荡"的原因,预言了下文其亡于途中的结局,承上启下,为文章增添了神秘和传奇色彩。

4. 《左传》虽然没有正面去概括季梁、斗伯比等人的功业,却通过他人的言辞和衬托来塑造各自形象。熊率且比的"季梁在,何益",显示出季梁一向贤能;

斗伯比的计谋之高,却最终未能成行,衬托出季梁的料事如神和劝诫之智。而季梁对随君的层层劝告,也衬托出斗伯比计谋的巧妙。

【咬文嚼字】

"谓其"二字将敬神的祝祷词与养抚百姓生活的具体做法相联系,让二者有机结合,呼应上文"忠与民而信于神"的观点。"谓其"反复出现,韵律和谐富有节奏感,迁缓语气中有深沉的气势,使这段话更有说服效果。几个"谓其"重复中有变化,层层推进,逻辑严谨。

【合作探究】

1. 季梁的劝说首先符合当时的形势,以"天方授楚"来告诫随君,楚国正处在强势地位,不宜与其发生正面冲突。其次符合君王的心理,以鬼神祭祀与养护民众的关系来打动对方。第三,"君姑修政,而亲兄弟之国"一句揭露了敌人的阴谋在于分化瓦解汉东诸国的联系。

2. 令尹等人虽然能够以计谋封锁武王之死,以其余威震慑随人,让楚军立于不败之地,但是却不能认识到伐随战争的不明智,没有能够劝阻武王,使得后者在途中死亡。对比之下,邓曼的智慧格局大,眼界高,而令尹、莫敖的智谋却只是一时机智,与邓曼比较,高下立现。

第五讲 城濮之战

【课堂检测】

1. 驻扎 恩赐 通"凭",倚靠 明早 通"阵",排兵布阵 大败
2. A
3. C
4. 晋文公登上有莘旧城来观看军容,说:"年少的和年长的,排列有序,合于礼,应该可以一用了。"

【阅读提示】

1. 百姓诵歌谣,表示战争破坏生产,文公因此担忧作战不得民心。楚国先

前有恩于晋,与之作战有恩将仇报之嫌。

2. 晋文公仰面朝天,意味着得到天助;楚王趴伏在晋文公身上,意味着战败伏罪;楚王吸食柔软的脑髓,意味着顺服于晋文公。

3. 骄傲轻敌;临场指挥失当,中了诱兵之计陷入溃败。

【咬文嚼字】

先叙述子上右师溃败,再叙述子西左师之败,左右师的溃败也从侧面反映主将子玉的失败。从战法到败法再到失败的原因,条分缕析,正是叙述的清晰之处。

【合作探究】

1. 栾枝用战车拖柴木装作逃跑,诱使楚军追击,原轸、郤溱率领主力中军从横向夹攻,这是诱兵出奇之法。

2. 前文中是请战的言辞,属于礼节行为,而后一段是从晋文公自己的眼中、口中表现出他渴望出战的心情。二者相互配合,推进情节,也为下文激战蓄势张本。

第六讲 生而后死与死而后生

【课堂检测】

1. 堵塞　渡过　部属　没有　通"擒",捉住,俘获　睡觉

2. DE

3. B

4. 逃避强暴,欺凌弱小,这不是勇;乘人之危,这不是仁;灭亡宗族,废弃祭祀,这不是孝;举动没有美好的名声,这不是明智。你要是一定这样做,我就先杀死你。

【阅读提示】

1. 让子常沿着汉水和吴国人周旋,自己在方城外毁掉吴军船只,回来时再堵塞大隧、直辕、冥阨,然后双方一起夹击吴军。

2.同意。史皇劝说子常不要配合司马戌的计策,是怕对方独占功劳,这体现了他的短视。他劝告子常不要推卸责任,要敢于战死疆场为自己赎罪,体现他的好勇轻生。总体上看,此类有勇无谋的武将,历史上比比皆是。

3.占卜之后,发现交出楚君是件不吉利的事情。两国先前有过盟约,关系较好。担心吴国不能灭楚,如果落井下石,日后楚国会报复。

【咬文嚼字】

因为不甘心被阖闾侮辱,所以愿意以死殉节。死前爱惜自己的头颅,找寻下属作刽子手,有礼有情。三战负伤之后才英勇赴死。前后抉择、言行从容不迫,毫不慌张,彰显重义轻生的英雄气概。

【合作探究】

1.同意。夫概看出楚国将帅不仁不睦,主张出击,这暗合了伍子胥所知的楚人情况,践行了其攻敌弱点的谋略。而后一张一弛,连续攻击楚人,使其疲于奔命,一如伍子胥复仇的狠辣、峻急。司马戌提出自己去方城之外毁坏敌人舟船,希望与囊瓦配合,共同夹击,而后在囊瓦出尔反尔,失败溃逃之时来援助击吴,可谓一片公心。

2.前半部分写吴国攻楚的谋略和战争。首先叙述楚国不采纳良将计谋战败,子常奔逃,再写吴人连连战胜,直入郢都。后半部分写楚国复兴的征兆。先写楚王奔逃时诸臣子的忠良,再写随人对楚国的保护、子期舍生救王,展现楚国的影响力和感召力。插入一笔写吴人入楚宫时的混乱与贪婪,也暗示楚国的复兴即将来临。

第七讲　王子流浪记

【课堂检测】

1.通"娶"　对……感到安逸　于之　罪责　通"飨",用酒食款待人　走下

2.C

3.B

4.我看晋公子的随从人员,都足以辅助国家。如果用他们为辅助,那个人

必定能回晋国做国君。回到晋国,肯定在诸侯中实现志愿。

【阅读提示】

1. 一方面对自己重返晋国有着深思熟虑,另一方面又不顾及季隗的感受,流露出自私的公子气。

2. 土地。

3. 以口才、文采协助重耳应对秦穆公,将穆公的暗示解释为对重耳的期待,促成二者的结盟。

【咬文嚼字】

"郑文公亦不礼焉"与"卫文公不礼焉"相呼应,侧面展现卫、郑、曹三国不礼重耳的诸种行为,着重引出叔詹对重耳出身、身边人才的一番评价,与下文楚、秦礼遇形成对照,有欲扬先抑之妙。

【合作探究】

1. 符合重耳作为流亡公子的身份,暗示他经历磨难逐渐成长为国君的过程。

2. 开始不愿意蒲城人卷入战争、与晋国为敌,体现其善良忠义,但面对季隗自私薄情,在野人面前仍有公子的心高气傲,在齐国贪图安逸。而后在楚国面对楚王的慷慨陈词,展现了自己胸怀大志,而得罪怀嬴后的做法,又体现他委曲求全、谦卑顺从的一面,可见此时他已完成了从稚嫩的流浪公子到成熟的政治家的转变。

第八讲　莫对管仲"上纲上线"

【课堂检测】

1. 使……进入　大败　转乘他车　释放　与……比　辅助

2. B

3. CD

4. 鲍叔率领军队来鲁国说:"子纠,是我齐君的亲人,请君王代我齐国讨伐。管仲、召忽,是我齐君的仇人,请把他们交给我齐国才能甘心。"

【阅读提示】

1. 为了让公子纠回国，帮助他争夺国君之位。

2. 逼迫鲁国杀死公子纠，交出管仲、召忽。

从鲁国手中骗来管仲，重用管仲，使齐国强大。

3. 公子纠被杀，自己未能尽职，愿意为其死节。

【咬文嚼字】

鲍叔牙的"请"是客套，看似客气，其实咄咄逼人，逼迫鲁国杀死公子纠，交出管仲、召忽。他欺骗鲁国，让他们误以为齐国要杀管仲，实际是为了解救他。而管仲的"请"表面表明自己甘心受死，其实暗含他对鲍叔牙的信任，因为自己知道此去齐国必然安全无忧，显示出二人的心有灵犀。"请"字将二人的心机、默契以及鲁君被欺骗的窘态展露无遗。

【合作探究】

1. 内有大夫高傒作为内应，外有鲍叔牙辅佐。抢先进入齐国，又打败鲁军。

2. 这一说法有一定道理。召忽为效忠公子纠而死，死得不值得。如果公子纠是弟弟，而齐桓公才是哥哥，那么后者更有资格做国君，召忽错误地忠于纠，他的死不是真正的忠诚。所以季彭山认为《春秋》并不赞赏他，《春秋》的逻辑是从礼的角度看的。

3. 齐国要求鲁国交出管仲和召忽，帮助齐国处死公子纠。鲁国可以保护公子纠留待日后图谋，重用或杀死管仲，不能让管仲为齐国所得。

4. 不算：齐桓公更有才智，所以更适合做国君，为其效忠不算违背人臣之义。

算：管仲心甘情愿效忠公子纠，却在公子纠死后出尔反尔，投靠杀死他的仇人，于情于理都令人不能信服。召忽的死令人感佩，对比之下，管仲的立场不够坚定。

第九讲　郑国公子的婚姻自主

【课堂检测】

1. 戍守　赠送　排先后次序　合适的配偶　坚决　为……做事情

305

2. C

3. A

4. 现在由于国君的命令奔忙到齐国解救危急,却娶了妻子回国,这是利用战争而成婚。百姓将会对我有什么议论呢?

【阅读提示】

1. 齐国为戍守的诸侯人大们送给养,让鲁国排次序,却将郑国排到了后面。郑国太子率领军队拯救齐国,打败蛮夷的军队,有功于齐国,却遭到了怠慢。

2. 齐国是大国,双方地位悬殊,齐女不合适做自己的配偶。

3. 引用经典表明自己坚定的态度:个人的福祸安危由自己决定,不借助他人的力量。委婉而坚决地拒绝借助与齐国联姻来获取利益,维护个人的尊严。

【咬文嚼字】

辞　人问　大子曰　我

动作、身份两两相对,反复出现,写出齐侯请婚的热情和坚持,太子辞婚的坚决。再由民众、君子、经典的评价加以总结,使得人物形象鲜明,议论的出现顺理成章。

【合作探究】

1. 太子忽公私分明,洁身自好。齐国亏欠他的恩情,现在作为补偿,将公主嫁给他,无可厚非,但是他仍然拒绝。他并不依赖大国为自己寻求后援,而是希望用自己的能力来开辟政治前途,体现他的自尊、自信和骨气。

2. 婚姻是联合他国争取地位的手段,如齐君以嫁齐女为条件,希望笼络郑国公子。婚姻也是争夺王位、获取后援支持的手段,如郑国三位公子都有强大的支持,郑太子忽拒绝齐侯的联姻,也是拒绝了强大的援助。

第十讲　人人都"黑"宋昭公

【课堂检测】

1. 借　通"馑",饥肴　体恤　副手,替身　去,到　为……而死

2. C

3. D

4. 与自己的大夫至于君祖母以及国人不和睦,诸侯谁肯接纳我?而且已经做了别人的君主,再做别人的臣下,不如死了好。

【阅读提示】

1. 由君主身份降格为臣子,有辱尊严。自己失去了价值和权势,没有人愿意接纳。

2. 让儿子代替自己,这样家族就能继续担任司城,自己又不至于被国君牵连,面临危险。

3. 作为司城,忠实于自己的职责。宋昭公散钱财于众人,对待下属有仁德,换来其感动与同情。

【咬文嚼字】

1. 六

夫人在文中反复出现,暗示她在宋昭公被弑事件中扮演的不光彩角色。先是与公子鲍串通收买人心,再劝荡意诸离开昭公、孤立他,最后直接操纵弑杀行动。以"夫人"身份暗讽其不顾亲情人伦、君臣大义,显示其狼子野心。

2. 点明君臣身份和职责,以反问语气强调臣子忠君的义务,也表现出对群臣助纣为虐、屈从夫人及公子鲍行径的蔑视。

【合作探究】

1. 从文中看,没有昭公无道的证据,相反能看出他有尊重、体恤下属。又能看出公子鲍与夫人处心积虑,联络重臣,收买民心,暗示他们制造不利于昭公的舆论。从荡意诸愿意为君死难,侧面烘托其为君之尊、之恩。综上证明昭公"无道"之说值得怀疑。

2. 公子鲍赈济百姓其实与他整日游于公卿之门一样是有目的的,是为了收买人心。同时他还间接利用襄夫人来获取政治资本。

3. 李渔认为公孙寿为了避祸,让儿子荡意诸接替司城的官位,这种做法本

307

身并不安全。因为意诸拥护昭公,也有可能得罪公子鲍。公子鲍即位后如果加罪于意诸,也可能牵连公孙寿全族。

这一说法有道理:公孙寿的做法短视肤浅,而且不顾君臣道义,无视父子亲情,可以说是败坏人伦纲常的恶行。

这一说法不正确:公孙寿与儿子各事其主,即便意诸得罪文公,自己对文公的支持也可以为家族洗脱罪名。他的行为虽然不合乎道义,但是也是为了保存家族的无奈之举,可以理解。

第十一讲　谁动了我的奶酪

【课堂检测】

1. 趁着　出使　成功　通"飨",宴请　穿铠甲的士兵　回复
2. C
3. C
4. 如果先君没有被废弃祭祀,百姓没有废弃主子,土地和五谷之神有人奉献,国家和家族没有颠覆,他就是我的国君,我敢怨恨谁?

【阅读提示】

1. 吴师在外出战受困,进退两难,两位公子掩余、烛庸在外,吴王在国内失去了帮手,使得公子光有可乘之机。
2. 善用侧面烘托手法。以吴师伐楚受困,烘托其好战、冒进,以吴王亲兵夹道护卫,室内层层防卫,侧面烘托吴王的色厉内荏。
3. 将武器藏于菜肴中,攻击出其不意,在护卫将剑刺入自己胸膛的刹那与吴王同归于尽。

【咬文嚼字】

短句展现公子光夺取王位的决心,养护鱄设诸的母子的郑重承诺,反映出时局紧要,形势瞬息万变,使语气短促有力。鱄设诸短句的回应表现他对刺杀的自信,对亲情的挂念,展现其有情有义、重信重诺的个性。

【合作探究】

1. 文章详细地描写了吴王防卫的周详严密,与其被弑的结局形成对比。"献体改服""及体相授",体现吴王的戒备心,引出鱼肚抽剑的情节。以吴王亲兵护卫之多,反衬鱄设诸距离吴王之近。从侧面展现公子光计谋之出其不意,鱄设诸刺杀的果敢勇猛。

2. 本篇叙写刺杀行动,重在展示行动前的准备,以公子光对形势的预估、对刺客的承诺,引出刺杀行动,再借对环境的描写,展现刺杀的出其不意。刺杀过程本身叙述简洁。

3. 季札复命哭墓,体现了他忠于职守,不忘旧主之恩,不逢迎新君的独立和原则。身为王族,复位而待,不聚众讨伐,体现了他不慕名位。以新君是否维护祭祀,是否得到百姓拥护为条件,决定是否效忠,展现了他的一片为国为民之心。

第十二讲 "人尽可夫"的逻辑

【课堂检测】

1. 抓捕拘留　财物　出逃　通"飨",设宴招待　之于　应该
2. A
3. A
4. (雍姬)对她母亲说:"父亲与丈夫哪一个更亲近?"她母亲说:"任何男子,都可能成为一个女人的丈夫,父亲却只有一个,怎么能够相比呢?"

【阅读提示】

1. 祭仲是昭公父母姻缘的牵线人,拥立昭公有功。
2. 被宋国人拘押,以死亡作为威胁。
3. 如果向父亲报告自己对丈夫密谋的怀疑,丈夫可能会被惩处。如果不报告,父亲则有被杀的可能。

【咬文嚼字】

"吾惑之"三字带有模棱两可的意思,一方面雍姬不敢确定丈夫有弑父的意

图,只是表达她对丈夫郊野设宴的猜疑。郑伯怀疑雍纠向妻子泄密,实际是莫须有,雍姬只是猜测,却恰好言中。另一方面写出了她内心的矛盾,既想为丈夫说话,又害怕父亲会受殃。这一句增添了情节的曲折性,具有讽刺效果,也有助于刻画人物的内心和性格。

【合作探究】

1. 赞同《公羊传》:祭仲如果不答应宋人,自己会被杀死,厉公身在宋国,仍然会被立为君,宋人再出兵攻郑,势必天下大乱,于公于私都不利。不如答应宋人的要求,尊重誓言,回国以后立厉公为君,既可以避免与宋国开战,又能够保护自己,只是牺牲太子忽的继承权,是值得的。

赞同刘敞:祭仲完全可以骗取宋国人的信任,回国背盟,杀死公子突,维护太子忽的统治。而且宋国如果真敢于发兵,就未必会采取胁迫的方式,祭仲面对色厉内荏的宋国人应该据理力争或严词拒绝。其所作所为,与乱臣贼子无异。

2. 未必公允。雍纠未必真的把自己想要在郊外宴请岳父、寻机刺杀的想法透露给雍姬。这样做既不合理,也不合乎人情。从上文看,雍姬知晓的只是对祭仲的邀宴,她可能通过推断和猜测预感到这其中的问题,所以才上告祭仲。厉公对雍纠的评价只是他的激愤之语,可能冤枉了雍纠。

第十三讲　复仇的毒焰

【课堂检测】

1. 对……好　恐怕　通"砺",磨砺　庇护　背　藏
2. D
3. B
4. (石乞)把剑架在熊宜僚脖子上威逼,他不为所动。白公胜说:"这是不为利诱、不怕威胁、不泄漏别人的话去讨好的人,(放心)离开这里吧。"

【阅读提示】

1. 子西没有兑现帮自己复仇的承诺,还与仇敌郑国结盟。

2. 叶公一直在等待时机,直到楚王安全才参与平叛,表现其深思熟虑、谨慎稳妥的老臣形象。承上启下,与上文叶公对白公的提防和评价、楚王被解救到昭夫人之宫的情节相呼应,引出下文其入城平定叛乱的经过。

【咬文嚼字】

"掩面"写出子西临死前的羞愧,表现他对养虎为患、不听叶公之言的懊悔。"抉"字写出子期防御的仓促、狼狈,也展现其勇猛和血性。刻画生动,使人如临其境。二人的个性形成鲜明反差,却殊途同归,引人深思。

【合作探究】

1. 两句语言简短质朴,反映了百姓的真实心声,一方面担心叶公受伤,所以劝他戴上头盔,另一方面担心看不到他,心中不安,所以劝他摘下头盔。两句只有一字之差,反复中体现百姓对叶公爱戴之心的真挚和深厚。

2. 认同前者:叶公认为白公胜狡诈而好作乱,他的不怕死和重诺言是有私心的,不是真正的勇敢和诚信。子西认为白公胜诚信、勇敢,适合在边境防卫吴国,有任用的价值。白公胜结交熊宜僚、石乞目的是为了杀死恩公子西。出于复仇的私心,引发楚国内乱,杀害忠良之臣,能证明叶公的判断。

认同后者:叶公认为白公胜狡诈而好作乱,他的不怕死和重诺言是有私心的,不是真正的勇敢和诚信。子西认为白公胜诚信、勇敢,适合在边境防卫吴国,有任用的价值。白公胜确实有平定吴国的能力和功劳,而且开始时也曾恪尽职守,是因为子西违背诺言,惹怒了白公胜才导致后来的楚国内乱,子西也有责任,不能否认白公胜原本具有的优良品质。

第十四讲　窑生之子

【课堂检测】

1. 屡次　通"餍",满足　怀有二心　修整　通"掘",挖掘　延

2. B

3. D

4. 庄公问他原因,(颖考叔)回答说:"小人我有位老母,一直都是吃我给她

的饭菜,还从没有品尝过国君您的肉羹,请允许我留这个给她。"

【阅读提示】

1. 想要帮助共叔段与庄公分庭抗礼,夺得君位。

2. 纵容共叔段继续扩张犯错,再将其彻底铲除。不遵从道义,不能号召民众,势力再大也终究会崩溃。

3. "郑伯"讥讽庄公不像个哥哥,没有尽到教育弟弟的职责,而是纵容其犯罪以铲除他。"段"以名直呼段叔,批评他未能收敛、克制。"克"字暗讽兄弟如国君般相征伐。"鄢"字为边境,指的是郑伯必将弟弟赶尽杀绝。

4. 颍考叔通过宴席上的讽谏含蓄地提示庄公对母亲网开一面。他故意把肉留给母亲吃,引发庄公对自己没有母亲孝敬的感慨,在明知故问的情况下,激起庄公对诅咒的后悔与无奈,再提示庄公可以凿隧为黄泉,在隧中相见。方法巧妙,举重若轻。

【咬文嚼字】

1. "唯"字展现庄公对武姜请制地的警惕与忧虑,对其强势的无奈,也为后文姜氏顺利获得京铺垫。

2. "姑"展现了庄公意图诱导共叔段犯错再行诛杀的处心积虑、胸有成竹,展现他的城府极深、冷酷无情。

【合作探究】

1. 同意:庄公没有在弟弟犯错时及时教导,或制止母亲的袒护行为,而是任由弟弟不断犯错,把罪责推给母亲。并在暗中防备,排兵布局,准备伺机歼灭段,其行为如同渔翁对鱼、猎人对猎物,设下的陷阱,对待共叔段不公。

不同意:共叔段本身有狂妄不臣之心,庄公的诱导只是外因,其自身的过错是导致其败亡的主要原因。

2. 颍考叔把自己的孝顺推及庄公,帮助他与母亲重归于好。祭仲以蔓草为喻主张尽早铲除姜氏和共叔,公子吕提出要以对待叛臣的态度惩治二人。对比之下,众臣只是看到了国家的安定和利益,没有从人伦大义的角度去修正君王的行为,视野狭隘。

第十五讲 鲁国的"马基雅维利"?

【课堂检测】

1. 依附 通"诚",下诚命 到 吝惜 使……劳 抓住
2. D
3. C
4. 林楚鞭打马匹,使马愤怒,到了大街上就飞跑而去,阳越用箭射他,没有射中。造房子的人关上大门。

【阅读提示】

1. 挟持季桓子到蒲圃,准备借宴会之机将其杀死,再让季寤替代季桓子,以叔孙辄替代叔孙氏,自己替代孟氏。暗中向都车部队下令癸巳日来接应。
2. 通过其先祖世代为季氏效力的事实来拉拢打动对方。
3. 派三百位精壮的奴隶,以在蒲圃门外筑房修屋为名,趁机观察接应,放林楚和季桓子进门再关门阻挡阳虎的追杀。
4. 鲍文子揭露了阳虎的阴谋,说他想利用齐国大臣在战争中死伤趁机推行阴谋,再揭露他先前有宠于季氏却行不轨的种种劣迹,警告齐侯收留阳虎就是引火烧身。

【咬文嚼字】

先叙述阳虎劫季氏,再叙孟氏救季氏,再叙及阴处父败阳虎。几件事依次铺开,将复杂的情节梳理得井井有条。其中季桓子向林楚求救,再逃奔孟氏,孟氏射杀追兵阳越,千钧一发,过程紧张激烈。可谓仓猝间有节奏,文有韵味。

【合作探究】

1. 过人之处在于他利用季寤、叔孙辄等人为工具,允诺让他们替代三桓旧主,为自己谋利,可谓事半功倍;先铲除季氏,再分化消灭孟氏、叔孙氏,各个击破,有条不紊。疏漏在于命令都车部队前来增援的消息走漏出去,被对手猜到;

313

派林楚等人挟持季桓子,林楚对自己不够忠臣,留恋季氏的旧恩。

2. 阳虎设计铲除三桓的步骤、劝齐伐鲁的机巧、逃跑前对车轴做的手脚,都体现了他审时度势、步步算计的心机。季桓子利用间隙劝说林楚,以情动人,并教对方将自己送往孟氏,方法具体可行。阳虎没有想到季桓子会逃跑、公敛阳能够猜出自己的计划。而季桓子早先没有逃奔孟、叔孙,被挟持时方才醒悟。对比之下公敛阳通过都车的动静猜出阳虎的阴谋并上报孟氏,并能猜出宴飨季氏于蒲圃的壬辰日为政变之时,建议防备。足见其智谋更胜一筹。

第十六讲　召陵之盟

【课堂检测】

1. 料想　通"汝",你　驻扎　贪求　抵御　安抚

2. AD

3. C

4. 贡品没有送来,这确是我君的罪过,今后岂敢不供给?至于昭王没有回去,君王还是问汉水边上的人吧!

【阅读提示】

1. 号令、监督诸侯服从周天子并向周天子进贡,不听从就征讨。

2. 指责对方是在以强权和武力示威,暗示其失德,再警告他楚国上下众人一心,将利用地利来守卫。

3. 并不是要吞并、征服楚国,而是要证明自己履行了维护周王室威权的霸主职责。

【咬文嚼字】

齐桓公和管仲并不想与楚国兵戎相见,大兵压境只是威慑,目的是招携楚国承认自己的霸主地位。而屈完"辱收寡君,寡君之愿也"一语,语气婉转谦和,回应了管仲的暗示。而"以德绥诸侯"一句,揭示"德"才是桓公南征的要义,既是对桓公的有力反驳,也是重要的提醒。桓公、管仲的想法,通过对手的言辞予以暗示,构思巧妙,有力地烘托以德服人的主旨。

【合作探究】

1.齐国并没有足够的实力和意愿吞并楚国,不想激化矛盾,此次出兵只是为了震慑对方,在诸侯中树立中原霸主的威信。这一质问既是向对方暗示,也体现了齐桓公灵活务实的战略。另一方面,齐桓公自身也没有十足的底气以德责人,自身在争霸过程中也并非无过。

2.同意,楚成王使楚国国力强盛,人才济济,能够与齐桓公针锋相对、据理力争,使得对方不敢进一步进逼。又能派人谦逊回应,量力自守,分寸得体,不卑不亢,可谓一代雄主。

第十七讲 "仁义之师"的困惑

【课堂检测】

1.规劝 渡河 通"擒",抓 帮助 爱惜 使用

2.D

3.A

4.况且现在强大的国家,都是我们的敌人,即使遇到老头子,捉了也不能放,哪里管得上头发花白的人?

【阅读提示】

1.促使楚国出兵救郑,从而与之一战,复兴宋国,与楚国争夺霸权。

2.宋襄公没有利用楚人渡河和未及成阵列的有利时机出击,最终被楚人击败,让宋人死伤惨重。

3.没有利用有利条件展开攻击,和敌人讲仁义,教条化地滥用和曲解战场礼仪。

【咬文嚼字】

宋襄公第一次回答"不可",语气坚定,展现其自负,第二次回答"未可"显得底气不足,却仍然坚持己见,与后文一败涂地对照,极具讽刺效果。子鱼的"不亦可乎",语气委婉,带有商量的意味,有扭转襄公思路的妙处,后面的两个"可也",体现其循循善诱,胸有成竹,有理有据,与"知战"二字相呼应。

【合作探究】

1. 子鱼以"君未知战"一句总领其批驳之语，从大处着眼，干净利落，有振聋发聩的作用。再细细针对其见解，逐一击破。以敌人的概念来批评他将"二毛"的范围搞错了。再以征伐必定伤人又不愿意重伤的矛盾，反驳"不重伤"的可笑。再回扣作战的原则和目的，一是趋利而行，一是鼓舞士气，暗示其未能尽到该尽到的责任，回扣"未知战"的主线。

2. 齐桓公能够随机应变、审时度势，在政治上遵循道义，维护礼义，而在战场上勇敢决断。宋襄公迂腐僵化，不懂变通。前者积蓄力量，后者冒进鲁莽。前者善于听从意见，后者盲目自大。

第十八讲　何为"王"、何为"霸"

【课堂检测】

1. 缘故　安抚　嫌隙　说辞　一定　使……弱，削弱
2. C
3. A
4. 而且会合诸侯，这是为了尊崇道德。会合而让奸邪之人列于国君之位，拿什么显示给后代看？

【阅读提示】

1. 帮助他除掉郑国内部泄氏、孔氏、子人氏三族，再与郑国讲和。
2. 违背礼义和诚信，给郑国人以口实和理由来抗拒齐国。如果违背道德，齐桓公将在诸侯中失去威信。
3. 齐桓公只看到了眼前的利益，功利心作祟，而管仲目光长远，看到了信义道德对于齐国威信的影响。

【咬文嚼字】

齐桓公谋郑的功利心为子华的以利引诱张本，反衬出管仲着眼大处、以德礼作为为政根本的思想。从开头"谋郑"到结尾处的"辞焉"，转变之大之迅速，从侧面表现管仲德、礼之言的感染力。

【合作探究】

1. 霸道需要运用武力、手段、策略,抓住时机,争取天下。而王道则是以道理和礼义服人,令敌人心服口服地归顺。

2. 镇子华之奸心:管仲认为子不违背父命叫作礼,臣子见机行事完成君命叫作信,否则就是邪恶。这番话暗示子华的身份为子为臣,也一针见血指出其恶行,足以震慑其心。

息桓公之欲念:管仲用违背德礼会失信于诸侯、得不偿失来劝说桓公,使其看到了危害,再用郑国的实际情况,指出郑国不可冒犯,子华不可依赖。有理有据,符合实情,为桓公设身处地考虑,符合其利益。

第十九讲 庄王你想多了

【课堂检测】

1. 于是,就 炫耀 军力 慰劳 使……和谐 期限 占卜

2. AD

3. B

4. D

5. (鼎的大小轻重)在于德而不在于鼎本身。从前夏朝正有德的时候,把远方的东西画成图像,让九州的长官进贡铜,铸造九鼎并且把图像铸在鼎上,上面具备了所有物像,让百姓认识神物和怪物。

【阅读提示】

1. 向周王室及中原诸侯展示实力,觊觎周王之权,试探其反映及态度。

2. 回溯鼎的起源,解释其与"德"的关联,表示鼎的作用是铸象百物,让百姓敬畏神灵、躲避奸恶。回顾鼎的变迁,证明王朝暴虐失去鼎,王朝仁德继承鼎。

3. 天德。德,天;天,德。

【咬文嚼字】

"遂"字意思是于是。楚人原本是攻打陆浑戎,"遂"字却揭示其最终目的还是向周王示威,极具讽刺效果,展现了楚人欲盖弥彰的野心。迅速切入主题,简

洁有力。

【合作探究】

不认同。王孙满最聪明的地方,就是始终把周当作弱者来看待。定王慰问楚王,本来就是迫于形势,王孙满这样说不违王命。他承认周朝"德衰",现在是靠天命存续。看似客套谦虚,却是道出了历史规律,反而让楚王相信,自身必须积累德政,敬畏命运,这对对方是更为强烈的震慑。

第二十讲 吃饭的时候别乱开玩笑

【课堂检测】

1. 切　给……吃　蘸　诬陷　本来的　使……流亡
2. A
3. B
4. 《春秋》记载说"郑公子归生弑其君夷",是因为归生没有施加足够权力阻止弑君。

【阅读提示】

1. 他本性善良,反对公子宋弑杀君王,但又胆小懦弱,害怕对方的诬陷,屈从于他的胁迫。

2. 子家在知情的情况下没有采取任何措施阻止,反而纵容弑君行为,没有尽到掌权者的责任。光有仁义之心却没有勇气和果断去维护仁义,这仍然是缺乏仁义。

【咬文嚼字】

"怒"字分别写出了子公和郑灵公对对方行为的愤怒,表现二者矛盾的激化,为后文弑君张本。君臣相互仇恨,君主捉弄臣子,臣子挑衅君主,都是违道违礼的行为,"怒"字寄托作者的贬义。"惧"字写出子家被动听从胁迫的心理,与其对君王的轻慢(与"畜"比较)和对弑君的反对做对比,展现其道貌岸然、缺乏原则。

【合作探究】

1. 子良劝阻襄公驱逐穆氏,体现他对宗族之情的重视,也展现其公正客观之心。以保留穆氏作为自己不流亡的条件,也反映他勇于担当的精神。

2. 略

第二十一讲 请不要"顺手牵牛"

【课堂检测】

1. 厌恶,痛恨 陈述,声辩 不过 确实 设立县治 恐怕,莫非

2. DF

3. C

4. 楚王说:"好啊!我没有听说过这些话。归还陈国的土地,可以吗?"(申叔时)回答说:"(这就是)我们这一班小人所说的'从怀里拿出来给他'呀。"

【阅读提示】

1. 赞扬泄冶犯颜直谏的勇气,但是又为他的死感到惋惜,认为他为昏庸之君而死不值得。

2. 陈灵公与其母亲私通,又侮辱他的出身。

3. 夏征舒弑君的罪过显而易见。孔、仪二人,怂恿助长灵公的昏庸,引发祸乱,又依靠楚庄王回国,其亡国之罪比夏征舒更甚,却易被忽略。

【咬文嚼字】

因的意思是于是、就。楚庄王"杀夏征舒",大义凛然,"辕诸栗门"向天下宣示公道,深得民心,但一个"因"字,前后转变极大。原来之前的光明正大不过是掩人耳目,真实目的是将陈国领土纳为己有。前后对比,讽刺效果极佳。

【合作探究】

1. 孔宁、仪行父二人作恶多端,先是纵容并参与陈君的荒淫行为,杀死直谏者,惹怒夏征舒,导致国家丧乱。后来又逃避他国,伺机返国上位。这样的小人,楚王却作为笼络的对象加以安抚。庄王此举,是为了统治的方便,罔顾民心向背

319

和公平道义。虽然他保留陈国的行为像一个霸主,但他宽恕孔、仪显示其道德礼仪不纯粹,所以不能与齐桓晋文相比。

2. 惩罚践田,却因此拿走别人的牛。这就好比是以讨伐陈乱为名,借机收纳陈国领土。这一比喻揭示了楚庄王名为彰显仁义公平,实则贪图领土利益,形象生动,委婉深刻。

第二十二讲 拿什么拯救你,我的父亲

【课堂检测】

1. 收尸　参与　回答　姑且　驾车　对……感到安心

2. B

3. D

4. 楚王就在朝廷上把子南杀死,把观起车裂,并把尸体在国内四境示众。

【阅读提示】

1. 提示对方自己要杀其父子南。

2. 自己知道君王要惩治父亲,没有为父亲通风报信,等于间接弑父,这样的行为让他愧疚。此后也难以侍奉杀父仇人,无处可去。

3. 用反常的行动暗示对方身处祸乱中而不自知,以委婉曲折方式劝告对方及时自救。

4. 明白了自己的过失,急忙赶回家辞退身边的宠臣。

【咬文嚼字】

子冯能够纳谏,辞退身边八人,保全自己,衬托子南任用观起,浑然不觉,身死族亡,这是明显的衬托。而弃疾不能够及时向父亲进谏,相比之下,申叔豫却能够以委婉方式劝谏子冯,机智巧妙,这是暗衬。明暗对应,灵活参差,使得文章富有意趣,曲折有致。

【合作探究】

1. 遴子冯宠幸小人,如果直接进谏,未必听从。申叔豫采用反常的行动和

暗示来讽谏。他利用上朝的时机,突然躲避蘧子冯,并且连续多次躲闪,引发后者的惊疑。此时对疑惑予以解答,令对方深刻领悟。这种欲擒故纵的方法激发了蘧子冯主动的反省,使其不安。利用对方心理,取得了良好效果。

2. 赞同前者:弃疾作为君王车夫,不能利用君王的信任,把要诛杀父亲的消息泄露,因为父亲确实有罪,而且如果泄露机密有可能造成楚国的大乱。所以只能大义灭亲,效忠君王。自己不苟活,以"不孝子"自责,拒绝逃亡,也拒绝继续在朝为官,自杀而死,可谓孝顺。

赞同后者:弃疾可以用更委婉巧妙的方式来对待棘手难题。他可以劝告父亲离开楚国或者摈弃小人,如果不听再协助君王采取必要措施,而不是一味听从君命,对亲生父亲见死不救。另外,楚王有意识地在他面前泄露消息,有可能是暗示他去与父亲沟通,却未能被其领悟。

第二十三讲　帽子与面子

【课堂检测】

1. 私通　处理政务　通"脱",脱下　欺凌　承担　跃

2. C

3. AD

4. 如果(君主)为自己而死,为自己而逃亡,不是他个人宠爱的人,谁敢承担与他同死同亡这个责任?

【阅读提示】

1. 国君与其妻子私通;齐国伐晋,惹来后者的仇恨,杀死齐侯,可以取悦于晋国。

2. 国君和臣子的职责是保护国家和百姓,如果国君能够为国与民而死,臣子有责任为君死。而齐侯为自己的私欲而死,只有他身边的私臣才有责任为他死,与己无关。

【咬文嚼字】

"拊"字刻画出齐侯得意扬扬,入崔子之宅如入无人之境,讽刺他与崔妻私通的荒淫行为。两处"弗许"、一处"勿许"写出其面对弑君者走投无路的狼狈、苦苦

哀求的可悲。前后形成鲜明对比。

【合作探究】

　　晏子将国君的"死"分为为社稷而死、为自己而死两类,委婉批评庄公为满足自己私欲,与臣妻私通,说明他被杀属于咎由自取。他批判崔杼拥立庄公又弑君的行为。又认为庄公属于为己而死一类,只有"私昵"之臣才可以为其死,呼应前文庄公侍从为其死的情节,有强烈的讽刺效果。

第二十四讲　谁在同情赵盾

【课堂检测】

　　1. 通"避",躲避　杀害　小步快走　为……而死　袋子　通"境",边境

　　2. D

　　3. B

　　4. 如果像这样,能够弥补过错的人就很少了。君王能够有好结果,那就是国家的保障了,岂止臣下们依靠它。

【阅读提示】

　　1. 士季采用更委婉柔和的方式,希望通过自己与赵盾二人先后配合来劝谏。引用《诗经》中的句子,委婉表达国君应改过之意。赵盾更直截了当,屡次进谏,激怒国君。

　　2. 必须要完成主公的命令,但是又被赵盾的勤政所感动,不想杀死为民众鞠躬尽瘁的大夫。

　　3. 为自己被指责为弑君主谋而辩解。自己不离开晋国,是担心国家安危,想为之效力,却被人误解为指使别人弑君,自己坐收渔利。正如《诗经》所云,原本心里有所怀恋,因此惹来了忧愁。

【咬文嚼字】

　　本段采用插叙法。宣子救助灵辄,呼应前文提弥明、锄麑,展现赵盾对义士的感召与收买,并引出后文中灵辄倒戈、赵盾逃脱的情节。使得文章的来龙去脉

更完整,补充情节线索,避免平铺直叙的呆板,也使得主人公形象更丰满。

【合作探究】

1. 赞同:灵辄做晋侯侍卫并非偶然,可能是赵盾的安排。之后的隐姓埋名,也是为了避免与赵盾牵连。他的所作所为,其实是在与赵盾合谋,以此报恩。

不赞同:灵辄为一饭之恩报主,救人之急,不求个人的显达,不要回报,体现了古人的侠义精神和信义担当,并非出于私心。

2. 有道理:赵穿弑君,赵盾不可能没有参与。后者为正卿,又是赵氏族长,且与晋侯有你死我活的争斗,董狐已经看得非常明白。孔子称赞其为良史,却又为赵盾惋惜,前后矛盾,不可理解,这段话的来历可疑。

没有道理:赵盾爱民敬士,深得众心。晋侯无道,有意要杀赵盾,赵穿之举实为自保,而且也与赵盾无关。孔子看出了赵盾被指责为弑君者的无辜,既肯定了董狐的写法,也惋惜赵盾可以避免弑君之名,却因为没有离开国家而有了嫌疑。这段记述,体现出《左传》的公允。

第二十五讲 一个印刻为成语的噩梦

【课堂检测】

1. 通"披",披散　门　哪里　治疗　使……回去　通"胀",腹胀

2. D

3. B

4. 有个早晨梦见自己背着国君登天的小臣,到了中午,是他背着晋侯从厕所中出来,于是就拿他来殉葬。

【阅读提示】

1. 厉鬼披头散发,捶胸跳跃,告诉晋侯他已向天帝控告其杀死自己子孙的暴行,并且破门而入,追赶晋侯。

2. 医缓对他疾病位置的判断,与他梦中疾病小人的说法一致,他认为医缓的判断正确;梦中小人称其为"良医",使晋侯更加相信这一预兆。

323

3. 残酷嗜杀,刚愎自用,反复无常,荒唐愚蠢。

【咬文嚼字】

　　本文前后情节呼应,有伏笔有揭示,环环相扣,结构严谨。第一个梦中晋侯梦见厉鬼复仇,预示其后续要遭遇疾病;厉鬼对其罪行的控诉,呼应后文杀桑田巫的随意和残暴。第二个梦中二小人的逃伏,引出医缓对其疾病在膏肓之间的判断;再以不相信桑田巫的预言与其后腹胀而死的结局相对比。以晋侯噩梦开头,以小臣之梦为结尾。在神秘玄妙的意境中,展现出人物命运的无常难测,对人物形象予以生动刻画。

【合作探究】

　　1.晋侯梦见厉鬼登堂入室,预示着疾病要闯入其躯体。梦见小鬼在膏肓之间,意味着疾病藏伏之深,难以根除。两个梦,代表其病情的两个阶段。

　　2.第一个梦写出晋侯因杀害臣子而产生的不安,害怕上天的惩罚。第二个梦写出晋侯因疾病加重而产生的恐惧。第三个梦写出小臣对晋侯的畏惧忠诚,或渴望加官晋爵、一步登天的心理。

第二十六讲　狼子野心子越椒

【课堂检测】

　　1.难道　挨饿　贯穿,射穿　用奶喂养　嫁给　官位

　　2.D

　　3.AE

　　4.箴尹说:"丢掉国君的命令,还有谁来接受我？国君,就是上天,难道可以逃避上天吗？"

【阅读提示】

　　1.子越熊虎形豺狼声,这是有"狼子野心"的预兆,子文预测他可能会给族人带来灾难。

　　2.他利用楚人迷信的特点,强调伯棼之所以能够射中王车是因为用了先祖

的箭,现在箭已经用完,胜利天平倒向己方。

3. 斗克黄主动回国复命,自拘于有司,忠于楚王。楚王感念斗子文对楚国的贡献,不想让斗氏无后,更希望借此来劝导百姓、大夫向善。

【咬文嚼字】

本篇先叙述子文对斗越椒狼子野心祸乱宗族的预言,将宗族的未来命运先做揭示,设置悬念。而后步步揭示子越的恶毒、作乱的经过以及若敖氏被株连的过程,逐渐揭开先前的悬念。而在结尾处,笔锋陡转,写斗克黄被赦免,这既突破了子文的预言,出乎人意料,却又是因为子文的功德,可谓在情理之中。文章起伏变化,波澜丛生,情节曲折生动。

【合作探究】

1. 与斗越椒的熊形狼声、狼子野心相映成趣。子文为虎所养育,使得若敖氏兴盛,并因其德使得若敖氏被楚王赦免,挽救了宗族。而子越狼子野心,犯上作乱,导致宗族灭亡。子文兽乳人心,而子越人面兽心,使得文生奇势,文有奇气,章法相扣,结构谨严。

2. 以子文的评价预言其狼心野心。作战时楚师惧怕后退从侧面烘托出斗越椒的凶狠冷酷、咄咄逼人。"潜""恶""圉""杀""攻"几个动词连用,展现其犯上作乱的手段无所不用其极。"又""乃""遂"几个副词、连词,体现其夺权的急切、野心的昭然若揭。与楚王交战一段,多用两字、三字短句,语气急促有力,表现其务将君王置于死地的狠毒用心。

第二十七讲 君使民慢乱将作

【课堂检测】

1. 瓜熟 满一年 降低 侦查,做间谍 捆绑 抵抗
2. AC
3. A
4. (襄公)用箭射它。野猪像人一样站起身啼叫。齐襄公害怕,从车上摔下来,伤了脚,丢了鞋。回去之后,责令徒人费找鞋。

【阅读提示】

1. 襄公违背诺言,到了瓜熟的时候没有派人替代二人的戍守差使。二人请求替代,也没有答应。激怒了他们。

襄公即位后,降低了无知的待遇。

2. 自己被襄公鞭打虐待,憎恨襄公。

以此为借口乘机逃脱,回宫去将襄公隐藏起来。

3. 躲在门后面,找侍从来替死。

侍从的伪装被认出,自己藏在门后的伤脚被看到,暴露了躲藏的位置。

【咬文嚼字】

这段文字,实写费的一系列行动,虚写费通风报信的紧急,襄公的惊讶慌张、躲藏的忙乱。实写石之纷如横尸阶下,虚写其搏斗的英勇、战斗的惨烈。实写孟阳死于床,使人联想到寻找替身时孟阳的大义凛然。而见公足于户下,则暗示弑君者竭力搜寻的景象,表现其态度的凶恶。

【合作探究】

1. 襄公伤足丧屦,是全文情节脉络的关键伏笔。因为伤足,所以在宫中养病,为其被弑杀铺垫。因为丧屦所以鞭打费,为后者阴差阳错的营救自己的行为张本。因为伤足,所以足露于门下被发现合情合理。

2. 襄公不守信义,慢待臣子,屈待受宠的兄弟,从治国理政上看,是无道之君,所以众叛亲离。这不等于说他对待近臣没有情义。为其而死的多是侍从,这些人不能在治国上规劝他,襄公与他们的关系不能够代表正义合理的君臣秩序。

第二十八讲　话术与朋友

【课堂检测】

1. 有二心　一同　免罪　实现　图谋　讲和

2. B

3. B

4. 陈、蔡两国紧紧挨着楚国而不敢对晋有二心,那是由于我国的缘故。

【阅读提示】

1. 陈述郑国数次带蔡国觐见晋国的经过,有事实依据,说明蔡国因为自己的缘故才亲近晋国,反驳晋国对自己亲楚的指责。

2. 郑国反复朝见晋国。陈、蔡两国紧紧挨着楚国,却不敢背叛晋国,是因为有郑国的周旋。

3. 暗示郑国在走投无路的情况下,将会像面临险境的鹿一样,选择用武力来抵御晋国。

【咬文嚼字】

子家历数多年来郑国朝晋,郑国如何带领蔡、陈觐见晋国国君的经过。通过具体准确的时间、清晰具体的次数,以事实证明郑国对晋国的忠诚,可谓以叙事为议论。再反诘晋国仍然不信任郑国,暗示有其有灭亡郑国的险恶动机,用"鹿死不择音"的古喻,表示郑国誓死抗争、不畏强权的决心,可谓以议论为辞命。委婉有力,不卑不亢,柔中带刚。

【合作探究】

晋国伐宋虎头蛇尾,在诸侯中失去了威信,且在与楚国的较量中处于下风。晋国对郑国的斥责,只能激起对方的轻视和反感。子家的回信也依赖于当时的情势,郑、蔡、陈诸国都可以联盟楚国,孤立晋国,晋国必须尊重这些国家,方能不为楚国所制衡。

第二十九讲 "床"下之盟的启示

【课堂检测】

1. 访问 把……当作边邑 还是 把……反过来 烧火做饭 人质
2. B
3. C
4. 你既已答应了我,现在又反过来,是什么缘故?不是我没有信用,而是你丢失了它。快去受你的刑罚吧!

327

【阅读提示】

1. 利用申舟与宋国的矛盾,以及不向宋国借道的傲慢,激怒宋国杀死申舟,以此为借口讨伐宋国。

2. 分析利弊,以"虽鞭之长,不及马腹"的这一俗语,告诫晋侯与楚国竞争缺乏胜算。再运用形象生动的比喻,以君王忍受屈辱为天道,提出晋侯应当忍耐。

3. 解扬认为,信是完成国君的命令,而且只能接受一个人的命令,信义不能通过贿赂的方式完成。而楚王则认为不管什么情况,只要允诺就要遵守,这就是信义。

【咬文嚼字】

本段的转折在于楚王责备解扬不守信,而对方恰恰以此细细剖析何为信义,指出楚王所谓的信义其实是让他违背先前的使命,而且使用了贿赂的手段,恰恰是违背了信义。楚王指责解扬的背叛,在后者的解释中恰恰是忠君;楚王给予刑法,恰恰让解扬以死成命。但是四字句未必不流畅,通过四字短句,解扬的激昂慷慨、大义凛然跃然纸上。

【合作探究】

1. 这七个字是晋侯让解扬传达给宋国人的谎言,并不是实情。上承伯宗阻止晋国出兵的言论,下引这一虚假宣传导致的一系列后果。就是这一谎言,让楚人忌惮,引出楚王要求解扬背信反言,进而引其一番对于信义的慷慨陈词。因为这一命令,宋人士气大振,才有了华元夜闯敌营、与子反签订床下之盟的结局。

2. 合适。杀死子反,激怒楚国,只能加速宋国被灭亡的命运。如果以实情相告,表示宋国即便陷入窘境也绝不投降,以人人必死之心震慑楚国,反而能让子反产生畏惧心。

第三十讲　明眼人不计较小算盘

【课堂检测】

1. 对……担忧　逃跑　踩　恰好　渡河　吵吵嚷嚷

2. AD

3. A

4. 晋国人是老虎豺狼。如果违背原来的话(不让下臣回来),下臣死,妻子儿女也将被诛戮,这对君王没有好处,而且后悔不及。

【阅读提示】

1. 士会投靠秦国这个对手,为其出谋划策,将不利于晋国的安定。

2. 骗取秦康公的信任,请求其派士会与他一起回国,乘机暗示士会返回故国。

3. 即使晋国违约,不让士会回到秦国,秦国也一定要把士会的妻子儿女送回晋国去。

【咬文嚼字】

这番话暗示士会,和魏寿余的配合演戏骗不过自己的眼睛。"谋"指的是自己建议不要让士会离开秦国,"秦无人"暗指秦人早就看出他的把戏。而"适"则表示秦康公可能只是有意要放士会回去,所以没有采纳自己的建议。这句话从侧面展现了士会因为康公的宽容才得以回国,表现康公的坦荡大度。在揭示事件的来龙去脉、刻画康公人物形象上,可谓画龙点睛。

【合作探究】

1. 同意:黄盖和周瑜合谋上演苦肉计,赚取曹操信任。这里魏寿余以谋反为幌子进入秦国,趁机联系士会,再以回晋国联系魏邑官吏为理由,将士会带回晋国,欺骗了秦康公,从而达到了自己的目的。

不同意:黄盖的苦肉计骗过了曹操。但是从绕朝对士季的一番话中可以看到,秦人早就看出了晋人的计谋,只是秦康公不想揭穿罢了。秦康公保留这个秘密,是对士会的宽容,也是对秦晋两国关系修好的努力。这一点和受骗的曹操截然不同。

2. 前一种:秦康公知道晋国人想要迎回士季的计谋,不仅没有揭穿,还顺水推舟,把士季送回晋国,以誓言的形式让对方相信自己会归还妻儿并遵守誓言,可谓坦荡仁义。

后一种:晋人来找士会,说明士会为秦谋划的行为已经为晋所知,且士会有返晋之心,留在秦意义不大。相反,以诚信感动士会,使其归国后致力于促进秦晋关系,未尝不是一种好选择。秦康公的行动仍然是出于对秦国利益的维护和保有,与晋人的诡诈相得益彰。

第三十一讲　皇天后土

【课堂检测】

1. 对……刚愎自用　忧伤　发动　裁断　让……作人质　通"凌",欺辱
2. CE
3. B
4. 晋国的大夫三拜叩头说:"君王踩着后土,而顶着皇天,皇天后土都听到了您的话,下臣们谨在下边听候吩咐。"

【阅读提示】

1. 国君不听从他先前的劝告,违抗占卜的预示,惹怒了他。
2. 秦晋双方都是她的亲人,她不愿意秦晋两国兵戎相见。
3. 不愿意违背先前在晋国大夫面前发的誓言;被穆姬的以死劝谏的行为触动;更是综合考虑利弊,与晋国讲和比激怒对方更有利于自己。

【咬文嚼字】

前一句语气委婉忧伤,以弱示强,以真情动人,使秦伯能够反思两国兵戎相见的不幸。而后一句语气直截强硬,四个"以"字写出她对秦伯伤害兄弟的反感和抗拒,是对秦伯的警告。刚柔相济,长短参差,入情入理。

【合作探究】

1. 晋国大夫们的话暗示秦伯对晋国之恩堪比天地,令群臣拜服,表面意思却是皇天后土鉴证秦伯的誓言,让秦伯不可反悔。保留了晋国的矜持,对秦伯也是一种约束和震慑,这含蓄地表达了对他的感激。
2. 同意:在君主危难之际,臣下应当搁置前嫌,解君主之危。正因为庆郑的

见死不救,晋人分散兵力去救晋侯,失去擒获秦伯的时机,反而使得秦人俘获晋侯而归。个人的恩怨而影响国家的利益,罪不可恕。

不同意:晋侯违背誓言,以仇报恩,抗拒天意,不听信臣子,作为臣子的庆郑有理由让晋侯吸取教训。

第三十二讲　向戌弭兵

【课堂检测】

1. 友好　残害人的东西　满足　赞同　主持　致力于
2. C
3. A
4. 陈文子说:"晋国、楚国答应了,我们怎么能够不答应?而且别人说'消灭战争',而我们不答应,那么就一定会使我们的百姓离心,将要怎么使用他们?"

【阅读提示】

1. 为了民众消除战乱;如果楚国占据先机,将使晋国失去霸主地位。
2. 不讲信用的楚国将不会成功:失去信用,会众叛亲离。如果楚国作乱,宋国也要负责,晋国与宋国一起誓死对抗,楚国军队数量再多也无济于事,况且事情还没有到这样严重的地步。
3. 晋楚争歃血盟誓的先后。最后晋国听从叔向的劝谏,以谦让的姿态,让楚国作为主盟者先歃血。

【咬文嚼字】

会盟本来已经展开,却偏偏因楚国暗中穿铠甲而生出波折,叔向打消赵文子的顾虑之后又因为两国争执盟誓的顺序而横生枝节。情节一波三折,跌宕起伏,令人感慨会盟之难、之妙。紧紧围绕两国的矛盾展开。以叔向为串联,以赵孟为陪衬,围绕信用,晋国与楚国展现出不同做法,形成鲜明对比。看似情节纷繁,却又线索清晰,"一毫庞杂不得"。

【合作探究】

本文通过写楚国的无信,借宾形主,表现出晋国恪守信义。楚人怀穿内甲,这是公然背叛诸侯会盟的原则,欺骗众人,而子木直言楚国事利,不需要遵守信义。再以叔向放言楚国不足惧,因为失去信义将众叛亲离,再次突出强调晋人对信的看重。最后会盟上,晋国对于主持位次的让步,说明其将会盟和"务德"看得更重,这也是守信的表现。

第三十三讲 子产伐陈献捷

【课堂检测】

1. 通"挡",挡住 在夜里 安置 通"凌",欺侮 内心 诘问,诘责
2. C
3. D
4. 陈侯让司马桓子把宗庙的祭器赠送给他们。陈侯穿上丧服,抱着土地神的神主,让他手下的男男女女分开排列、捆绑,在朝廷上等待。

【阅读提示】

1. 简洁地写出陈国进攻郑国时的种种罪恶,解释了郑国人愤怒的原因,为后文郑伐陈张本,也与郑人占领陈国后的彬彬有礼形成对比。
2. 陈侯命令贾获把母亲留在车上,与自己一起逃跑。贾获拒绝的理由是男女同车不祥。
3. 擅自伐陈,以大国欺凌小国,穿戎服见晋君。

【咬文嚼字】

本篇开头总写子展、子产率军入陈作战经过。第二次分写二人在陈国的举措,子展禁止军队入宫,与子产看守宫门。第三次写子展修外臣之礼,子产维护民众安定。二人相互配合,彬彬有礼是一致的,各自的分工举措清晰具体,可谓"步步精神,无一率笔"。郑师入陈后的道义之举与其趁夜偷袭陈国的权谋相得益彰,可谓"以诈入,以正归"。

【合作探究】

1.贾获为了救国君,就得让出马车,势必使其母陷入困境。他让国君乘车逃跑,自己与妻子带着母亲躲到了墓地中,避免了被发现。

2.仁义和利益,二者可以兼而有之。陈国仗势欺人,与楚国合攻郑国,破坏百姓生活,天怒人怨,而郑国入陈,没有报复,而是彬彬有礼、有条不紊地维护陈国百姓的安定、宗庙宫廷的秩序,可以说是以直报怨,体现了郑国执政者的仁德之心。另一方面,陈国背后有楚国作为靠山,晋国又拒绝援助,郑国保陈,审时度势、恩威并重,既可以挽回自己的损失,也能够平息事态,不会落楚国以口实,是对自身利益的保护。

第三十四讲 《左传》的"势利"与"暧昧"

【课堂检测】

1.坚持 到 通"悬",悬挂 巡行示众 给 发动

2.C

3.AD

4.你们把这两件事情办成了再来告诉我。(原来)我恐怕意见不一而扰乱了军令,所以不违背你们。

【阅读提示】

1.想要拿这块地献给宋国的向戌来讨好他,为晋国谋取战略利益。

2.诸国军队久攻不下,荀偃、士匄请求班师。董父登城坠伤,诸侯之师被城门所困。

3.偪阳应该送给宋国国君,而不是给作为臣下的自己。如果接受就是发动诸侯之师以成己之私欲。

【咬文嚼字】

"又"字写出敌人对董父的戏弄和挑衅,一遍又一遍引诱他攀援布条而上,爬到城头再割断。"复"字表现了董父的百折不挠、奋不顾身。

【合作探究】

1. 不能归并为一处。董父辇重而来为第一次出场,登城为第二次出场,二者间插叙勇士们激烈战斗的经过。插叙部分对其两次出场有串联和烘托的作用。这一部分是董父眼中所见,同时也在激励他,为其冲锋登城张本。前后以董父为主,中间以其他勇士为主,张弛有度,使文章参差多变,避免呆板单调。

2. 以"投几"表现出自己的愤怒,对二帅是震慑,同时也能唤起对方当初攻克偪阳的雄心。针对军队进退两难、将帅疑虑重重的现状,他用果断的态度来应对,有很强的针对性,体现其对时局的把握、对部下心理的拿捏。

第三十五讲　一个母亲的悲伤

【课堂检测】

1. 宠爱　通"嘱",嘱托　刚刚　不久　回娘家　集市

2. B

3. C

4. 公冉务人说:"如果是国君的命令,可以为之而死;如果不是国君的命令,为什么听从?"叔仲不听他的话,就进宫了,(襄仲)把他杀死了并且埋在马粪之中。

【阅读提示】

1. 为拥立鲁宣公寻求政治支持。

目的最终达到了,因为刚刚即位的齐国国君惠公想讨好鲁国,答应了襄仲的请求。

2. 他看出了宫中有变,君命并非真的出自国君,若叔仲前往会被害。

3. 前者善于赢得君主宠幸,暗地里结交大臣,工于心计,为谋私利罔顾公义。后者深明大义,维护礼法尊严,深受人们尊敬。

【咬文嚼字】

通过语言描写,表现姜氏哭得伤心,表达对襄仲杀子立宣公的痛恨和悲伤。二、四字短句间杂,辅以整句,使得语气情感强烈。通过市场环境的喧闹、周围人

"皆哭"进一步烘托上述情感。

【合作探究】

1. 说明暴行之严重,上通于天,只有上天能够理解。一方面是斥责襄仲的罪恶极大。另一方面暗含对朝中大臣无人主持公道的讽刺,对比百姓空有悲伤无能为力的现实。

2. 哀姜的哀诉有节制,字字千钧,控诉简洁有力。如此短短几句竟能引来市人的痛苦响应,足见太子恶之死的冤屈。

3. 同意:非常时期,入宫或有变故,而且君命非必真的出自国君。叔仲只懂得人臣之义的教条,却不知道明辨是非,可谓好仁不好学。

不同意:惠伯明知危险却入宫体现其忠于君命、恪守人臣之礼,杀身成仁是用生命践行仁义之道,可谓知行合一。

第三十六讲　毒虎逐子攻略

【课堂检测】

1. 谋划　怎么,哪里　努力　征兆,象征　内心　招致
2. DE
3. B
4. 命令您治理百姓,教导您熟悉军事,害怕的是不能完成任务,为什么会被废呢?

【阅读提示】

1. 晋侯让身为太子的自己带兵攻伐东山皋落氏,不同于对待太子的惯例。
2. 衣服是杂色的,意味着对他的疏远。配饰是青铜的玦,意味着下定决心要废黜他。
3. 羊舌主张虽然国君的命令冷酷,但必须执行,否则就是不忠不孝。而狐突反对太子出征,认为国君废长立幼,国家祸乱已经形成,此时出征是加快惩罚的到来,不如推辞出征,留在国内安抚百姓,安定国家,以此为晋侯尽孝心。

【咬文嚼字】

　　侍从与太子的对话贯穿全文,不觉累赘,反而精炼有力。侍从们的争论围绕太子对自己是否将被废的疑问,以及君王赐予其服饰的寓意展开,立场不同,对比鲜明。狐突、先丹木等人反对听命出征。羊舌主张遵守君命而死。先友和里克则安抚太子。其中,狐突、先丹木等人虽然观点相似,但各自的语气、神态和个性不同,鲜活生动。如"叹"字写出狐突的老谋深算,"不如逃之"写出了梁余子养的审慎,"敌可尽乎"写出了先丹木的耿直急切。

【合作探究】

　　1. 同意:里克知道晋侯想要废黜太子,却未实情相告,而是劝告申生要敬命守职,显然有躲避矛盾、明哲保身的意图。对比太子身边群臣的谆谆告诫,他有骑墙投机之嫌疑。

　　不同意:里克面对晋侯,为太子的正名可谓有理有据,不遗余力,只是晋侯心意已决。在无可奈何之下,他只能劝导安慰太子,也算是尽到了臣子的职责。

　　2. 同意。梁余子养对比领兵将领的寻常待遇,得出国君派太子出征是不怀好意。他主张太子逃跑,是看出了国君不想伤害太子,但又希望逼走太子、另立新储的真实意图。相比较诸多侍臣,他的语言简洁有力,一针见血,又具有可行性,是最适合保护太子的选择。

第三十七讲　　老好人华元

【课堂检测】

1. 前几天　伤害　得逞,快意　逃亡　监工的将官　回来
2. D
3. C
4. 宋国人用兵车一百辆、毛发彩色的马四百匹,从郑国赎取华元。

【阅读提示】

1. 在战场上救落难的敌人,违背了果毅的战场之礼。
2. 先前华元是主事者,没有分配给自己羊肉,冷落了他。现在自己作为车

夫掌控华元的命运,他也打算将其送入敌手作为报复。

3. 以《诗经》对无良之辈的批评来指责羊斟公报私仇、因个人之怒背叛国家的行为。颇具说服力和感染力。

【咬文嚼字】

多用民谣口语,押韵顺口,语言质朴生动,颇具生活气息。多用四字短句,多用反问句,语言富有节奏感和韵律感,语气鲜活,情感浓烈。活画出华元在百姓心中怯懦愚蠢的执政者形象。讽刺其丢盔弃甲、战败误国的可耻行为。

【合作探究】

华元管理下属宽和却没有分寸、没有威严,这会为国家带来不利后果。如狂狡救敌被俘,不懂得战场礼数和遵从命令。羊斟公报私仇,导致宋国战败、主帅被俘。百姓讥讽他却无力还嘴,从侧面衬托其为人大度,也揭示其大度造成的民怨。

第三十八讲　想活命,先听懂暗号

【课堂检测】

1. 抚慰　呼喊　有二心者　使者　军队　当

2. B

3. DE

4. 第二天,萧邑溃败。申叔展看井,井上有草绳子,就放声号哭,把还无社救出枯井。

【阅读提示】

1. 让他准备好防湿的药,意思是让他躲到井里面去。

2. 讥讽各国没有践行,只有宋国可以免于责备。

3. 卫国在孔达的坚持下救援陈国,被晋国责备并威胁,自己作为执政违背了誓言。

【咬文嚼字】

"王怒,遂围萧。萧溃。"由楚王的愤怒到大军围境的态势再到萧灭亡的迅速,这七个字一气呵成,气势雄浑,运用短句,将萧的弱小、大国的蛮横和强大做对比。

【合作探究】

1.《春秋》写"楚子灭萧",从礼法的角度批评楚国征伐的不义。而《左传》则用萧人的崩溃来暗示其渺小和不堪一击、楚国的气势之盛和不可阻挡。更具体细腻地描述了时局,也隐含对弱国的同情。

2. 不符合义:宋伐陈是在践行清丘之盟"讨贰"的约定,卫国背弃宋卫等国之间的盟约救助陈国。作为卫国的执政,孔达的决策背信弃义,使国家失信于诸国,而且置国家安危于不顾。他的死是咎由自取。

符合义:清丘之盟没有真正被各国践行过,《春秋》连参与会盟的诸卿名字都没有记载,可见会盟不可靠。进攻陈国,实际是为了晋国的利益,有被胁迫之嫌。而且卫国先君与陈国有过互助的约定,孔达是在践行先君之约。孔达救陈,出于道义,十分公允。

第三十九讲 心机女与城府男?

【课堂检测】

1. 缘故 何不 对……感到羞耻 回头 逃 通"脱",脱罪
2. BD
3. BD
4. 所以我答应而不去做,以此暂免一死。俗话说:"百姓用信用保全自己。"所以我把合乎道义当作信用的表现。

【阅读提示】

1. 为后文太子蒯聩羞耻愤怒,要杀南子的情节张本。
2. 他不愿意参与太子杀夫人的行动,害怕杀了夫人,太子拿自己当替罪羊,又怕拒绝会惹来杀身之祸,所以只是假装答应,并不想真心这样做。

【咬文嚼字】

南子

卫灵公"执"字生动写出南子的恐惧与她对灵公的依赖,其善于利用自己的弱势和情绪,借助对方的宠幸,为后文怂恿灵公缉拿太子一党铺垫,表现其为人的心计城府。

【合作探究】

1. 赞同韩范:戏阳速说自己反对太子杀南子的行为,是为了自保才姑且答应的,如果真是如此,答应后他可以设法逃跑或上告。临阵脱逃或许是出于怯懦,之后又以狡辩为自己开脱。

赞同卢元昌:戏阳速地位低下,势必要观察形势,设法自保;但他又深明大义,知道杀夫人不仁不义,遵守这种诺言不是守信。他不敢违背太子的意愿,又不能做不义之事,于是在刺杀之时来暗示南子逃脱,之后道出实情,不失为一种自我保护又合乎仁义的方式。

2. 太子的行为确实有"不义"之处。其一,虽然南子淫乱,但以太子的身份刺杀夫人,违背礼制,是为不孝。其二,刺杀会让丑闻进一步外传,对国君和卫国的声名都有负面影响,是为不忠。其三,祸乱国家,又未能劝谏君父,是为失职。

第四十讲 小山丘长不出大松柏?

【课堂检测】

1. 访问　武器　能够　通"诫",告诫　专心　性急

2. D

3. B

4. (张骼、辅跞)让(宛射犬)驾驭进攻的车前进,张、辅自己却坐着平时的战车。将要到达楚军营垒,然后张、辅才与宛射犬同乘,二人均蹲在车后的横木上弹琴。靠近楚军营垒时,宛射犬不通知二人就冲进了营垒。

【阅读提示】

1. 齐侯发动战争不可取,表现齐侯的草率,暗示内乱即将发生。

2. 和大国比,小国的贵族谈不上尊贵,劝告对方不要在晋国将领面前炫耀身份,而应谦逊低调。

3. 被两位晋国将领不尊重自己的行为激怒,想要用急进急逃的方式让对方陷入险境,报复对方。也是为了展现自己的勇敢尚武,证明自己的价值和尊严。

【咬文嚼字】

先前晋国二将轻视冷落宛射犬,宛射犬被激怒,带着他们身犯险境后,却主动称其为兄弟。表现二将对宛射犬技艺高超、自信勇猛、英勇无畏的欣赏,也暗示先前的冷落带有激将之意,从侧面展现二将的雄武豪迈、自信果敢、诙谐灵动。

【合作探究】

1. 宛射犬"不告而驰之""弗待而出"的举动,表现其自负才华,对晋人不以为然。在战场上如此行事,展现出他的艺高人胆大,但也有陷己方于不利的可能。

2. "公孙之亟也"一句是本篇的核心。子大叔告诫宛射犬,是因为知道宛射犬性格急躁,为后文张本。晋二将的傲慢举动,是对宛射犬的激将之法,充分利用了他的性格,使情势变得紧急。宛射犬驾车冲入敌营的种种急进表现,引出二将的身手不凡,再与事后轻松缓和的调笑对照。最后得出"公孙之亟"的结论,与开篇相呼应。"亟"字作为线索,贯穿始终,环环相扣,推动情节,展现人物形象。